한국천주교회사 2

한국천주교회사 2

펴낸 날	2010년 1월 28일 인쇄
	2010년 2월 10일 1판 1쇄 발행
	2011년 5월 25일 1판 2쇄 발행
	2014년 7월 30일 1판 3쇄 발행
	2017년 9월 20일 1판 4쇄 발행
	2021년 2월 1일 1판 5쇄 발행
	2025년 4월 9일 1판 6쇄 발행

펴낸 이　구요비
펴낸 곳　한국교회사연구소
　　　　 서울시 중구 삼일대로 330 평화빌딩
　　　　 대표전화 02-756-1691
　　　　 팩시밀리 02-2269-2692
　　　　 www.history.re.kr
인쇄　　 분도인쇄소

교회인가　2010년 1월 26일
등록번호　1981.11.16 제10-132호

ISBN 978-89-85215-79-4(04230)
　　　978-89-85215-77-0(세트)

정가　20,000원

ⓒ 한국교회사연구소, 2010

한국천주교회사 2

간행사

이 땅에 천주교회가 탄생한 지도 벌써 225년이 되었습니다. 극심한 탄압으로 점철되었던 박해 속에서도 신자들은 순교자들이 걸었던 거룩한 발자취를 남김으로써 그분들과 자신들의 신앙을 증거하려고 노력하였습니다. 이러한 기록들은 달레(Claude Charles Dallet, 1829~1878) 신부에 의해 1874년 *Histoire de L'Église de Corée*라는 제목으로 간행되었으며, 이를 지금은 하느님 나라에 계신 최석우(안드레아) 몬시뇰과 안응렬 선생 두 분이 1979·1980년에 《한국천주교회사》로 번역하여 저희 한국교회사연구소에서 출간했습니다.

이후 이 책은 많은 사람들이 한국 천주교회의 역사를 공부하는 데 입문서 역할을 하였습니다. 물론 이 책이 번역·간행되기 전에도 유홍렬 선생께서 집필한 《한국천주교회사》가 있었지만, 관련 사실들을 연대기적 입장에서 나열한데다 내용상의 오류가 적지 않았습니다. 그뿐만 아니라 1960년대 이후의 많은 연구 성과가 반영되어 있지 않았습니다. 그런 탓에 한국 천주교회의 역사를 자세히 알고자 하는 사람들은 달레 신부의 《한국천주교회사》와 각종 연구서·연구 논문들을 일일이 찾아 읽어야 했습니다. 그 밖에도 간단한 입문서가 몇 종류 나왔지만, 독자들의 기대에 미치지 못하기는 마찬가지였습니다.

통사로서의 《한국천주교회사》 편찬에 대한 필요성은 오랫동안 교회 안팎에서 제기되어 왔습니다. 특히 한국 천주교회 설립 200주년을 맞이하면서 신앙 선조들의 발자취가 담긴 한국 천주교회의 역사를 깊이 알고자 하는 요구가 더욱 높아졌습니다. 이에 연구소에서는 1987년 '한국가톨릭문화사대계'의 편찬 계획을 수립하고, 그 첫 번째 작업으로 1989년에 《한국가톨릭교회사》의 편찬·간행을 추진했습니다. 그러나 이 작업은 안타깝게도 집필자들의 사정 때문에 추진 과정에서 중단되고 말았습니다.

　이후 연구소에서는 《한국가톨릭대사전》(전 12권)의 편찬에 모든 역량을 집중하였습니다. 이 과정에서 한국 천주교회의 통사는 편찬하지 않으면서 대사전만 만들고 있다는 질책도 많이 받았습니다. 하지만 저희들의 생각은 달랐습니다. 통사가 세부적인 내용까지 모두 담을 수는 없습니다. 오히려 통사를 충실히 서술하기 위해서라도 개별적인 사실들을 확인하고 정리하는 일이 선행되어야 했습니다. 그래서 연구소에는 통사 편찬을 위한 사전 준비 작업으로 《한국가톨릭대사전》을 편찬했던 것입니다.

　한편, 한국 천주교회의 외형적인 발전에 발맞추어 교구사·단체사·본당사의 편찬은 계속되었습니다. 이러한 추세에 부응하여 편찬의 기본적인 방향을 제시할 수 있는 통사의 필요성이 더욱 절실해졌습니다. 더욱이 21세기를 맞이하여 세계교회사와 한국사와의 관련 속에서 한국 천주교회가 지니는 역사적 보편성과 특수성을 더욱 분명하게 인식할 필요성도 대두되었습니다. 이에 연구소는 2001년부터 교회사 연구자 14명으로 집필진을 구성하여 다시 한 번 통사 편찬을 추진하였으나, 공동 작업의 어려움 때문에 소기의 목적을 달성하기 어려웠습니다.

그래서 그동안 쌓아온 연구 실적과 역량을 바탕으로 연구소의 연구원들만으로 집필진을 구성하여 2008년 초부터 통사 편찬 작업을 다시 착수하였습니다. 연구소 밖의 연구자들까지 포함하는 집필진을 구성할 수 없다는 아쉬움이 있었지만, 신속한 의견 교환과 작업의 일관성을 유지할 수 있다는 장점을 위안으로 삼으면서 통사 집필에 전념하였습니다. 하지만 이제까지 어느 누구도 실행에 옮기지 못한 통사 작업을 연구소의 연구원들로만 추진하다 보니 말 그대로 악전고투의 연속이었습니다. 일일이 관련 저서나 논문들을 읽고 소화해 내는 일만 해도 벅찬데, 이것들을 정리하고 재구성하는 집필은 연구서나 논문을 작성하는 것과는 비교가 되지 않을 정도로 힘겨운 작업이었습니다.

이러한 어려움을 극복하고 마침내 《한국천주교회사》를 간행하게 되었습니다. 비록 이 책이 지금까지의 연구 성과들을 모두 담아내지는 못했을지라도 한국 교회사의 커다란 흐름을 이해하는 데에는 부족함이 없으리라고 믿습니다. 그렇다고 하더라도 독자들이 보기에는 모자란 점들이 있을 것입니다. 앞으로 꾸준한 보완 작업을 통하여 부족한 부분들을 메워 나갈 것을 약속드립니다.

그리고 이 책의 편찬 작업이 온전히 연구소 연구원들의 몫만은 아니었음을 말씀드리고 싶습니다. 서울대교구장이신 정진석(니콜라오) 추기경님, 연구소 이사장이신 염수정(안드레아) 주교님을 비롯한 많은 분들의 도움과 절두산 순교성지의 지원이 없었더라면 감히 시작할 엄두도 내지 못했을 것입니다. 이 책을 간행하면서 애정 어린 관심을 보여 주시고 후원해 주신 모든 분들께 고개 숙여 감사드립니다.

그러나 무엇보다도 선종하신 최석우 몬시뇰의 격려와 질책이 없었더라면 이 책의 출간은 상상조차 할 수 없었을 것입니다. 최 몬시뇰은 연로하신 몸으로 매일 연구소에 출근하셔서 후학들에게 직접 본보기를 보이시며 손을 잡아 이끌어 주셨습니다. 그렇지만 필자들이 이 책에서 저질렀을 내용상의 오류가 그분에게 티끌만큼이라도 누가 되어서는 아니 될 것입니다. 그것은 그분의 가르침을 미처 다 소화해 내지 못한 필자들의 몫이기 때문입니다. 이제 이 책을 세상에 선보이면서 다시금 최석우 몬시뇰의 영원한 안식을 기도합니다.

한국교회사연구소 소장

김성태 요셉 신부

차례

간행사　4

제3부 시련 속의 교회

제1장 신유박해와 황사영 백서 사건 ································· 이장우
　제1절 박해의 원인
　　1. 천주교와 유교의 가치 충돌　20
　　2. 유교 중심의 사회질서에 대한 위협　23
　　3. 노론 벽파 중심의 정국 재편　30
　제2절 박해의 과정
　　1. 박해의 시작　34
　　2. 주문모 신부의 자수　41
　　3. 박해의 확산　45
　제3절 황사영과 백서 사건
　　1. 황사영의 생애　48
　　2. 황사영의 교회 활동　51
　　3. 황사영의 체포와 순교　55
　　4. 〈백서〉의 내용　64
　　5. 황사영과 〈백서〉에 대한 평가　75

제4절 신유박해의 종식과 의미

  1. 박해의 종식과 〈토사교문〉의 반포　87

  2. 박해의 의미와 영향　108

    1) 척사론의 확산과 근대화의 지연　108

    2) 천주교의 확산　109

제2장 교회 재건운동과 정해박해

제1절 '목자 없는 교회': 교우촌의 형성과 확산 ········ 최선혜

  1. 교우촌의 형성　119

  2. 교우촌의 확산과 변화　127

  3. 교우촌의 분포　138

  4. 교우촌에서의 신앙생활　140

  5. 교우촌의 일상생활　146

  6. 교우촌과 회장　149

제2절 교회의 재건과 성직자 청원 ········ 조현범

  1. 신자들의 교회 재건　152

  2. 1811년의 성직자 영입 시도　156

    1) 이여진의 활동　156

    2) 1811년의 서한　160

3) 시도의 결과　166

3. 1824년의 성직자 영입 시도　170

　1) 정하상의 활동　171

　2) 유진길의 청원 서한　175

제3절 정해박해 ········· 최선혜

1. 박해의 원인　179

2. 박해의 전개　182

3. 박해의 순교자　185

　1) 순교자의 신앙　185

　2) 순교자의 특징　186

제3장 조선 대목구 설정과 선교사의 입국 ········· 조현범

제1절 조선 대목구의 설정

1. 조선교회에 대한 교황청의 관심　204

2. 교황청과 파리 외방전교회의 교섭　207

3. 브뤼기에르 신부의 청원　214

4. 조선교회를 위한 브뤼기에르 주교의 노력　234

5. 조선 대목구의 설정　239

6. 조선 대목구 설정의 의의　249

제2절 선교사들의 입국과 활동

  1. 브뤼기에르 주교의 활동　256

    1) 초대 조선 대목구장 취임　256

    2) 브뤼기에르 주교와 피레스 페레이라 주교의 갈등　265

    3) 브뤼기에르 주교의 입국 좌절과 선종　272

  2. 모방 신부의 입국과 사목 활동　280

    1) 모방 신부의 생애와 입국 과정　280

    2) 조선 대목구의 현황 보고　287

    3) 신학생 선발과 해외 파견　295

  3. 샤스탕 신부의 입국과 사목 활동　297

    1) 샤스탕 신부의 생애와 입국 과정　297

    2) 교우촌 순방과 조선 대목구 현황 조사　303

    3) 선교 지역의 확대　308

  4. 앵베르 주교의 입국과 활동　312

    1) 앵베르 주교의 생애와 조선 대목구장 임명　312

    2) 선교사 입국로 개척을 위한 모색　315

    3) 앵베르 주교의 입국과 사목 활동　320

색인　335

제3부 시련 속의 교회

제1장 신유박해와 황사영 백서 사건

제1절 박해의 원인

조선 왕조의 19세기는 천주교에 대한 피비린내 나는 박해와 더불어 시작되었다. 이 사건을 신유박해(辛酉迫害)라 부르는데, 순조 1년(1801)에 천주교회와 천주교 신자들에게 가해진 대대적이고도 전면적인 박해를 가리킨다.

1784년 이벽(李檗, 세례자 요한, 1754~1786)·이승훈(李承薰, 베드로, 1756~1801) 등의 주도로 탄생한 천주교 신앙 공동체는 을사추조 적발사건(1785)·진산사건(1791) 등으로 일시 위축되기는 했으나, 1794년 무렵에는 신자수가 4천여 명으로, 1800년 무렵에는 1만여 명으로 크게 늘어났다. 하지만 이 과정에서 천주교는 조선의 유교와 충돌하고 말았다. 유교의 가르침을 철저히 따르는 조선 사회 주류 집단에서 천주교의 가르침이나 이상이 유교에 바탕을 둔 조선 사회의 전통적 가치들을 위협하고 파괴한다고 여겼기 때문이었다. 충효(忠孝)를 으뜸가는 가치로 간주하는 조선 사회에서는 부모가 가정의 임금이고, 임금이 백성의 부모였다. 충과 효는 동전의 양면과 같은 것이었다.

물론 천주교 신자들도 조선 사회의 유교적 분위기에서 성장했기 때문에 충효의 가치를 따랐다. 그렇지만 천주교에서는 하느님[天主]을 모든 인류의 부모, 즉 대부(大父)로 인식하였다. 따라서 신자들은 임금의 뜻보다 대군대부(大君大父)이신 하느님의 뜻과 예수 그리스도의 가르침을 우선 지키고 따라야 한다고 여겼다. 이에 정부는 천주교 신자들을 '임금도 몰라보고 아비도 몰라보는'[無君無父] 무리로 간주하여 탄압하기 시작하였다.

더구나 천주교의 평등사상은 양반 중심의 신분 질서를 위협하는 것으로 비쳐졌기에, 천주교가 만연할 경우 중국의 황건적(黃巾賊)의 난과 백련교도(白蓮教徒)의 난과 같은 불행한 일이 일어나리라는 우려도 제기되었다. 이런 분위기 속에서 천주교 신자들을 처벌하자는 목소리가 높아만 갔으나, 정조는 유교[正學]를 바로 세우면 천주교와 같은 이단은 저절로 소멸되고 말 것이라는 비교적 온건한 정책을 유지하였다. 정조 자신이 의도한 바는 아니었겠지만, 그는 결과적으로 천주교

대왕대비 김씨

흔히 정순왕후(貞純王后)로 알려진 영조의 계비(繼妃) 김씨는 오흥부원군(鰲興府院君) 김한구(金漢耉)의 딸로, 정순은 시호이다. 영조 35년(1759) 15세의 나이로 51세 연상인 영조와 결혼하여 왕비로 책봉되었다. 친정이 노론의 중심 가문이었던 탓에 영조가 1762년 노론에 비판적이었던 사도세자를 죽이는 데 적지 않은 역할을 했다고 전해진다. 특히 오빠 김구주(金龜柱)가 이끄는 세력은 영조 말년에 사도세자의 장인인 홍봉한(洪鳳漢)이 중심이 된 세력과 맞섰다. 또한 친정 인물을 중심으로 하는 벽파가 정조대에 시파와 대립하는 데 중요한 정치적 배경이 되었다.

순조가 즉위하자 신료들의 요청을 받아들이는 형식으로 수렴청정을 하면서, 실질적으로 국왕의 모든 권력을 행사하였다. 정조의 장례 후 시파 인물들을 숙청하였고, 이어 다음해에는 친정 인물인 김관주(金觀柱)·김일주(金日柱) 및 영의정 심환지(沈煥之) 등을 동원하여 천주교 신자들을 탄압하고 남인들을 축출하는 등 정조가 수립한 정치질서를 부정하였다. 그러나 1803년 12월에 수렴청정을 그치게 되자, 정세가 바뀌어 벽파가 조정에서 숙청되고 친정 인물들도 대부분 도태되었다.

인들의 보호자가 되었던 것이다. 그러므로 '정조'라는 보호막이 걷히게 되는 순간 천주교에 대한 박해가 일어나리라는 것은 불을 보듯 뻔했다.

과연 1800년 6월 28일 정조가 사망하고 11세의 나이 어린 순조(純祖, 1800~1834)가 즉위하면서 상황은 급박하게 바뀌기 시작하였다. 순조의 후견인으로서 정사에 간여하기 시작한 대왕대비 김씨(1745~1805)의 친정은 노론 벽파(僻派)로, 정조의 아버지인 사도세자(思悼世子〔莊獻世子〕, 1735~1762)를 뒤주에 가둬 죽게 한 영조의 처사를 지지해 왔다. 이러한 정치적 배경을 가진 김씨는 11월 하순 정조의 장례식을 마무리 지은 다음, 곧바로 사도세자의 죽음에 동정적인 입장을 지니고 있던 시파(時派)의 인물들을 조정에서 축출하고 그 자리에 벽파 출신들을 임명하였다. 그리고는 아래의 기록에서 볼 수 있듯이 1801년 1월 10일(음) 천주교에 대한 박해령을 공식적으로 선포하였다.

> 대왕대비가 하교하기를, "선왕〔정조〕께서는 매번 정학(正學)이 밝아지면 사학(邪學)은 저절로 없어질 것이라고 하셨다. 지금 들으니 이른바 사학이 예전과 다름없이 서울에서부터 기호(畿湖)에 이르기까지 날로 더욱 활활 타오르고 있다고 한다. 사람이 사람 구실을 하는 것은 인륜이 있기 때문이며, 나라가 나라꼴이 되는 것은 교화(敎化)가 있기 때문이다. 지금의 이른바 사학은 임금도 없고 어버이도 없어서〔無君無父〕 인륜을 무너뜨리고 교화에 어긋나서 저절로 오랑캐와 짐승으로 돌아가고 있는데, 저 어리석은 백성들이 점점 물들고 남을 속여 그릇된 방면으로 인도하는 것이 갓난아이가 우물에 들어가는 것과 같다. 이 어찌 측은하게 여겨 마음을 상하지 않을 수 있겠는가?
> 감사와 수령은 자세히 깨달아 알도록 타일러 사학을 하는 자들로 하여금 번연

히 고치도록 하고, 사학을 하지 않는 자들로 하여금 근심하고 두려워하도록 징계하여 우리 선왕께서 자리에 맞게 기르신 풍성한 공적을 저버리는 일이 없도록 하라. 그리고 이와 같이 엄금한 뒤에도 회개하지 않는 무리가 있으면, 마땅히 역률(逆律)로 일을 처리하라. 수령은 각기 그 경내에서 오가작통법(五家作統法)을 분명하게 다스려라. 그 통내(統內)에서 만약 사학을 하는 무리가 있으면 통수(統首)가 관가에 알려 징계하여 다스리되, 마땅히 코를 베는 형벌(劓罰)을 당하도록 하여 모조리 없애버림으로써 남아 있는 종자가 없도록 하라. 이 하교로써 묘당(廟堂, 의정부)은 거듭 밝혀서 서울과 지방에 자세하게 알리도록 하라" 하였다.

이보다 앞서 서양국에서는 이른바 야소(耶蘇)의 천주학(天主學)이 있었는데, 대개 천당과 지옥의 이야기로 현혹시켜, 부모를 존경하지 않고 윤리를 업신여기며 강상(綱常)을 어지럽혔으니, 이교(異敎) 가운데 가장 윤리와 기강이 없는 것이었다. 그 책이 중국에서 우리나라에 흘러들어 전해졌는데, 더러 빠져들어 어그러지는 자가 있었으므로 정조 조에서 법으로 엄격히 금지하였다. 아직도 법망에서 빠져 나간 여얼(餘孽)이 사람들을 불러 모아 강습하여 점차 서로 오염시켜서 포청에 붙잡히는 자들이 많이 있었으므로, 이러한 하교가 있었다《순조실록》2, 순조 1년 1월, 정해).

오가작통법

조선시대 다섯 집(戶)을 한 통(統)으로 묶은 호적의 보조조직을 가리킨다. 성종 16년(1485) 한명회(韓明澮)의 발의에 따라 채택되어 《경국대전》에 등재되었는데, 한성부에서는 방(坊) 밑에 5가작통의 조직을 두어 다섯 집을 1통으로 해서 통주(統主)를 두고, 방에 관령(管領)을 두었다. 지방도 다섯 집을 1통, 5통을 1리(里)로 하고 몇 개의 리(里)로 면(面)을 설치하여 면에 권농관(勸農官)을 두었다. 주로 호구(戶口)를 밝히는 것과 범죄자의 색출, 세금징수, 부역의 동원 등을 위해 만들었다. 숙종 1년(1675)에는 '오가작통법 21조'를 작성하여 조직을 강화하였다. 조선 후기가 되면 호패(戶牌)와 더불어 호적의 보조수단으로 역(役)을 피해 호구의 등록 없이 이사·유리(流離)하는 등의 만성화된 유민(流民)과 도적의 은닉을 방지하는 데 이용되었다. 특히 순조 이후에는 통의 연대책임을 강화하여 천주교 신자들을 적발하는 데 이용되었다.

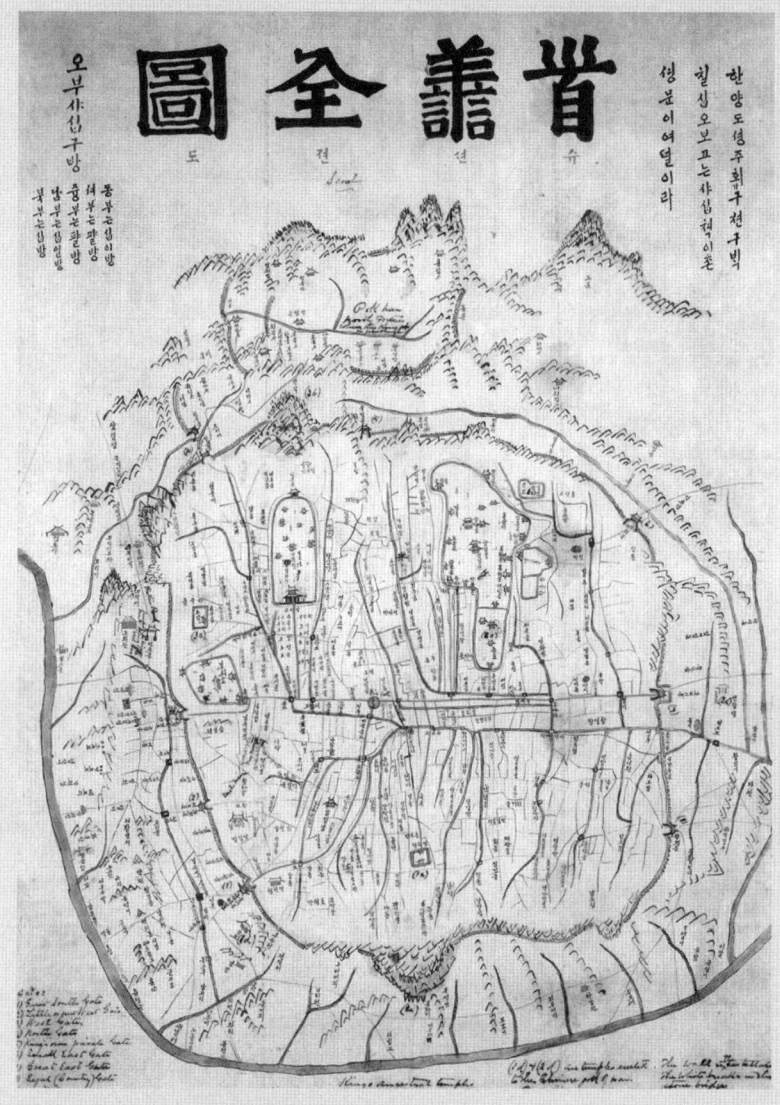

한성부에서는 방(坊) 밑에 다섯 집을 한 통으로 하는 오가작통을 조직하여 통주를 두고 방에는 관령을 두었다. 이 오가작통법은 성종 16년(1485) 한명회(韓明澮)의 발의에 따라 채택되었는데, 시대에 따라 운영이 한결같지 않아 숙종 1년(1675)에는 '오가작통법 21조'를 작성하여 조직을 강화하기도 하였다. 특히 순조 이후에는 통의 연대책임을 강화하여 천주교 신자들을 적발하는 데 이용하였다(《수선전도》, 19세기 후반, 연세대학교 박물관 소장).

이처럼 1801년 1월 10일 대왕대비 김씨의 금교령(禁敎令)으로 시작된 신유박해는 그해 12월 22일(음)에 〈척사윤음〉(斥邪綸音)이 반포되면서 마무리되었다.

1. 천주교와 유교의 가치 충돌

천주교 신자들이 박해를 받은 것은 무엇보다도 천주교의 교리가 유교의 그것과 많은 부분에서 차이가 있었기 때문이다. 노론은 이미 이전부터 자신들의 권력 기반을 유지·강화하기 위하여 주자학적 지배 이념을 더욱 강조하는 일종의 사상 강화 운동을 전개하고 있었다. 명의 멸망으로 중국에서는 중화의 전통이 단절되었으므로 조선에서 그 전통을 계승해야 한다는 것이다. 그리하여 소중화의식(小中華意識)을 확산시키는 동시에 정통론·명분론·의리론과 같은 성리학적 가치를 더욱 강조하였다. 그 결과 주자(朱子)의 학설에 이의를 제기하면 사문난적(斯文亂賊)으로 몰아 버리는 등 노론 중심의 지배 체제가 사상적 유연성을 상실하면서, 조선 사회는 점차 몰락의 길을 걷게 되었다.

이러한 상황에 절망한 일부 지식인들이 사회 개혁을 위한 새로운 사상을 모색하기 시작하였고, 그런 가운데 중국으로부터 한역서학서(漢譯西學書)가 소개되었다. 그리하여 남인 학자들, 특히 권철신(權哲身, 암브로시오, 1736~1801)이 이끄는 녹암계(鹿菴系)의 신진 학자들을 중심으로 보유론적(補儒論的) 입장에서 서학(西學)에 관심을 기울이기 시작하였다. 이를 통해 천주교의 교리를 알게 됨으로써, 조선 사회에 자생적으로 천주교회가 탄생하기에 이르렀다.

그러나 당시 조선 사회의 상황에서 천주교와 유교가 공존할 수 있는 여지는 없었다. 주자학을 신봉하는 사람들의 입장에서 보면, 천주교의 주요 교리인 천지창조설·유일신 사상·영혼불멸설·천당지옥설 등은 자신들의 사상을 부정하는 '이단 사설'(異端邪說)일 수밖에 없었다. 비록 유교의 상제(上帝)와 천주교의 하느님(天主)을 동일하거나 비슷하게 인식했다 하더라도, '하느님'이 세상의 모든 것을 만들었다는 천지창조설까지 동의했다는 것은 아니었다. 더구나 유교에서는 비인격적인 태극(太極)을 만물의 근원으로 보는 데 반하여, 천주교에서는 유교의 태극론을 정면으로 배척하고 인격적인 존재인 하느님이 만물을 창조하고 다스린다고 믿었다. 또한 유학자들은 천주교가 불교의 한 갈래이기 때문에 영혼불멸설과 천당지옥설을 주장한다고 보았다.

유교에서는 현세에 이상사회를 건설하는 것을 인생의 주된 목표로 삼았다. 따라서 유교를 신봉하는 조선 사회의 주류 양반들의 입장에서 보면, 현세를 경시하고 자신의 구원만을 추구하는 내세지향의 천주교는 반사회적이고 반교화적일 수밖에 없었다. 이 때문에 신후담(愼後聃, 1702~1761)·안정복(安鼎福, 1712~1791) 등과 같은 유학자들은 일찍부터 〈서학변〉(西學辨)·〈천학문답〉(天學問答) 등을 지술하여 천주교를 불교와 같은 사설(邪說)로 배척하였고, 세상을 어지럽히고 사람들을 속이는(惑世誣民) 그릇된 학설이라며 척사론을 전개하였다.

이처럼 천주교의 교리는 유교의 그것과 정면으로 배치되는 것이었다. 비록 18세기 후반의 15년 동안 적지 않은 양반 사대부들이 천주교를 새로운 신앙으로 받아들였지만, 조상 제사를 둘러싼 갈등이 야기되자 보유론적 입장에 있던 대다수의 양반 신자들이 천주교를 떠났다. 그들은 아직 유교적 가치를 포기하면서까지 천주교를 받아들일 준비가 되어 있지 못했던 것이다. 이러한 상황은 당시 북경 교구장인 구베아(A. de Gouvea, 湯士選, 1751~1808) 주교가 사천 대목구장인 생 마르탱(Jean Didier de Saint-Martin, 馮若望 또는 郭恒開, 1743~1801) 주교에게 보낸 1797년 8월 15일자 편지에 다음과 같이 자세하게 묘사되어 있다.

> 1790년 조선교회에서 본인에게 보낸 질의와 질문 중에 조상들의 신주를 세우거나 또는 이미 세운 신주를 보존할 수 있는가 하는 것이 있었습니다. 이 질문에 대해 본인은…성청의 아주 명백한 결정에 의거해 부정적으로 대답하였습니다. 이 대답은 조선의 많은 양반들이 배교하는 계기가 되었습니다. 그들은 조상들의 신주와 또 그 밖의 미신적 행위에 관해 성청에서 선언한 질의에 대해 본인이 사목 서한에서 한 명확한 대답을 발견하고는 그들 나라의 습관이나 그릇된 풍습을 끊어버리기보다는 오히려 그들이 이미 그 참됨을 깨달은 종교를 버리려 하였습니다(최석우 역, 〈이승훈 관계 서한 자료〉, 《교회사연구》 8, 1992, 192~193쪽).

이후 조선 천주교회는 유교 사회의 테두리 안에서 사회 개혁을 추구하고자 했던 성격에서 벗어나 소수의 양반과 다수의 중인·평민들을 중심으로 예수 그리스도의 가르침에 따라 살면서 '하느님의 나라'에 들어가는 것을 더 추구하게 되었다. 결국 천주교는 더 이상 서학(西學)이란 학문이 아니라 생활 속에서 직접 실천하는 신앙으로 바뀌었다. 이 과정에서 윤지충(尹持忠, 바오로, 1759~1791)·권상연(權尙然, 야고보, 1750~1791)·유항검(柳恒儉, 아우구스티노, 1756~1801)과 유관검(柳觀儉, 1768~1801) 형제·정약종(丁若鍾, 아우구스티노, 1760~1801) · 황사영(黃嗣永, 알렉시오, 1775~1801) 등과 같이 유교의 가치를 버리고 천주교에 전적으로 의지하는 사람들이 나타났다.

특히 정약종은 자신이 저술한 교리 해설서 《주교요지》에서 인간을 비롯하여 세상 만물은 하느님의 피조물임을 너무나도 생생하게 증언하였다. 비록 《주교요지》에서는 조선 왕조에 대해 단 한 마디의 말도 하지 않았지만, 정약종은 이미 유교의 세계를 떠났음을 분명히 알 수 있다. 유교의 세계를 떠났다는 것은 조선 왕조의 국가 체제를 부정한 것이나 다름없었다. 윤지충도 '효'를 표현하는 가장 유교적인 의례인 조상 제사를 거부한 데에서 알 수 있듯이 유교적 가치관을 버렸다.

이와 같이 소수의 노론 벌열(閥閱)들이 맹렬하게 정권을 오로지하면서 정치·사회·경제적 모순이 극심해지는 가운데 이를 개혁하고자 몸부림치던 일단의 비주류 지식인들은 천주교를 통하여 새로운 희망을 모색하려 하였다. 그런 점에서 서학이 지식인들 사이에서 유행하고, 그 가운데 일부가 천주교를 새로운 신앙으로 받아들인 것은 노론 벌열 중심의 유교 사회에 대한 사상적 도전이었다. 그리고 이에 대응한 척사론은 당시의 정치적 문제와 맞물리면서 신유박해를 초래하는 근본적인 배경이 되었다.

2. 유교 중심의 사회질서에 대한 위협

신유박해 발생의 보다 근본적인 원인은 사회적 배경에서 찾아야 한다. 조상 제사를 거부하는 천주교는 1791년 발발한 '진산사건'과 '신해박해'를 계기로 '어버이도 몰라보고 임금도 부정하는' 사악한 종교로 인식되었다. 그런데 조선에 조상 제사 금지령이 전달된 것은 1790년에 이르러서였다.

조선은 선교사가 입국하여 활동을 함으로써 복음이 전해진 것이 아니라, 중국에서 수입된 한역서학서를 통하여 자생적으로 신앙을 싹틔웠다. 그런 까닭에 조선의 신자들은 제사가 교회의 가르침과 대치된다는 점을 거의 알지 못하였을 뿐만 아니라, 교황청과 직접적으로 연결되어 있지도 않았기에 교황청에서 이미 조상 제사를 금지하였다는 사실도 알지 못하였다.

물론 한역서학서를 연구하면서 조상 제사가 우상숭배로 비쳐질 가능성이 있고, 또 교회의 가르침에 어긋난다는 것을 어렴풋이 느낀 신자들이 없지는 않았다. 그렇지만 당시에는 교리 지식이 부족하였기 때문에 이것을 심각한 문제라고 인식하지 못하였다. 그런 가운데 1787년 유항검은 가성직제도(假聖職制度)와 조상 제사 등에 문제가 있음을 발견하였다. 그래서 유항검·이승훈 등을 비롯한 지도층 신자들은 이 문제에 대하여 논의한 뒤 문제 해결을 위하여 윤유일(尹有一, 바오로, 1760~1795)을 북경으로 파견하였다. 구베아 주교로부터 조상 제사 금지령을 전달받은 윤유일은

> 제사를 드리는 까닭은 돌아가신 분 섬기기를 산 사람 섬기듯 하기 위함[事死如事生]인데, 만약 천주교[聖學]와 병행하여 행할 수 없다면 이는 매우 곤란한 일이니, 혹 융통할 방법이 없겠습니까?

라고 하면서 안타까움과 대안책을 호소하였다. 즉 제사는 죽은 조상에 대한 효의 표현이라고 밝힌 것이었다. 그러나 구베아 주교는 "천주교는 반드시 성실을 가장 중요시하는데, 사람이 죽은 후에 음식을 차려 놓는 것은 성실의 도[誠實之道]에 크게 어긋난다"라고 답변했을 뿐, 해결책을 제시하지 못하였다. 이미 교황이 내린 칙령이었기에 구베아 주교도 마음대로 할 수 있

구베아 주교의 초상과 인장. 구베아 주교는 조상 제사 금지령에 대안책을 세워 달라고 청하는 조선 신자들의 호소에 해결책을 제시하지 못하였다. 구베아 주교의 사목 서한을 전달받은 신자들은 조상 제사와 하느님께 대한 믿음 가운데 하나만을 선택해야 하는 갈림길에 서게 되었다.

는 부분이 아니었던 것이다.

조상 제사를 금지하는 내용이 담긴 구베아 주교의 사목 서한을 받은 조선 교회는 상당한 충격에 빠졌다. 이 충격은 달레(C.Ch. Dallet, 1829~1878) 신부의 표현처럼 "모든 조선 백성들의 눈동자를 찌른 셈"이었다. 그만큼 충격이 대단했다는 것인데, 그 당시 조선 사회에서 제사를 지내지 않는다는 것은 패륜행위와 마찬가지였기 때문이다. 이제 조선의 신자들은 조상 제사와 하느님께 대한 믿음 가운데 하나만 선택해야 하는 갈림길에 서게 되었다.

그 결과 이승훈·권일신(權日身, 프란치스코 사베리오, 1751~1792)·정약전(丁若銓, 1758~1816)·정약용(丁若鏞, 요한, 1762~1836)·홍낙민(洪樂敏, 루카, 1751~1801)·이가환(李家煥, 1742~1801) 등 많은 양반층 신자들이 교회를 떠나기 시작하였다. 이들 대부분은 1791년 이전에 서학을 연구하다가 세례를 받은 양반 사대부들로, 천주교와 유교의 조화를 통해 점진적으로 사회를 개혁하고자 하였다. 그들은 유교를 보완하는 사상으로 천주교를 수용하였던 것이지, 유교를 뒤집기 위한 사상으로 천주교를 수용한 것은 아니었다. 따라서 이들의 입장에서는 조상 제사 금지령은 납득할 수 없는 조치였다. 그들은 유교 사회의 테두리에서 사회 개혁을 꿈꾸던 인물들이었기 때문에, 유교의 근본 가치를 부정한다는 것은 반역 행위로 이해할 수밖에 없었다. 교회를 떠나지 않은 대부분의 사람들도 계속해서 제사를 지냈다. 비록 교회의 가르침에 위배되는 것이기는 하였으나, 조상 제사를 금지하는 조치를 전혀 이해할 수 없었기 때문이었다.

그런데 교회의 가르침에 따라 조상 제사를 거부하는 신자들이 나타나면서 정부의 박해가 시작되었다. 본격적인 박해의 단서를 제공한 이는 윤지충이었다. 그는 모친상을 치르면서 유교의 상장례를 따르지 않았고, 죽은 이의 영혼을 모신다고 여겨지던 신주(神主)마저 불태워 버렸다. 이 때문에 신해박해가 발발하였다(《한국천주교회사》1, 290~307쪽 참조).

이를 계기로 노론과 남인 공서파(攻西派)의 천주교에 대한 공격이 본격적으로 전개되었다. 그렇지만 정조는 유교를 바로 세우면 천주교와 같은 이단은 저절로 소멸되고 말 것이라며 온건한 정책을 유지하였다. 이러한 정책은 그가 이승훈을 예산현으로 정배(定配)하라는 명령을 내리면서 행한 아래의 발언에서 잘 살펴볼 수 있다.

> 대체로 보아 근일 이전에 학식이 넓고 성품이 단정한 인사들이 일찍이 한마디씩 평가하는 말을 하지 않았던 것은 아니었지만, 의젓하고 부드럽게 하든지 매우 엄하고 매섭게 하든지 간에 그 당시에는 별로 영향을 주는 일이 없었다. 그런데 지금은 정학이 밝혀지지 않고 있다. 그런 까닭에 그 폐해가 사설(邪說)보다도 심하고 맹수보다도 크다. 오늘날 폐단을 바로잡는 방도는 정학을 더욱 밝히는 것보다 나은 것이 없다. 또한 세상 사람들에 대해서도 특별히 착한 일을 표창하고 악한 일을 징계하는 정사를 펼친 뒤에야 그런대로 효과를 거둘 수 있게 될 것이다. 습속을 바로잡는 데에 죄지은 사람을 형법에 따라 죽이는 방법을 쓰는 것은 가장 차원이 낮은 것인데, 더구나 그 학술에 대해서야 더 말해 무엇을 하겠는가(《정조실록》43, 정조 19년 7월 26일, 을해).

공초
조선시대 형사 사건에서 죄인을 신문한 내용을 초록해 놓은 진술 조서를 가리킨다. 죄인을 신문하는 것을 취초(取招), 자백을 받는 것을 봉초(捧招), 두 번 이상 신문하는 것을 갱초(更招), 죄상을 사실대로 진술하는 것을 직초(直招), 신문에 대해 구술로 답변한 내용을 공사(供辭) 또는 초사(招辭)라 하고, 죄인에 대한 신문·답변을 통틀어 공초라고 한다.

실제로 정조는 1794년 천주교인 김종교(金

최필공

서울의 중인(中人) 집안에서 태어나 46세 때 천주교 신자가 되었다. 1791년 신해박해 때 체포된 대부분의 지도층 신자들이 배교하고 석방되었지만, 그는 정부의 온갖 회유책에도 불구하고 신앙을 고수하였다. 이에 정조는 "최필공을 옥에 가두되, 특별히 보살펴 주도록" 하라고까지 지시함으로써 마침내 유혹에 굴복하고 말았다.
이후 그는 평안도 지방의 심약(審藥, 조정에 올리는 약재를 검사하는 직책)에 임명되었고, 정조의 주선으로 결혼까지 하였다. 그러나 끝내 천주교 신앙을 버리지 않았다. 주문모 신부로부터 성사를 받고는 교회활동에 열심히 참여하다가 1799년 8월에 다시 체포되어 배교를 강요받았으나, 끝내 거부하였다.
그러자 관리들이 그를 참수형에 처할 것을 요구했지만, 정조는 이를 거부하고 석방시켰다. 1800년 12월 17일(양력 1801년 1월 31일) 다시 체포된 최필공은 갖은 고문 끝에 1801년 2월 26일(양력 4월 8일) 서소문 밖에서 참수형을 받고 순교하였다.

宗敎, 프란치스코, 1754~1801)가 포도청에 붙잡히자, 감화(感化)하는 뜻으로 단지 진술[供招]만 받고 방면토록 하였다. 1797년 2월 23일에는 천주교회의 지도자로 자처한 이존창(李存昌, 루도비코 곤자가, 1752~1801)을 사형시키라는 영의정 홍낙성(洪樂性, 1718~1798) 등 신료들의 주장에도 불구하고 충청도 관찰사에게 최필공(崔必恭, 토마스, 1744~1801)의 예에 따라 직접 가르치고 경계하여 개과천선하였으면 방면하고, 만약 그렇지 않으면 법을 적용해서라도 고치라고 지시하였다. 물론 정조가 천주교에 대해 온건 정책을 편 것은 정부 안의 소수파였던 이가환·이승훈·정약용 등과 같은 남인 신료들을 보호하기 위한 것이기도 했다.

어쨌거나 이러한 정조의 천주교 정책은 그의 의도와는 반대로 오히려 천주교를 확산시키는 결과를 낳았다. 주문모(周文謨, 야고보, 1752~1801) 신부가 정조 18년(1794) 비밀리에 입국하여 활동함으로써 천주교가 널리 확산되었으며, 그 결과 신유박해가 발발할 무렵에는 신자 수가 무려 1만여 명을 돌파하였다. 1795년 8월의 최필공 석방 사건에서 볼 수 있듯이 정조의 온건 정책에 힘입어, 노론 벽파를 비롯한 중앙의 신료들과 지방관들의 계속된 탄압에도 불구하고 신자들은 천주교가 머지않아 크게 확산되리라는 희망을 가질 수 있었다. 그러나 이와 함께 척사론자들의 위기의식도 고조되어 갔기 때문에 방파제 역할을 하는 정조가 사망할 경우 박해가 발생할 것은 피할 수 없었다.

이 밖에도 천주교에서는 직접 신분제도의 철폐를 주장하거나 사회적 평등을 요구하지는 않았지만, "모든 사람은 하느님의 자녀이므로 형제처럼 지내야 한다"라는 가르침에 따라 신자들은 원칙적으로 양천(良賤)·반상(班常)·남녀의 차별을 두지 않았다. 또한 교회법에 입각하여 첩을 두는 일을 엄격히 금지하였을 뿐만 아니라 부부의 동등한 의무를 가르쳤고, 정숙하고 정결한 덕을 존중하여 동정생활의 가치를 높이 평가하였다.

하지만 당시 조선 사회는 남녀와 부부 관계를 지배와 종속의 관계로 간주하면서, 이러한 질서가 지켜지지 못하면 짐승과 같은 상태로 타락한다고 보았다. 그렇기에 남녀 사이의 평등 관계는 사회질서를 파괴한다고 여겼고, 혼인을 하지 않고 동정으로 지내는 것은 인류를 저버리고 인류를 멸망시키려는 소행이라고 지탄하였다. 따라서 유교의 입장에서 볼 때 자신들이 고수하고 있던 가치들을 정면에서 침해하는 천주교를 이단으로 간주한 것은, 어찌 보면 당연한 반응이었다. 그 결과 소수의 약자인 천주교 신자들은 박해를 받을 수밖에 없었다. 동시에 유교의 그것과는 전혀 이질적인 천주

동정생활
동정성(童貞性, Virginity)이란 현실적으로 성적 쾌락을 구하지 않고, 그것에 빠지지 않으며, 성적 쾌락을 구할 의향이 없는 상태를 의미한다. 그리스도교 전통에서는 인간의 성 본능을 본래 하느님으로부터 받은 창조 사업의 존속을 위한 선물 가운데 하나로 인식한다. 따라서 동정성은 성 경험의 유무나 결혼 여부와 같은 물리적 상태를 절대시하는 것이 아니라 하느님 나라를 위해 성생활을 자발적으로 포기하는 것(마태 19,10-12)을 의미한다. 그러므로 동정성의 목적은 정신과 육체 모두를 신성하게 하는 데 있다. 말하자면 사랑으로 인하여 자신을 해방시키는 데에 그 목적이 있는 것이다(정인상, 〈동정성〉, 《한국가톨릭대사전》 제3권 참조).

교의 이상과 가치들이 조선 사회에 점차 퍼져 나가기 시작함으로써 사회적인 변혁을 가능하게 하는 근대적 요소들이 태동하기 시작하였다.

3. 노론 벽파 중심의 정국 개편

정조 사망 직후부터 천주교 신자들이 박해를 받은 직접적인 계기는 당시의 정치 상황에서 찾아볼 수 있다. 영조와 마찬가지로 정조도 탕평을 표방하였으나, 아버지 사도세자의 죽음과 관련된 시시비비를 분명히 하여 자신과 같은 입장에 있는 인물들만을 적극적으로 등용하는 이른바 '준론 탕평'(峻論蕩平)을 추구하였다. 사도세자를 죽음으로 몰고 간 세력을 견제하지 않고서는 자신의 집권 기반을 안정시키기 어렵다고 판단했기 때문이었다. 그 결과 정계는 정조의 뜻을 따르는 시파와 반대하는 벽파로 갈라졌다. 이처럼 정조의 탕평은 노론 벽파를 권력 핵심에서 배제하고자 하는 것이었다. 그렇지만 정조는 노론 벽파를 완전히 장악하지는 못하였다.

한편, 정조의 재위 기간 동안 남인들은 채제공(蔡濟恭, 1720~1799) 계열과 채홍리(蔡弘履, 1737~1806) 계열, 신서파(信西派)와 공서파로 나뉘어 서로 대립하였다. 채제공을 따르는 세력 중에는 이가환·정약용·이승훈 등 신서파들이 있었다. 공서파인 홍낙안(洪樂安, 1752~?)·이기경(李基慶, 1756~1819)·목만중(睦萬中, 1727~?) 등이 천주교에 대한 탄압과 제재를 요구했을 때 채제공은 신서파의 피해를 우려하여 공서파를 핍박하였다. 그 결과 공서파는 채제공 계열과 날카롭게 대립하였고, 채제공 계열로부터 계속해서 핍박을 받은 공서파는 이들을 제거할 기회만을 엿보고 있었다.

그러던 중 채제공은 정조 16년(1792) 자신이 주도한 〈영남 만인소〉(嶺南萬

영정조 시대에 탕평책의 한 축을 받친 남인 계열의 정치가 채제공은 서학을 다스리는 데 있어서 교화를 우선시했기에 그가 재상으로 있는 동안에는 천주교에 대한 박해가 확대되지 않았다. 그는 1801년 황사영 백서 사건과 관련하여 관직이 추탈되었다가 1823년 〈영남 만인소〉로 관작이 회복되었다.

人疏)와 이듬해 자신이 올린 상소에서 사도세자의 억울한 누명을 벗겨 주어야 한다는 이른바 '임오의리'(壬午義理)를 남인의 공론으로 내세웠다. 또한 사도세자의 죽음에 대한 영조의 후회가 남긴 금등(金縢) 문자를 공개하는 등 이른바 '신임의리'(辛壬義理)를 주장하는 노론 벽파를 강력히 압박하여 그들의 강한 반발을 불러일으켰다. 이때 남인 가운데 채홍리 계열인 홍수보(洪秀輔, 1723~1800)와 그의 아들 홍인호(洪仁浩, 1753~1799) 등이 노론 벽파의 편에 서서 채제공을 공격하였고, 공서파는 정치적으로 홍수보 일파와 진퇴를 함께하면서 노론 벽파와 가까워졌다.

정조 24년(1800)에 정조는 사도세자에 대한 그때까지의 처분이 잘못임을 밝히면서 남인의 중용을 암시하였으나, 불과 한 달 만에 사망하고 말았다. 채제공 계열을 지지·후원하던 정조가 사망하자 노론 벽파는 천주교 배척을 명분으로 내세워 채제공 계열을 제거하고 정치적 주도권을 장악하고자 하였다. 또한 수렴청정으로 정권을 잡은 대왕대비 김씨를 비롯한 노론 벽파는 홍수보 등을 앞세워 정치적 반대 세력인 남인 시파와 노론 시파를 제거하고 정권의 발판을 구축하고자 하였다. 그리하여 순조 1년(1801) 1월 10일 대왕대비 김씨는 천주교인들을 색출하여 처단하도록 공식적으로 지시하였고, 2월 5일에는 구체적이고도 철저한 탄압 방침을 확정하였다. 그 결과 천주교인들에 대한 박해가 본격적으로 시작되었다. 요컨대 순조가 즉위하면서 새로운 집권 세력이 된 노론 벽파는 시파와 남인 세력을 정치적으로 제거하려는 목표를 세운 다음 천주교 박해를 통하여 이를 관철하고자 했던 것이다.

제2절 박해의 과정

천주교에 대한 박해는 천주교 신앙 공동체가 창립된 이듬해인 1785년 발생한 '을사추조 적발사건'(乙巳秋曹摘發事件)으로부터 시작되었다. 이 사건으로 집회 장소 제공자였던 중인 출신의 김범우(金範禹, 토마스, 1751~1786)는 충청도 단양으로 유배되어 얼마 후에 세상을 떠났다. 그 후 1791년 이른바 '진산사건'으로 윤지충과 권상연이 순교하였고, 1795년의 을묘박해로 윤유일(尹有一)·최인길(崔仁吉, 마티아, 1765~1795)·지황(池璜, 사바, 1767~1795) 등이 순교하였다. 그렇지만 주문모 신부는 피신하여 성사를 집전하고 복음 전파에 열중하는 한편, 밖으로는 북경교회와 연락하고, 안으로는 명도회의 육회(六會)와 같은 신심 단체를 조직하여 교회를 정비하고 있었다.

주문모 신부 체포에 실패한 정조는 그를 체포하기 위해 장용영(壯勇營) 등을 동원하여 은밀히 그의 종적을 찾게 하였으나, 뜻을 이루지 못하였다. 주문모 신부의 일은 청과의 외교적 문제로 비화될 우려가 있었기 때문에 비공개적으로 처리하고자 했던 것으로 여겨진다. 그런 까닭에 정조는 표면적으로는 천주교와 천주교 신자들에 대한 박해에 미온적이었다. 대

장용영
정조 8년(1784) 정조는 생부 사도세자(思悼世子)의 존호를 장헌세자(莊獻世子)로 바꾸고, 이를 축하하기 위한 경과(慶科)를 실시했는데, 무과에서 무려 2천여 명을 합격시켰다.
이듬해 홍국영(洪國榮)의 역모사건이 일어나자 국왕의 호위를 강화하기 위해 경과에 합격한 무사들을 흡수하여 장용위(壯勇衛)를 설치하였고, 약 5백 명의 인원을 5대(隊)로 나누어 편제하였다. 정조 12년(1788)에 장용영으로 이름을 바꾸었고, 정조 17년(1793)에는 도성(都城) 중심의 내영(內營)과 그 외곽인 수원 성곽 중심의 외영(外營)으로 확대 편제하여 기존 5군영보다 더 큰 비중을 차지하게 하였다.
다음 해인 1794년 다른 군영의 군대를 흡수해서 5사(司) 23초(哨)의 편제를 갖추었으며 장용사(壯勇使)가 이를 지휘했다. 그러나 순조 2년(1802)에 이르러 폐지되었다.

신 비밀리에 일을 처리하도록 지시를 내렸다. 신자들이 방심한 틈을 타서 주문모 신부를 체포하고자 했던 것이다.

이러한 의도를 가지고 조화진(趙和鎭)을 천주교 신자로 가장시켜 충청도 신자들의 사정을 탐문하도록 하였으며, 그 결과 1799년 겨울 청주에서 박해가 일어나 핵심적인 신자들이 거의 다 체포되어 처형당하였다. 1798~1799년 사이 내포 지방의 천주교인 가운데 해미에서 처벌당한 사람이 1백 명을 넘을 정도였다. 홍낙안을 중심으로 한 남인 공서파가 끊임없이 천주교를 공격했지만, 그 이상의 대규모 박해로까지는 이어지지 않았다. 그러나 1799년 1월 채제공이 죽고, 뒤이어 1800년 6월 28일 정조가 사망하면서 정국은 한순간에 변하기 시작하였다.

1. 박해의 시작

천주교에 대해 비교적 온건한 정책을 폈던 정조가 죽고 나서 모든 정세는 천주교와 남인에게 더욱 불리해졌다. 순조가 11세의 어린 나이로 왕위에 오르자 영조의 계비인 대왕대비 김씨가 수렴청정을 하게 되었다. 그런데 김씨의 아우로 벽파의 영수였던 김구주(金龜柱, 1740~1786)는 영조 38년(1762) 김상로(金尙魯, 1702~?)·홍계희(洪啓禧, 1703~1771) 등과 함께 사도세자를 죽이는 데 앞장섰기 때문에 정조가 즉위한 뒤 흑산도에 유배되었다가, 정조 10년(1786) 나주에서 병으로 사망하였다. 이런 배경을 가진 대왕대비 김씨는 순조 즉위년(1800) 11월 정조의 장례가 끝나자마자 시파를 조정에서 모두 축출하기 시작하였고, 여기에 공서파까지 합세하였다. 이러한 사정으로 천주교를 박해할 것이라는 소문이 나돌기 시작하였다.

그렇지만 정조의 죽음으로 사회적 분위기가 어수선해지면서 천주교에 대한 단속도 조금 느슨해졌고, 대왕대비 김씨도 수렴청정을 시작한 지 6개월 동안은 천주교에 대해 어떠한 조치도 취하지 않았다. 이 틈을 타, 천주교 신자들은 속으로 조마조마해하면서도 주문모 신부와 육회를 중심으로 상당히 활발한 전교 활동과 신앙생활을 계속하고 있었다.

1800년 가을과 겨울 사이에는 활동이 더욱 활발해져 곳곳에서 신앙 집회를 가졌으며, 심지어 부녀자들이 새벽과 저녁으로 등을 밝히고 거리를 왕래하는 일이 그치지 않을 정도였다. 이런 일은 이전에 볼 수 없었던 현상들이었기에, 이를 목격한 나졸들은 좀 괴이한 일이라 여기면서도 그들을 조사하지는 않았고 그저 글을 배우는 사람들이 밤늦게 집으로 돌아가는 것이리라 생각하였다. 그러나 신유박해가 일어나면서 그러한 등불 행렬이 그치자, 천주교인들이 밤에 강론을 듣거나 미사에 참여하기 위해 오간 것임을 알게 되었다고 한다. 이렇게 서울 장안의 부녀자들이 등불을 밝히고 거리를 오간 것은 어쩌면 육회의 신앙 모임을 마치고 밤늦게 집으로 돌아간 것이 아닌가 여겨진다.

이러한 상황 속에서도 천주교 신자들은 긴장을 늦출 수 없었다. 대왕대비 김씨가 수렴청정을 하면서부터 세력이 강해진 벽파가 천주교에 대해 어떤 조치를 취하리라 생각했기 때문이다. 그러던 중 뜻밖에도 12월 17일 포도청에서 포졸을 보내 최필공을 체포하였다. 최필공의 체포는 조정에서 내린 금령에 의한 것은 아니었지만, 신자들은 모두 두려움과 불안에 떨지 않을 수 없었다. 12월 19일 성헌당첨례일(聖獻堂瞻禮日, 지금의 주님 봉헌 축일) 새벽에는 신자들이 서울의 큰길 옆에 위치한 최필제(崔必悌, 베드로, 1770~1801)의 약국(藥鋪)에 모여 기도를 드리다가 그 소리가 밖으로 새어 나간 탓에 기찰 포졸들의 기습을 받아 최필제와 오현달(吳玄達, 스테파노)이 체포되었다.

이 무렵 두 양반 신자가 양근(陽根)과 충주 읍내에서 잡혔는데, 한 사람은 조동섬(趙東暹, 유스티노, 1739~1830)이었고, 또 한 사람은 이기연(李箕延, 1740~1802)이었다. 1801년 1월 9일(음)에는 김여삼(金汝三)의 밀고로 서울의 회장인 최창현(崔昌顯, 요한, 1759~1801)이 체포되었다. 이보다 앞서 여주에서는 정조 24년(1800) 3월 부활 축일에 이중배(李中培, 마르티노, ?~1801)·원경도(元景道, 요한, 1773~1801)·정종호(鄭宗浩, ?~1801) 등이 길가에 모여 큰 소리로 부활 삼종기도를 바치다가 관가에 고발되어 체포되었다. 그 밖에도 여주에서는 임희영(任喜永, ?~1801)·조용삼(趙龍三, 베드로, ?~1801)·최창주(崔昌周, 마르첼리노, 1749~1801) 등이 체포되어 옥에 갇혔다.

이렇게 다가온 박해의 어두운 그림자는 순조 1년(1801) 1월 10일 대왕대비 김씨가 공식 박해령을 내림으로써 현실화되었다. 대왕대비 김씨는 천주교〔邪學〕가 서울에서부터 경기도와 황해도 남부 및 충청남도 북부까지 불같이 일어나고 있음을 거론하면서, 엄한 금령을 어기는 천주교 신자들에게 역적을 처벌하는 법률〔逆律〕을 적용하여 다스리라고 하였다. 아울러 오가작통법을 철저하게 시행하여 천주교 신자들을 찾아내 처벌하라고 명령하였다. 이에 부응하여 우의정 서용보(徐龍輔, 1757~1824) 등 조정의 대신들은 그동안의 온건한 입장을 버리고 천주교 신자들을 엄벌에 처해야 한다고 주장하기 시작하였다. 이어 1월 14일에는 유배 중인 강이천(姜彝天, 1768~1801)·김이백(金履白)·김여(金與) 등을 엄형에 처하라고 탄핵하였으며, 16일에는 이미 사망한 채제공 등을 탄핵하는 상소가 이어졌다.

천주교 박해령이 이미 내려진 상황에서 명도회 회장 정약종의 '책 궤짝 사건'〔冊籠事件〕이 1월 19일(음)에 발생하였다. 1800년에 있었던 양근 지방의 박해를 피하여 서울에 와 있던 정약종은 송재기(宋再紀, ?~1802) 집에 맡겨 둔 천주교 서적과 성물(聖物) 및 주문모 신부의 편지 등이 들어 있는 책 궤짝을 더욱 안전한 곳으로 옮기려고 하였다. 하지만 자신의 사환인 임대인(任大仁, 토마스)을 시켜 아현에 있는 황사영의 집으로 옮기는 도중 한성부 관원에게 발각되어 임대인은 체포되고 책 궤짝은 압수되었다.

이 사건으로 신자들은 박해가 크게 확대될 것을 두려워하였으나, 포도대장 이유경(李儒慶, 1747~?, 채제공의 외조카)이 더 이상의 보고를 하지 않았기 때문에 10여 일간은 별다른 일이 없었다. 그리고 2월 2일에 새로 부임한 포도대장 신대현(申大顯, ?~1812)도 옥에 가득 차 있는 천주교 신자들 가운데 신앙을 포기한 사람들을 모두 석방하고, 최필공·최필제·최창현·임대인 등 핵심적인 인물 4명만 남겨 놓았다.

그러나 2월 5일에 천주교를 앞장서 공격한 공적을 인정받아 아경(亞卿), 즉 참판(종2품)으로 승진한 지 얼마 되지 않은 소북(小北) 출신의 박장설(朴長卨, 1729~?)과 노론의 이서구(李書九, 1754~1825)·남인의 최현중(崔顯重) 등이 잇달아 상소를 올려 신자들을 반역죄로 처벌할 것을 요구하였다. 또 신자들을 가볍게 처리한 신대현도 아울러 처벌하라고 요구하였다. 이에 크게 노한 대왕대비 김씨는 신대현을 체포·구금하고, 포도청에 갇혀 있던 4명을 의금부로 옮겨 반역죄로 다스리도록 하였다.

2월 9일에는 사헌부 집의(執義, 종3품) 민명혁(閔命爀, 1753~1818)을 비롯하여 장령(掌令, 정4품) 윤행직(尹行直)과 조태영(趙台榮)·지평(持平, 정5품) 이의채(李毅采) 등이 함께 상소하여 이가환·이승훈·정약용·홍낙민 등을 천주교 신자로 지목하고, 그들을 잡아들여 의금부에서 엄히 국문할 것을 주장하였다. 이렇듯 남인 시파를 제거하기 위한 각본에 따라 2월 10일(음)에는 이들을 체포하여 의금부에서 심문하기 시작하였다. 그리고 11일(음)에는 권철신과 정약종을, 14일(음)에는 정약전을, 16일(음)에는 이기양(李基讓, 1744~1802)을 의금부에 가두었다. 남인의 주요 지도자이자 천주교 지도급 인물인 이들에 대한 국문은 2월 10일에 시작하여 26일(음)까지 계속되었다.

2월 13일에는 정약전 · 정약용 · 최창현 · 이승훈 · 임대인 · 조동섬 · 홍낙민 · 김백순(金伯淳, 1769~1801) 등과 '사학죄인'(邪學罪人)으로 확정된 정약종과의 대질 신문이 이루어졌다. 영의정 이병모(李秉模, 1742~1806) 등은 '정약종 – 정약용 – 이가환 – 채제공'으로 연결되는 고리를 확인하기 위해 여러 차례 이들의 정강이를 때리며 심문(刑問)하였다.

2월 18일에는 지중추부사(知中樞府事) 권엄(權欐, 1729~1801) 등 수십 명의 전 · 현직 관리들이 연명으로 천주교인들을 탄핵하는 상소를 올렸다. 그들은 "이러한 술수〔천주교〕에 빠져들었다고 지목을 받은 자"들이 자신들의 오랜 친구들 가운데 많이 나왔다고 하면서, 특히 이가환 · 이승훈 · 정약용 형제들을 지목하였다. 그리고 정약종을 "지극히 요망하고 사악하며, 처신하는 것은 사람도 아니고 귀신도 아닌 듯한 한낱 간사한 요괴"라고 비난하였고, 정약전과 정약용에 대해서는 "형은 아우를 가르치고 아우는 형을 좇았던 것은 불을 보듯 분명하고 뻔한 사실"이라고 단정하였다. 또 이가환 · 이승훈 · 권철신 · 홍교만(洪敎萬, 프란치스코 사베리오, 1738~1801) · 홍낙민 등에 대해서도 마찬가지로 공격하였다.

21일에는 경기 감사 이익운(李益運, 1748~1817)이, 23일에는 대사간(大司諫) 목만중이 나서서 이승훈 · 이가환 · 정약용 · 홍낙민 · 이기양 · 권철신 ·

사학죄인으로 확정된 정약종은 최창현·최필공·홍교만·홍낙민·이승훈 등과 함께 1801년 음력 2월 26일 서소문 밖 네거리에서 참수형을 당했다(서소문 순교 현양탑).

오석충(吳錫忠)·한재렴(韓在濂) 등을 거듭 탄핵하면서 극형을 가할 것을 주장하였다. 이처럼 천주교 신자들에 대한 탄압이 더욱 심해지는 가운데 2월 26일 정약종·최창현·최필공·홍교만·홍낙민·이승훈 등은 서소문 밖에서 참수형을 당했고, 같은 날 이가환과 권철신은 고문을 이기지 못하고 감옥에서 죽음을 맞이하였다. 그리고 정약용과 정약전은 경상도 장기현과 전라도 신지도로 각각 유배당하였다.

이로써 박해가 끝난 것은 아니었다. 2월 29일 대왕대비 김씨는 도망가 숨어 있는 천주교 신자들을 하루빨리 체포하라고 포도대장을 독려하였다. 이에 30일 좌부승지 김근순(金近淳, 1772~?)이 홍낙임(洪樂任, 1741~1801)의 친사돈인 송문로(宋文輅)와 홍낙임의 사위 유기주(兪杞柱)를 탄핵하자, 그다음 날 송문로를 전라도 흥양현의 녹도진으로, 유기주를 진도군의 금갑도로 각각 유배시켰다. 3월 10일에는 이기양이 함경도 단천(端川)으로, 오석충이 전라도 영광으로 각각 정배(定配)되었다.

천주교 박해는 지방에서도 일어나 지도층 신자들이 대거 순교하였다. 충청도에서는 '내포 지방의 사도'였던 이존창이 2월 5일 체포되어 서울로 압송된 뒤, 26일 정약종 등과 함께 사형 선고를 받고 다시 공주로 이송되어 참수형을 당하였다. 또한 이 무렵 이름이 알려지지 않은 한 신자와 충청도 청주에서 잡혀 이름만 알려진 이종국도 공주에서 처형당하였다. 경기도 포천에서는 홍교만이 아들 홍인(洪鎭, 레오, 1758~1802)과 함께 붙잡혀 서울로 압송되었는데, 그도 2월 26일 정약종 등과 함께 사형 선고를 받고 서소문 밖 형장에서 순교하였다.

경기도 여주와 양근에서는 1800년에 이미 잡힌 신자들이 서울로 압송되었으며, 이들은 결안(結案)이 확정된 뒤 각기 고향으로 이송되어 참수당했다. 1801년 3월 13일(음) 여주 성문 밖에서 원경도·임희영·최창주·이중배·정종호 등 5명이 처형되었다. 한편 이들과 같이 체포되었던 조용삼은 이미 2월 24일(음)

> **결안**
> 조선시대 사형에 해당되는 죄인에 대한 국왕의 최종 결재에 따라 사형을 집행하기에 앞서 형을 확정하기 위한 절차 또는 그 문서이다. 절차는 형조가 보고(啓目)를 올려 왕이 결재(判下)를 하면, 형조는 먼저 죄인의 거주지·생년월일·가족사항 등을 기록한 신원조사서에 해당하는 근각(根脚)과 범인의 자백에 대한 다짐을 받고 왕의 결재를 받는다.
> 그런 다음 형방승지는 형조에 해당 법조를 조사하도록 하고, 형조는 적용되는 조문을 검율(檢律)에게 조사하라고 명한 다음, 원안(原案)과 관계서류를 함께 의정부에 올린다. 의정부가 이를 검토하여 문제될 것이 없으면, 형조가 요약하여 국왕에게 올린다. 국왕이 이를 최종결재하면 결안이 된다. 이때 죄인의 죄가 무거워 더 고려할 것이 없으면 결안 절차가 끝난 뒤 곧 형을 집행하고, 고려할 것이 있으면 다시 심의한 다음에 집행하였다.

감옥에서 사망하였다. 양근에서도 같은 무렵에 윤유일의 동생인 윤유오(尹有五, 야고보, ?~1801)와 유한숙(兪汗淑, ?~1801) 등 13명이 처형되었고, 4월 2일(음)에는 정약종의 아들 정철상(丁哲祥, 가롤로, ?~1801)과 최필공의 사촌 최필제, 그리고 정광수(鄭光受, 바르나바, ?~1802)의 아내 윤운혜(尹雲惠, 마르타, ?~1801)와 정인혁(鄭仁赫, 타대오, ?~1801), 정복혜(鄭福惠, 칸디다, ?~1801)와 이합규(李鴿逵, ?~1801) 등 6명이 서소문 밖 형장에서 참수되었다.

2. 주문모 신부의 자수

주문모 신부는 입국한 지 불과 반년 만인 정조 19년(1795) 5월에 입국과 활동 사실이 알려지면서 체포령이 내려졌다. 이 사실이 신자들에게 미리 탐지되어 신부는 다른 곳으로 피신할 수 있었으나, 최인길·윤유일·지황 등은 체포되어 고문을 받던 중 매를 못 이겨 죽임[杖殺]을 당하였다. 이들이 순교한 뒤 천주교 탄압 세력은 주문모 신부가 조선에 입국한 책임을 이승훈·이가환·정약용에게 덮어씌웠다. 이후 주문모 신부는 경기도 양근·충청도 연산 등에서 1년 정도 머물다가 1796년 5월(음)에 다시 서울로 왔다. 그는 수로 강완숙(姜完淑, 골롬바, 1760~1801)의 집에 머물면서 활동하였는데, 이후에도 여러 차례 지방으로 피신하여 체포를 면할 수 있었다.

1801년 신유박해가 일어나자, 주문모 신부는 2월에 박동(礴洞)의 양제궁(良娣宮)에 사흘 동안 머물다가 중국으로 피신하려고 황해도 황주까지 갔다. 그러나 뜻을 이루지 못하고 다시 서울로 돌아온 그는 자신의 피신으로 강완숙 일가와 주변 신자들이 잡히는 등 많은 신자들이 고통당하는 것을 보고 3월 12일(양력 4월 24일) 의금부에 자수하였다. 그리고는 4월 19일(양력 5

월 31일) 군문효수(軍門梟首)의 판결을 받고 새남터 형장에서 순교하였다.

정부의 입장에서 보면 그의 자수는 소강상태에 빠지려 하던 천주교 박해에 다시 불을 지피는 계기가 되었다. 3월 18일 대간(臺諫)에서는 이미 처벌을 내린 정약전·정약용·김백순·홍낙민·오석충·이가환·이기양 등을 다시 국문하여 엄형에 처할 것을 요구하였다. 이들 대부분이 이미 죽었거나 유배 조처되었음에도 불구하고 탄핵을 멈추지 않았다. 정약전의 경우 3월 14일부터 9월 말까지 무려 56차례나 탄핵을 당했다. 정약종이 천주교 신자임을 인정하고 순교의 길을 택한 이후 정약전과 정약용은 사학죄인의 상징적인 인물로 지목되었던 것이다. 이들이 의금부에서 추국을 당할 때 "처음에는 (천주교에) 미혹되었으나, 마침내 잘못을 깨닫게 되었다"라고 자백했지만, 대간에서는 이 자백조차 꾸며댄 것이라고 몰아세웠다.

그뿐만 아니라 1799년에 사망한 채제공을 탄핵하여 그의 관작을 추탈하려 했다. 탄핵 사유는 그가 "앞에서는 막는 체하고, 뒤에서는 가려" 천주교 신자들을 늘어나게 한 우두머리였다는 것이다. 대간에서는 특히 조정의 사대부로 천주교에 실제로 관련되었거나 관련되었다고 여겨지는 사람들을 집중적으로 신문하고 처형하고자 했다. 정약용 형제와 같은 사람들이 관련되었다는 것은 '세상을 어지럽히고 백성들을 속이는 사학죄인'을 처벌하는 것 이상으로 당시의 천주교인 박해에 정치적 의미를 부여할 수 있다고 여겼기 때문이었다. 그래서 그들은 "정학이 서면 사학은 저절로 다스려진다"라는 정조의 정책을 비판하고, 직접 탄압을 추진했던 것이다. 동시에 이 사건을 계기로 채제공 계열을 제거하려 하였다. 이들은 천주교의 문제가 다만 민간의 백성들뿐만 아니라 명문 사대부들도 관련되었다는 점에 주목하였다. 그렇기에 채제공을 배후의 최고 책임자로 지목했던 것이다.

한편, 박해는 주문모 신부와 관계했던 인물들로 확대되기 시작하였다. 우선 주문모 신부를 한때 궁 안으로 피신시킨 은언군(恩彦君) 이인(李裀, 1755~1801)의 처 송(宋) 마리아와 그의 며느리 신(申) 마리아가 3월 17일(음) 사사(賜死)되었고, 그 여파로 1786년부터 강화도에 유배되어 있던 은언군도 5월 29일(음)에 그곳에서 사사되었다. 그리고 정약용의 자백으로 체포되었던 김건순(金健淳, 요사팟, 1776~1801)의 사촌 형인 김백순과 많은 성화(聖畫)를 그린 이희영(李喜英, 루카, 1757~1801)이 3월 29일(음) 서소문 밖에서 처형당

절두산 순교성지에 있는 송 마리아와 은언군의 묘비. 은언군의 처 송 마리아는 바깥 출입이 어려웠기에 강완숙 회장을 양제궁으로 불러 교리를 받았으며 한때 주문모 신부를 자신의 궁으로 피신시키기도 하였다. 그는 1801년 음력 3월 17일에 며느리 신 마리아와 함께 사사(賜死)되었다.

하였고, 김건순도 4월 20일(음) 같은 장소에서 참수되었다.

　5월 22일(음)에는 주문모 신부를 6년간 헌신적으로 도왔던 여성 회장 강완숙과 양제궁(廢宮)의 궁녀 강경복(姜景福, 수산나, 1762~1801)·궁녀 출신인 문영인(文榮仁, 비비안나, 1777~1801)·최인길의 동생 최인철(崔仁喆, 이냐시오, ?~1801)·김범우의 일곱째 동생 김현우(金顯禹, 마태오, 1775~1801)·이희영의 조카 이현(李鉉, 안토니오, ?~1801)·홍필주(洪弼周, 필립보, 1774~1801)와 가까운 친척인 홍정호(洪正浩, ?~1801)·김연이(金連伊, 율리안나, ?~1801)·한신애(韓新愛, 아가타, ?~1801) 등 9명이 서소문 밖에서 참수형을 당하였다. 김범우의 셋째 동생 김이우(金履禹, 바르나바, ?~1801)도 이때 포도청에서 고문을 받다 죽었다.

　또 이날 정광수의 누이 정순매(鄭順每, 바르바라, 1777~1801)·윤유일의 사촌 누이 윤점혜(尹點惠, 아가타, 1776~1801)·황해도 평산(平山) 출신의 고광성(高光晟, ?~1801)·음성(陰城) 출신의 이국승(李國昇, 바오로, 1771~1801)·봉산(鳳山) 출신의 황(黃) 포수 등도 사형 언도를 받았는데, 이들은 각자의 고향인 여주·양근·평산·봉산·공주로 이송되어 처형당하였다. 이들 외에도 이 시기에 공주에서는 주문모 신부가 피신해 있던 집의 여종이었던 문윤진(?~1801), 양근에서는 배석골의 전주 이씨 양반 가문의 이재몽과 이괘몽, 그리고 이들 중 한 사람의 두 딸, 지여울에 사는 양반 집안 출신인 김원성, 이광헌(李光獻, 아우구스티노, 1787~1839)의 먼 친척이자 이동지(李同知)의 딸인 이 아가타 등 많은 사람들이 참수를 당하였다. 양근에서 순교자가 특히 많았던 것은 그곳의 군수인 정주성(鄭周誠)이 신자들을 잔인하게 박해했기 때문이다.

3. 박해의 확산

주문모 신부의 자수는 천주교 신자들이 외국 세력과 연계되어 있을 것이라는 조정의 의구심을 확인시켜 준 사건이었다. 이미 조정에서는 앞서 언급했던 정약종의 '책 궤짝 사건'으로 인해 천주교 신자들에게 혐의를 두고 있었다. 즉 조선의 대표적인 사대부 가문 출신의 인물들이 주동적인 역할을 하고 있으며, 이들 역시 외국 세력과 연결되어 있다는 심증을 갖고 있었다. 그렇기에 주문모 신부 사건은 그 심증이 맞았음을 증명해 주는 것이었다. 이는 당시 정치 상황과 맞물려 신유박해의 성격을 더욱 복잡하게 만들었다.

전주에서는 3월(음)부터 박해가 시작되었는데, 전라도 지방에 복음을 전파하는 데 크게 이바지한 유항검은 박해 초에 체포되어 즉시 포도청으로 압송되었다. 뒤이어 그의 동생인 유관검(柳觀儉, 1768~1801)·윤지충의 동생 윤지헌(尹持憲, 프란치스코, 1764~1801)·유항검 집안과 사돈 관계에 있는 이우집(李宇集, 1762~1801) 등이 체포되어 3월 28일(음)부터 전주 감영에서 문초를 받았고, 김유산(金有山, 토마스, 1761~1801)은 유관검의 자백으로 붙잡혀 4월 26일(음) 문초를 받았다. 또한 이들의 자백으로 전주·금산·고산·영광·무장·김제 등 여러 고을에서 200명 이상의 신자들이 체포되어 문초를 받았다.

유관검을 취조하는 과정에서 윤지헌과 이우집과의 관계가 드러나 이들도 체포되었는데, 이우집은 심문 과정에서 유관검에게 들었던 '양박청래 일장판결'(洋舶請來 一場判決)을 자백하였다. 이어진 이우집과 유관검의 대질 심문 과정에서 서양 선박을 불러들이려는 이른바 '대박청래'(大舶請來) 계획의 전모가 드러났을 뿐만 아니라, 이가환·홍낙민·이승훈·지황 등의 주문모 신부 영입, 윤유일·황심·김유산의 북경 왕래 등 '양박청래'를 추진한 주모자들의 면모도 드러났다. 또한 이 계획에 유항검·유관검·윤지헌·이우집 등이 관련되었음도 드러났다. 따라서 이 사건은 단순한 천주교 박해사건을 넘어서 국가의 안위를 위협하는 중대한 사건으로 확대될 수밖에 없었다. 사태를 파악한 전라도 관찰사 김달순(金達淳, 1760~1806)은 이 사건을 중앙 정부에 보고하였다.

이에 조정에서는 천주교 신앙을 포기한다고 선언한 사람들을 석방하거나 유배 보내고, 중요한 인물들만 의금부로 압송하여 판결을 받게 하였다. 이 가운데 서양 선박을 불러들이려는 계획과 무관한 한정흠(韓正欽, 스타니슬라오, 1755~1801), 유항검 집에서 종살이하던 김천애(金千愛, 안드레아, 1760~1801), 양반 집안에서 태어난 최여겸(崔汝謙, 마티아, 1763~1801) 등이 7월 13일(음) 사형 선고를 받고 고향인 김제·전주·무장으로 각각 이송되어 처형당하였다. 그리고 서양 선박을 불러들이려는 계획과 관련된 유항검·유관검·윤지헌·이우집 등은 9월 11일(음) 사형 선고를 받고 전주로 압송되어, 9월 17일(양력 10월 24일) 유항검·유관검·윤지헌은 능지처사(陵遲處死)되었고, 이우집과 김유산은 참수형에 처해졌다.

이 사건으로 천주교 신자들에 대한 정부의

능지처사

능지처참(陵遲處斬)이라고도 하며, 모반·대역죄나 패륜을 저지른 죄인 등에게 가해졌다. 죄인을 먼저 죽인 뒤에 시체를 머리·양팔·양다리·몸통 등 여섯 부분으로 자르기도 하였으며, 많은 사람이 모인 가운데 죄인을 기둥에 묶어 놓고 포를 뜨듯 살점을 베어내되, 출혈과다로 죽지 않도록 조금씩 베어 참을 수 없는 고통 속에서 죽음에 이르도록 하기도 하였다. 능지처사는 조선시대의 사형 방법인 참형(斬刑)과 교형(絞刑) 중 참형에 속하는데, 수레에 팔다리와 목을 매달아 찢어 죽이는 거열형(車裂刑), 시신에 거열형을 가하는 육시(戮屍) 등은 능지처사의 한 방법이다. 고려 공민왕 때부터 이 형벌에 대한 기록이 나온다. 이후 조선 초기에도 행해졌으며, 특히 연산군·광해군 때 많았다. 인조 때에는 금지하였으나 실제로는 폐지되지 않다가 1900년(광무 4)에 완전히 폐지되었다.

의구심은 더욱 강해졌다. 그 결과 천주교 신자들은 '서양의 선박', 즉 외세에 의존하여 국가를 전복하려는 '반역의 무리'로 낙인찍혔다. 그러했기에 아래의 기록에서 볼 수 있듯이 9월 28일 교리(校理) 윤우열(尹羽烈)은 정약전·정약용·이가환·이승훈·권철신 등의 죄상을 맹렬하게 비난하면서, 이 중심에 채제공이 있다고 주장하였다.

> 이번에 이 유항검·유관검 등 여러 흉악한 도적들을 신문한 문서〔鞫案〕가 이미 나와서, 단지 이가환·이승훈의 범죄 확증이 모두 드러났을 뿐만 아니라, 또한 역적 채제공의 마음의 자취가 밝게 드러났습니다. 이역(異域)과 몰래 내통한 상황과 은밀히 결판을 내리려고 도모했던 일은, 하나는 그가 우두머리였고 하나는 그가 주장한 일입니다(《승정원일기》 97, 순조 1년 9월 28일, 임인).

윤우열은 채제공이 천주교인들의 우두머리였으며, 유항검 등의 대박청래 계획도 결국은 나라를 전복시키려는 채제공의 의도와 밀접한 관련이 있다고 지적하였다. 주문모 신부의 자수에서 유항검 등 전라도 신자들의 체포로 드러난 대박청래 계획은, 1월부터 시작된 천주교 신자들에 대한 박해가 여러 날을 끌면서 소성의 신료들 사이에서 피어오르던 온건론이나 조기 종결론을 잠재우기에 충분하였다.

제3절 황사영과 백서 사건

1. 황사영의 생애

황사영은 1775년 서울 서부 아현방에서 태어났다. 그의 집안은 직계 11대조 황침(黃琛) 때부터 한양에 거주한 것으로 보인다. 공조판서와 중추부사를 지낸 황사영의 증조 황준(黃晙)은 성호(星湖) 이익(李瀷, 1681~1763)과 친하여 황사영의 고조 묘지명(墓碣銘)을 이익이 짓기도 하였다. 황사영의 조부 황재정(黃在正)은 아들을 두지 못한 채 24세로 사망하였기 때문에 그의 사촌인 황재중(黃在中)의 큰아들 석범(錫範)을 양자로 들였다. 황석범은 25세의 나이로 영조 47년(1771) 문과에 급제하여 승문원(承文院) 정자(正字,

어린 나이에 진사시에 합격한 황사영을 정조는 친히 불러 손목을 잡아 주며 격려했다. 이에 감읍한 사영은 그 손목을 명주 수건으로 감고 다녔다고 한다. 그의 무덤에서 발굴된 이 청화백자합에는 그 명주 수건이 들어 있던 흔적이 남아 있다(한국교회사연구소 소장).

윤두서는 젊어서 진사시에 합격했으나, 벼슬에 나가지 않았다. 시(詩)·서(書)·화(畵)에 두루 능했고, 유학과 경제·지리·의학·음악 등 여러 방면에 박학을 추구하던 학자이기도 했으며, 성호(星湖) 이익(李瀷)과도 깊은 친분을 맺고 있었다. 그는 46세가 되던 1713년 서울 생활을 청산하고 해남으로 이주하였다. 특히 인물화와 말을 잘 그렸는데, 대표작으로는 〈윤두서 자화상〉(국보 240호)을 들 수 있다. 윤두서의 아들 윤덕희(尹德熙)의 외손자가 정약용이다.

정9품)와 한림(翰林)을 지내다가 29세의 나이로 요절하였다.

진사 이동운(李東運)의 딸 이윤혜(李允惠)와 혼인한 황석범이 젊은 나이로 세상을 떠나면서 황사영은 유복자로 태어났다. 황사영의 외조부 이동운은 이승훈과 일가였으며, 이가환의 사위였던 이학규(李學逵)의 조부였다. 따라서 황사영과 이학규는 서로 고종사촌과 외사촌(內外從)의 관계였다. 동시에 이승훈의 부인은 황사영의 처고모(정약용의 누이)이기도 했다. 그리고 이동운의 부인은 윤두서(尹斗緒, 1668~1715)의 증손녀였다.

따라서 황사영은 외조모와 자신의 혼인을 매개로 정약용의 집안과도 연결되었다. 즉 정약용에게 황사영은 당이모(5촌 이모)의 외손자인 동시에 조카사위(姪壻)였다. 이러한 가문적 배경을 가지고 유복자로 태어난 황사영은 8세 때까지 증조부 황준의 가르침을 받으며 자라다가, 정조 14년(1790) 16

제주도에 있는 황사영의 부인 정난주의 묘와 추자도에 있는 아들 황경한의 묘(사진 아래). 난주 마리아는 아들이 노비가 되는 것이 안타까워 경한을 제주도 유배길에 추자도 예초리 바닷가 바위 위에 남겨 놓았으며 그는 예초리의 오씨 집안 사람에게 발견되어 성장하였다.

세 때 진사시에 합격하였다.

어린 나이로 진사가 되어 명성을 얻은 그는 정약용의 큰형 정약현(丁若鉉, 1751~1821)과 첫 번째 부인 이씨(이벽의 손위 누이) 사이에 태어난 장녀 난주(蘭珠, 아명은 命連)와 혼인하였다. 정약현의 첫 번째 부인 이씨는 딸 셋을 낳고 죽었는데, 맏사위가 황사영이고, 둘째 사위는 후에 정언(正言, 종6품)을 지낸 홍영관(洪永觀)이며, 셋째 사위는 홍낙민의 아들 홍낙영(洪樂榮)이었다.

1801년 11월 5일 황사영이 서소문 밖에서 대역부도죄(大逆不道罪)로 능지처사된 뒤, 그의 어머니 이윤혜와 부인 정난주(마리아, 1773~1838)는 각각 거제부와 제주목 대정현의 노비로 편입되었고, 2세 된 아들 황경한(黃景漢)은 나이가 어려 교수형을 면하는 대신 전라도 영암군 추자도의 관노비로 편입되었다. 그뿐만 아니라 그의 숙부 황석필(黃錫弼)은 함경도 경흥, 노비 육손(六孫)은 갑산, 돌이(乭伊)는 삼수, 여종 판례(判禮)는 평안도 위원(渭原), 복덕(福德)은 흥양(興陽)의 관노비로 편입되었다. 그리고 여종 고음련(古音連)은 유배지 단성(丹城)에서 1802년에 죽었고, 여종의 남편 박삼취(朴三就)는 경상도 거창으로 유배됨으로써 그의 집안은 완전히 풍비박산되었다.

2. 황사영의 교회 활동

황사영의 가족 배경을 살펴보았듯이 그가 천주교 신앙을 받아들인 것은 이미 예정된 수순처럼 여겨질 정도이다. 황사영은 체포된 뒤 1801년 10월 10일의 추국에서 "천주교(洋學)를 한 것이 11년이며 처음 배우기 시작한 그 이듬해 조정(朝家)에서 금령이 매우 엄하였다"라고 하였다. 다음 날 추국에서는 신해년(1791)에 이승훈에게 교리서를 얻어다 보고 신앙생활을 시작했다고 진술하였다. 이러한 기록으로 미루어 보아 그는 혼인을 한 직후인 1790년 무렵에 천주교 신앙을 받아들인 것으로 여겨진다.

이후 황사영은 과거를 위한 공부를 포기한 채 정약종과 홍낙민 등과 함께 교리를 더욱 깊이 공부하다가 1795년 주문모 신부가 입국하자 최인길의 집에서 주문모 신부에게 알렉시오라는 이름으로 세례를 받았다. 그와 주문모 신부의 관계, 그리고 천주교에 대한 그의 인식이 어떠하였는지는 아래의 추국 답변을 통해 확인할 수 있다.

> 주문모 신부는 참으로 덕행이 순수하디 순수한〔精粹〕사람입니다. 그러므로 제자가 되기를 원했습니다. 잠시도 그 곁을 떠나고 싶지 않았지만, 1년에 서로 보는 것이 두서너 차례에 지나지 않았습니다. 그런 까닭에 머물면서 볼 수 없었던 것이 지극히 후회스럽습니다. 또한 서양 사람이 사는 천주당에 머물면서 가까이하는 것은 지극히 바라는 바입니다(《추안》,〈邪學罪人嗣永等推案〉, 1801년 10월 10일, 黃嗣永供述).

황사영은 천주교를 '세상을 구하는 좋은 약', '구원의 학문'이라고 하면서, 당시 지배 이념으로서의 위상을 잃어 가던 유교를 대신할 사상으로 인식하였다. 그런 까닭에 신앙생활에 전념하고자 과거 응시를 포기하기로 결심하였다. 그리고는 교회 일에 적극적으로 나서서 명도회의 주요 회원으로 활동하는 한편, 자신의 집을 명도회의 하부 조직인 육회를 위한 모임 장소로 제공하였다. 뿐만 아니라 교회의 지도층들을 도우면서 주변 사람들에게 천주교를 전하는 데에도 열성을 다하였다.

그가 교회로 인도한 사람들은 자신의 주변 친인척에 국한되지 않았다. 그는 양반에서 노비에 이르기까지 신분을 가리지 않고 가까이 지내면서 복음을 전하였고, 심지어 지방에 거주하는 사람들까지 교회로 인도하고자 노력을 아끼지 않았다. 또한 남필용(南必容, ?~1801)의 아들 제(悌)와 김의호(金義浩, ?~1802)의 아들 희달(喜達) 등에게 글을 가르치며, 틈틈이 천주교 교리서를 베껴 교우들에게 나누어 주었다.

《사학징의》(邪學懲義)에서 그의 인도로 천주교 신앙을 받아들인 사람을 살펴보면 먼저 그의 숙부 황석필, 그의 동서 홍낙영, 이국승, 그리고 손경욱(孫敬郁, 프로타시오)과 제관득(諸寬得) 등을 들 수 있는데, 이는 빙산의 일각일 것이다. 그가 매우 적극적으로 선교 활동을 했다는 사실로 미루어 보아, 이 밖에도 이름이 나타나지 않는 사람이 상당히 많을 것으로 추정된다. 그의 집에는 항상 지방에서 올라온 식객(食客)들이 있었는데, 이들도 모두 천주교 교리를 배우기 위해 지방에서 올라온 사람들이었다. 그들은 멀리 평양에서 올라온 이자현(李子賢), 충주에서 올라온 이국승, 당진에서 올라온 이순명(李順明) 등이었다. 이자현과 이순명 등은 그 후 어떻게 되었는지 알 수 없으나, 이국승의 사례로 볼 때 황사영은 전국 각지의 젊은 지식인들에게 선교를 했던 것으로 보인다.

이는 그가 경상도 상주에 사는 이복운(李復運, 1776~?)에게도 복음을 전하다가 실패한 기록으로 보아 충분히 미루어 짐작할 수 있다. 상주 향리 가문 출신인 이복운은 18세 때 제자백가(諸子百家)의 책까지 두루 섭렵하였을 뿐만 아니라 진사시에 합격한 수재로 소문나 있었다. 황사영은 그를 찾아가 천주교 관련 서적〔西洋學〕 17책을 내놓으며 "서양으로부터 온 새로운 학문이 있다. 이를 집안에서 행하면 집안이 화목할 수 있고, 국가에서 행하면 나라를 교화할 수 있다"라고 하며 자신과 함께 천주교를 공부하자고 제안하였다. 그러나 이복운은 "이치에 가깝지 않은 것은 아니나 진리를 크게 어지럽히지 않겠는가?"라고 하며 단호히 거절하고 돌아가 〈벽이변〉(闢異辯)을 저술하였다. 이들이 나눈 "천주교를 집안에서 행하면 집안이 화목할 수 있고, 국가에서 행하면 나라를 교화할 수 있다"라는 대화 내용을 보더라도 황사영이 천주교를 통하여 사회와 국가를 근본적으로 개조하고자 했음을 알 수 있다. 그는 자신이 주도하는 육회 등을 통하여 신분에 구애받지 않고 천주교를 매개로 다양한 사람들과 교류하였다. 그와 직·간접적으로 연관된 신자는 〈표 1〉에서 볼 수 있듯이 127명에 이른다.

황사영이 '도당'(徒黨) 혹은 '동당'(同黨)이라고 진술한 사람들의 신분 계층을 살펴보면 정약종·권상문(權相問, 세바스티아노, 1768~1801) 같은 양반 사대부부터 최인철·최창현 같은 중인은 물론, 붓장이 남송로(南松老), 갓장이[驄帽匠] 장덕유(張德裕, ?~1802), 짚신 장수인 제관득, 목수인 황태복(黃太卜), 삿갓장이 신춘득(申春得) 같은 천민에 이르기까지 신분의 구별이 없었다. 이는 무엇을 의미할까? 그가 "모든 사람은 하느님의 자녀이므로 형제처럼 지내야 한다"라는 천주교의 가르침을 철저히 따르고 있었음을 단적으로 보여 주는 것이다. 사실 당시 신자들은 원칙적으로 양천(良賤)·반상(班常)·남녀의 차별을 두지 않았다. 이처럼 그들은 천주교의 가르침을 실천하고 확산시킴으로써 유교의 가치가 지배하던 당시 사회의 한계를 넘어서고자 했던 것이다. 특히 황사영은 신유박해가 일어나기 전부터 이미 천주교의 가르침을 직접 실천함으로써 유교 사회를 벗어나고자 했다.

그는 신자들의 모임에 거의 빠지지 않고 참석하였는데, 종로에서 약국을 경영하는 최필제의 집에 아침 저녁으로 찾아가 손경윤(孫敬允, 제르바시오, 1760~1802) 등과 모여 교리를 강습하였다. 이와 같은 열성적인 활동으로 황사영은 교회의 중추적인 인물로 인정받았다. 김한빈은 그를 "천주교에 대한 식견이 뛰어나다"〔聖學高明〕라고 평가했으며, 강완숙도 "남자 신자들 중 가장 으뜸가는 사람"〔男敎中最高者〕으로 중인에서는 이용겸(李龍謙)과 김심원(金深遠)을 들었고, 양반 가운데서는 정광수와 황사영을 꼽았다. 심지어 황사영 자신도 추국에서 천주교회 안에서 겉으로 드러난 사대부로는 자신과 권철신·정약종 등이 있고, 중인 가운데에는 최필공·최필제·현계흠(玄啓欽, 플로로, 1763~1801) 등이 있다고 발언하였다. 이처럼 신유박해 이후와는 달리 교회 내에서 그의 활동은 대단히 긍정적인 평가를 받았다.

3. 황사영의 체포와 순교

그러나 신유박해가 발발하면서 모든 상황은 급박하게 변하였다. 박해는 순조 즉위년(1800) 12월에 최필공·최필제·오현달 등이 체포되면서 시작되었고, 이듬해 1월 박해령이 내려지면서 본격화되어 거의 모든 교회 지도자가 체포되었다. 2월 10일(음) 추국 후 황사영·권철신·조동섬에 대한 체포령이 내려졌다. '황사영'이라는 이름이 처음 드러난 것은 정약용의 진술을 통해서였다. 정약용의 집에서 압수한 서찰 가운데 황사영의 편지가 발견되었고, 정약용이 그가 천주교 신자라고 자백함으로써 의금부에서는 권철신·조동섬과 함께 황사영을 잡아들이라고 체포령을 내렸던 것이다.

권철신은 2월 11일에, 조동섬은 다음 날 각각 의금부로 체포되어 왔으나 황사영은 도피하여 체포되지 않았다. 그러자 대왕대비 김씨는 아래의 기록에서 볼 수 있듯이 의금부 당상들과 좌·우 포도대장들에게 매우 강경하게 경고하였다.

〈표 1〉 황사영과 교류했던 인물들

신분	이름		
양반	권상문(權相問, 권일신 아들)	유관검	이승훈
	권상술(權相述)	유항검	인언민(印彦敏)
	김일호(金日浩)	윤종백(尹鍾百, 황사영의 8촌)	정광수(鄭光受)
	남씨(권철신의 아내)	윤지헌(尹持憲)	정약용
	남제(南悌, 남필용의 아들)	이국승(李國昇)	정약종
	남필용(南必容, 권철신의 처남)	이경도(李景陶)	정철상(丁哲祥, 정약종의 장남)
중인	강완숙(姜完淑)	김이우(金履禹)	손경욱(孫景郁)
	고광성(高光晟)	김종교(金宗敎)	손인원(孫仁源)
	김려행(金勵行)	송윤중(宋允中)	孫家(현계흠 사위)·손백원
	김백순(金伯淳, 김건순의 서형)	손경윤(孫景允)	(孫伯源, 손가의 사촌)
	김백심(金百心)	손경무(孫景武)	이희영(李喜英)
상민	김귀동	김한봉(金漢奉, 김한빈의 동생)	송재기(宋再紀)
	김성단(金聖丹, 김한빈의 딸)	김한빈	이존창
	김염이(金廉伊, 지황의 아내)	남송로(南松老)	장덕유(張德裕)
천인	복점(福占, 권 생원의 여종)	옥천희	제관득(諸寬得)
	신춘득(申春得)	이합규	한대익(韓大益)
천인	곽만(郭滿)	김일여(金一汝)	오현달(吳玄達)
	괴화동의 崔가 형제	김천옥(金千玉)	윤수재(尹守在)
	김명서(金明瑞)	金흥정	尹가 노인
	김 바르나바	남별궁 뒤에 사는 南가	이관기(李寬基)
	김세귀(金世貴)·김세봉(金世奉) 형제	남탁(南濯)	이순명(李順明)
		변득중(邊得中)	이안정(李安靖)
	김여백(金汝伯)	宋가 형제	이자현(李子賢)
	김여중(金汝中)	신여권(申與權)	이재신(李在新)
	김연이(金連伊)	신용득(申龍得)	이취안(李就安)
	김용운(金龍雲)	신춘흥(申春興)	정섭(鄭涉)
	김의호(金義浩)	吳가	趙가(사팔뜨기)
합계			

이름		숫자(명)	비율(%)
홍교만(洪敎萬)	홍재영(洪梓榮, 황사영의 동서)	26	20.5
홍낙민(洪樂敏)	황석필(黃錫弼, 황사영의 숙부)		
홍문갑(洪文甲, 홍익만의 사위)			
홍백영(洪栢榮)			
홍익만(洪翼萬)			
홍인(洪鏔, 홍교만의 아들)			
최인길(崔仁吉)	허속(許涑)	25	19.7
최인철(崔仁喆)	현계흠(玄啓欽)		
최창현	현계흠의 사촌 동생		
최필공	홍필주		
최필제	황심		
최설애(崔雪愛)		12	9.4
최윤신(崔允信) 형제			
황태복(黃太卜)		8	6.3
구애(九愛)			
조섭(趙燮)	최태산(崔太山)	56	44.1
조성규(趙聖圭)	최한봉(崔漢奉)		
조신행(趙愼行)	최해두(崔海斗)		
조연(趙然)	한금(韓金)		
천안의 金가	한백록(韓伯錄)		
최기인(崔己仁)	한설애(韓雪愛)		
최대백(崔大白)	향교동의 李가		
최두신(崔頭臣)	홍계송(洪繼松)		
최봉운(崔鳳云)	황돌이(黃乭伊) 형제		
최성재(崔聖滓)			
최춘봉(崔春奉)			
		127	100

※ 이 〈표〉는 하성래, 〈황사영의 교회활동과 순교에 대한 연구〉, 《교회사연구》 13, 1998과 한국천주교주교회의, 《'하느님의 종' 윤지충 바오로와 동료 123위 시복 자료집》 1~5, 2005~2008, 그리고 여진천, 《황사영 〈백서〉 연구 — 원본과 이본 비교 검토 —》, 한국교회사연구소, 2009를 참조하여 작성하였다.

이번에 황사영이란 놈〔黃漢〕을 여러 번 체포하러 보냈으나, 또한 잡지 못하고 있다. 이 역시 나라의 기강에 관계되는 바이니, 다른 사람들이 무어라고 하겠는가? 황사영〔黃哥〕을 며칠 안에 붙잡지 못한다면 금오(의금부) 당상들과 좌·우 포도대장을 각별히 논죄할 것이니, 이를 알아듣도록 거듭 타일러라(《승정원일기》12813-0020, 순조 1년 2월 12일, 무오).

그 뒤로 체포되는 천주교인을 심문할 때마다 황사영의 거처나 은신처를 밝히라고 형벌을 가하였으나, 끝내 알아내지 못하였다. 그가 젊은 나이임에도 불구하고 천주교회의 핵심적인 인물이었다는 사실은 아래에 제시한 정약용의 공초를 통해서도 확인할 수 있다.

(천주교 신자들의) 소굴〔窩窟〕을 찾아내는 데에는 또한 방법과 계략이 있습니다. 가령 최창현과 황사영 같은 무리는 비록 날마다 여러 차례 형벌을 가하더라도 결코 실상을 털어놓지 않을 것이니, 반드시 그 종의 무리〔奴屬〕나 (그에게서) 배운 아이들〔學童〕 가운데 (천주교에) 깊이 물들지 않은 자를 잡아와서 그것(위치)을 물은 다음에야 혹시 그 단서를 얻을 수 있을 것입니다(《추안급국안》(규15149-1~331),〈辛酉邪獄罪人李家煥等推案〉, 정약용, 1801년 2월 13일).

정약용의 이러한 진술은 황사영이 천주교회의 핵심적인 지도자 가운데 한 명이라는 사실과 아울러 그를 체포할 수 있는 방법을 간접적으로 제시한 것이었다. 이는 그만큼 정부가 그의 체포에 혈안이 되어 있었음을 알려 주는 것이기도 하다.

자신에 대한 체포령을 들은 황사영은 2월 10일 저녁 강완숙의 소개로 용호영(龍虎營) 안에 있는 김연이의 집으로 피신하였다. 그곳에서 의금부 도사(都事)의 수색 소식을 듣고 석정동(石井洞, 지금의 서울 중구 소공동) 권상술(權相述)의 집을 거쳐 다시 동대문 안 노랑정동(老郎井洞)에 있는 송재기의 집으로 갔다. 여기서 김의호를 만난 황사영은 그의 제안대로 상복으로 변복하고, 김한빈과 함께 제천 배론(舟論)에 있는 김귀동(金貴同, ?~1802)의 집으로 피신하기로 결정하였다. 이렇게 하여 서울을 떠난 황사영과 김한빈은 여주, 원주를 거쳐 2월 그믐께 배론의 팔송정(八松亭) 도점촌(陶店村)에 있는 김귀동의 집에 도착하였다. 그곳에서 김한빈과 김귀동은 황사영이 숨어 살 토굴을 파고 토굴로 통하는 길은 그 옹기점에서 만든 큰 옹기그릇으로 덮었다. 그런 까닭에 그 동네에 사는 천주교 신자들까지도 그가 와 있는 것을 오랫동안 알지 못하였다.

황사영은 토굴 속에 은신하면서 사태의 추이를 관망하였다. 1801년 3월 말경 서울에 갔다가 돌아온 김한빈은 황사영에게 박해의 확대 양상과 정약종·최필공·최창현·홍교만·홍낙민·이승훈 등이 참수되었다는 사실을 전하였다. 아울러 3월 12일에 자수한 주문모 신부의 소식도 전하였다. 황사영은 1795년 최인길의 집에서 주문모 신부를 만난 이후 잠시도 신부 곁에서 떨어지고자 하지 않았다. 이렇듯 주문모 신부를 각별하게 생각했던 그에게 교회의 지도자들이 모두 사형되고, 신부마저 자수했다는 소식은 견디지

> **용호영**
> 조선 후기 궁궐을 경비하고 임금의 경호를 맡아보던 친위군영(親衛軍營). 내삼청(內三廳) 또는 금군청(禁軍廳)으로 부르기도 했다. 영조 31년(1755) 금군청을 독립 군영으로 만들면서 용호영으로 고쳤다. 금군청 때부터 내금위(內禁衛)·우림위(羽林衛)·겸사복(兼司僕)이 소속되어 있었다. 소속 관원으로는 별장(別將) 1명이 군영을 총관하며, 장(將) 6명은 각 위에 2명씩 배속되어 위(衛)를 지휘하였다. 그 밑에 당상군관 16명, 교련관 14명, 이 밖에 별부료군관(別附料軍官) 120명을 두었다.

못할 만큼 엄청난 충격이었다.

그리하여 살아남은 자신이 교회의 보존과 재건을 위해 할 수 있는 일을 궁리하게 되었다. 그 결과 자신이 목격했거나 전해 들은 사실과 김한빈을 통해 전해 들은 것에 근거하여 〈백서〉의 내용을 구상하고 집필에 착수하였다. 그렇지만 보다 근본적으로는 신유박해의 발발 이전부터 추진되었던 선교사와 서양 선박 요청의 연장선상에서 〈백서〉가 작성되었다고 볼 수 있다.

1790년 이래 조선의 신자들은 밀사를 북경으로 파견하여 성직자 영입을 요청하는 한편, 신앙의 자유를 얻기 위해 서양 선박의 파견도 요청(大舶請願)해 오고 있었다. 1794년 12월 주문모 신부가 입국한 이후에도 북경으로 밀사를 파견하여 성직자와 서양 선박의 파견을 요청하였다. 1796년 말(양력 1797년 1월)에는 주문모 신부의 지시로 성직자와 서양 선박의 파견을 요청하는 서한을 작성하고 황심을 밀사로 선발하여 북경에 파견하였는데, 이때 황사영·최창현·윤지헌·유항검 형제 등이 그 서한에 서명하였다. 이후 조선교회의 밀사로 황심·김유산·옥천희(玉千禧, 요한, 1767~1801)가 여러 차례 북경을 왕래하였다. 이러한 사정을 잘 아는 황사영이었기에 신유박해가 일어나자, 위기에 빠진 조선교회의 실상을 구베아 주교에게 알려 조선정부로부터 신앙의 자유를 얻고자 서한을 작성하기 시작했던 것이다.

황사영은 김한빈을 만나기 위하여 8월 26일 배론을 찾은 황심(黃沁, 토마스, 1756~1801)에게서 들은 새로운 내용, 즉 주문모 신부가 군문효수형을 당할 때의 사실을 보충하여 9월 22일(양력 10월 29일)에 〈백서〉를 완성하였다. 박해로 폐허가 된 조선교회의 상황과 조선교회의 재건 및 종교의 자유를 얻기 위해 서양 군함의 파견 등을 요청하는 내용 등을 담은 〈백서〉는 북경의 서양인 신부들과 안면이 있는 황심의 이름으로 보내기로 하였고, 9월 말 이

전에 황심이 와서 가져가기로 약속하였다. 그리고는 북경을 여러 번 왕래한 옥천희가 10월에 출발할 동지사 일행의 일원이 되어 이 〈백서〉를 북경의 구베아 주교에게 전달할 계획을 세웠다.

옥천희는 1800년 겨울과 1801년 4월에 북경을 오가며 서한을 전달하였고, 전교 비용으로 구베아 주교에게서 은자(銀子) 40냥을 받아 오기도 하였다. 그렇지만 1801년 6월 북경에서 돌아오다 의주에서 체포되었고, 그를 심문하는 과정에서 이름이 드러난 황심도 9월 15일(양력 10월 22일) 체포되었다. 황심은 포도청에서 황사영이 도피하여 은거한 후 많은 신자들이 체포되어 큰 어려움을 당하고 있음을 알고는 26일 포도대장에게 황사영이 있는 곳을 자백하였다. 그때의 일을 황심은 추국에서 다음과 같이 진술하였다.

> 지난 9월 15일 포청에 잡히어 옥에 갇혀 있는 중, 비로소 (황)사영이 망명한 후 서울과 지방이 모두 소란스럽고 많은 사람이 연루되어 옥에 갇혀 있다는 말을 듣고, 그 한 사람 때문에 그렇다면 그가 있는 곳을 알고서도 고하지 않을 수 없다고 생각하여, 26일 과연 스스로 원하여 포도대장을 찾아가 사영이 있는 곳을 곧바로 고하였습니다. 이 같은 저의 실상을 통촉해 주소서(《추안》, 〈邪學罪人嗣永等推案〉, 1801년 10월 10일).

《사학징의》를 보면, 황심의 진술대로 황사영이 도피한 뒤 황사영의 숙부 황석필을 비롯하여 그 가족과 노비는 물론 권상문·김일호·장덕유·변득중(邊得中, ?~1802)·이경도(李景陶, 가롤로, 1780~1802)·이관기(李寬基)·이학규·남송로·남필용·홍낙영·손경욱·제관득 등 많은 사람이 체포되어 그가 간 곳을 대라는 신문을 받으며 갖은 고초를 당하였음을 알 수 있다. 옥천희의 체포에 뒤이어 황심의 체포로 황사영이 숨어 있는 곳이 알려지게 되자, 포도청에서는 포교들을 배론으로 파견하여 9월 29일 황사영과 김한빈·김귀동을 체포해 의금부로 압송하였다. 이때의 일을 달레 신부는 다음과 같이 기록하고 있다.

> 포졸들이 배론으로 급히 달려왔으나 그들이 찾는 사람을 발견하지 못하다가, 마침내 지하실 위를 걸어 다닐 때 커다란 옹기그릇들이 내는 둔탁한 소리가 그들의 의심을 일으켜 (황사영) 알렉산델〔알렉시오의 잘못된 표기〕은 발견되었다. (황사영) 알렉산델은 포졸들이 오는 것을 보고도 놀라지 않았다. …포졸들은 그를 쇠사슬로 결박하여 서울로 데려갔는데, 그의 몸에서 옷 속에 둘둘 말아 지녔던 그 유명한 편지가 발견되었다(샤를르 달레 ; 안응렬·최석우 역, 《한국천주교회사》 상, 1979, 570~571쪽).

국청
조선시대 왕명으로 모반·대역 및 그 밖의 국가적 중죄인을 심문, 재판하기 위해 임시로 설치한 특별 재판기관 또는 그 재판정으로, 죄의 경중에 따라 친국(親鞫)·정국(庭鞫)·추국(推鞫)·삼성추국(三省推鞫)이 있다. 친국은 임금이 친림하여 신문하는데, 이때 시원임대신, 의금부 당상관, 사헌부·사간원의 모든 관원, 좌우포도대장, 육방승지 등이 참석하며, 정국은 대체로 친국의 경우와 비슷하였다. 추국은 필요에 따라 친국·정국을 계속하는 것이고, 삼성추국은 강상죄인(綱常罪人)을 문초하는 것이다. 이미 형조에서 신문을 마친 상태이므로 국청에서는 간단한 신문으로 죄상을 확인, 결안을 작성하였다. 이러한 모든 절차·신문 내용 및 결과는 국안(鞫案)·추안(推案)이라는 이름으로 기록하여 보관하였으며, 국청의 과정을 일기형식으로 기록한 것이 《국청일기》이다.

황사영의 체포와 그가 지니고 있던 〈백서〉는 엄청난 파장을 불러일으켰다. 〈백서〉를 보고받은 대왕대비 김씨는 이를 국청(鞫廳)에 내렸고, 조정에서는 여섯 차례의 국문을 실시한 후 황사영을 11월 5일 대역부도(大逆不道)의 죄로 서소문 밖에서 능지처사하였다.

이 백서 사건으로 천주교에 대한 박해가 다시 크게 일어났는데, 황심의 자백으로 황사영과 김한빈이 9월 29일(음) 제천에서 잡혔고, 1797년 9월(음) 동래(東萊) 앞바다에 정박한 외국 배에 올라가 본 적이 있는 역관(譯官) 현계흠도 백서 사건에 연루되어 체포되었다. 아울러 유배 중이던 정약용·정약전 등도 황사영과의 공모 여부를 확인한다는 이유로 다시 소환되었다. 백서 사건 관련자들 가운데 김한빈과 황심은 10월 24일(음) 판결을 받고 이튿날 참수형을 당하였으며, 황사영·옥천희·현계흠은 11월 5일(음) 처형당하였다. 그리고 정약전·정약용·이치훈(李致薰)·이관기·이학규·신홍권(申興權) 등은 황사영과 공모했다는 증거가 발견되지 않았기 때문에 전라도 강진과 흑산도 등지로 다시 유배당하였다.

황사영과 관련자들을 심문하는 동안 동지사(冬至使)가 출발해야 할 시기가 다가오자 조정에서는 〈백서〉가 발각된 이후 주문모 신부의 처형 사실이 청나라에 알려질 가능성이 높다고 판단하였다. 이에 조선 정부에서는 진주사(陳奏使)를 파견하여 신유박해 전반에 관한 청나라의 이해를 구하고, 주문모 신부의 처형에 따른 청의 반발을 예방하고자 하였다. 그리하여 조윤대(曺允大, 1748~1813)를 동지사 겸진주사로 임명하고, 가지고 갈 〈토사주문〉(討邪奏文)을 대제학 이만수(李晩秀, 1752~1820)에게 작성하도록 하였다. 그리고 청나라 황제에게 보내는 주문의 내용을 입증할 증거로 〈백서〉의 사본도 가지고 가기로 하였는데, 그것은 불리한 내용을 삭제한 이른바 〈가백서〉(假帛書)였다. 진주사 조윤대의 파견은 황사영의 백서 사건을 외교적인 측면에서 마무리 짓는 것이었다.

이렇게 황사영의 백서 사건이 일단락되자 대왕대비 김씨는 천주교를 박해한 일을 종묘에 고유(告由)하게 하고, 아직 죄상을 추궁하지 못한 천주교 신자들에 대한 신문도 연말까지 끝내도록 지시하였다. 그리고 백성들에게 박해의 전말과 그 당위성을 알리는 반교문(頒敎文), 즉 〈척사윤음〉을 12월 22일(음) 반포하였다. 아울러 유항검의 처 신희(申喜, ?~1802)·며느리 이순이(李順伊, 루갈다, 1782~1802)와 유관검의 처 이육희(李六喜, ?~1802)·유중성(柳重誠, 마태오, 1784~1802)에 대한 사형 선고가 당일에 있었다. 이들은 모두 출신지인 전주로 압송되어 처형당하였다.

그리고 12월 26일(음)에는 16명에 대한 사형 선고가 있었는데, 이들 가운데 이윤하(李潤夏, 마태오, 1757~1793)의 아들 이경도·손경윤·김계완(金啓完, 시몬, ?~1802)·홍익만(洪翼萬, 안토니오, ?~1802)·최설애(崔雪愛, ?~1802)·김의호·송재기·장덕유·변득중 등 9명은 서울에서 처형되었다. 또 정광수는 여주에서, 김귀동과 황일광(黃日光, 시몬, 1757~1802)은 홍주(洪州)에서, 김일호(金日浩, ?~1802)와 권철신의 양자인 권상문은 양근에서, 한덕운(韓德運, 토마스, 1752~1802)은 광주에서, 홍교만의 아들 홍인은 포천에서 각각 처형당하였다. 이렇게 해서 300명 이상이 희생된 가혹하고도 잔인했던 신유박해는 막을 내렸다.

4. 〈백서〉의 내용

62×38cm 크기의 흰색 세명주(細明紬, 가늘게 무늬 없이 짠 명주)에 122행 13,384자가 기록된 〈백서〉의 원본은 황사영이 체포될 때 압수되었다. 이후 의금부에 보관되어 오다가 1894년 의금부의 옛 문서들이 소각될 때 우연히 발견되어, 당시 제8대 조선 대목구장 뮈텔(Gustave Charles Marie Mutel, 閔德孝, 1854~1933) 주교에게 전달되었다. 뮈텔 주교는 그 내용을 프랑스어로 번역하여 1925년 홍콩에서 간행한 다음, 이해 7월 5일 로마에서 거행된 조

선 순교 복자 79위 시복식에서 〈백서〉의 원본과 프랑스어 번역본을 교황 비오 11세(1922~1939)에게 봉정하였다. 이후 〈백서〉는 지금까지 교황청 바티칸 민속 박물관에 소장되어 있다.

그런데 〈백서〉는 원본 외에도 여러 종류의 이본(異本)들이 전해지고 있다. 〈표 2〉에 제시된 것들 말고도 노론 척사론자들의 입장에서 기록되어 《동린록》(東麟錄)에 수록된 〈사적사영백서〉(邪賊嗣永帛書), 저자를 알 수 없지만 남인의 입장에서 기록된 필사본 《사영백서》(嗣永帛書) I·II(절두산 순교성지 한국천주교 순교자박물관 소장)가 있다. 또 제5대 조선 대목구장인 다블뤼(M.N.A. Daveluy, 安敦伊, 1818~1866) 주교의 〈비망기〉(備忘記)나 달레 신부의 《한국천주교회사》에도 전문은 아니지만 〈백서〉의 내용이 수록되어 있다. 원본이 알려지기 전에 의금부에 보관되어 있던 등사본이 유출되어 이만채(李晩采)가 편집했다고 여겨지는 《벽위편》(闢衛編)에 수록된 바 있다. 다블뤼 주교는 1859년 이 사본을 입수하여 자신의 〈비망기〉에 채록하였고, 이것이 파리외방전교회로 보내져 훗날 달레 신부의 《한국천주교회사》에 인용되었던 것이다. 이렇게 볼 때 내용이 완전하게 전해지는 것은 〈백서〉 원본과 황사영의 추안(推案)에 실린 것이며, 이외의 것은 필요에 따라 만들어진 변형된 형태였다고 할 수 있다.

〈백서〉는 그 내용을 살펴보면 북경의 구베아 주교에게 보낸 조선교회의 사정에 대한 보고서이자 도움을 요청하는 청원서이지만, 편지 형식으로 작성되었다. 그러므로 내용을 서론-본론-결론의 세 부분으로 구분할 수 있

> 《동린록》
> 조선 효종 때부터 철종 때까지의 당쟁 관계 사실을 모은 책. 편자 미상이고 29책으로 필사본이다. 편차는 나누어져 있지 않으나, 내용상으로는 12개 부분으로 나누어져 있다. 수록된 기관도 권차와 관계없이 내용별로 수미(首尾)와 본말이 갖추어져 있다.

〈표 2〉〈백서〉의 주요 이본(異本)

구분	특징
〈진주사등본(陳奏使謄本)〉 일명 〈가백서〉	청에 알리기 위해 〈백서〉 내용을 1/15로 줄여 16행 922자로 작성
	박해의 정당성과 주문모 신부의 처형을 합리화하기 위한 증거물
	황사영이 제안한 청의 감호(監護)나 종주권(宗主權) 발동에 관한 내용을 삭제
〈사학죄인사영등추안〉 (邪學罪人嗣永等推案)〉	〈백서〉의 원문을 거의 그대로 필사
	은언군(恩彦君, 정조의 庶兄)과 관련된 기록을 의도적으로 삭제
《벽위편》(闢衛編)	내용을 약 10,500자 정도로 줄인 것
	최필제·홍교만·홍낙민·이승훈·이가환·권철신에 대한 내용 완전 삭제
	은언군과 관련된 내용 삭제

〈표 3〉〈백서〉의 내용 분류

구분	내용
서론	인사 및 위기에 빠진 조선교회에 대한 구원 요청
본론	신유박해의 발발과 진행 과정
	주문모 신부와 순교자들의 약전(略傳)
	교회의 재건과 신앙의 자유를 얻기 위한 방안
결론	대재(大齋)와 소재(小齋)의 관면 요청과 맺는말

〈백서〉는 원본 외에도 《동린록》에 수록된 〈사적사영백서〉, 필사본 《사영백서》 등 여러 종류의 이본(異本)들이 전해지고 있다. 〈백서〉는 북경의 구베아 주교에게 보낸 조선교회의 사정에 대한 보고서이자 도움을 요청하는 청원서이지만, 편지 형식으로 작성되었다. 그 내용은 서론·본론·결론의 세 부분으로 구분할 수 있으며, 본론은 다시 세 부분으로 나뉜다.

으며, 본론은 다시 세 부분으로 나뉜다. 이를 정리하면 〈표 3〉과 같다.

서론에서는 구베아 주교에게 신자로서의 공경을 표하고, 아울러 서한을 보내는 이유와 조선교회의 신자들이 바라는 내용을 간략하게 기록하였다. 황사영은 박해로 천주교회가 조선에서 단절될 것을 걱정하여 교황이 서양 각국에 널리 알려 구원해 줄 것을 간청하였다. 황사영의 위기의식이 결국 〈백서〉를 작성하게 된 동기 가운데 하나였던 것이다.

본론은 전체 분량 가운데 94%를 차지하는데, 본론 첫 번째와 두 번째 부분에서는 신유박해의 진행 상황 및 주문모 신부와 순교한 신자들의 행적을 적고 있다. 앞에서 잠시 언급했듯이 황사영이 서울을 탈출하는 1801년 2월 15일까지는 자신이 직접 보고 들은 사실이며, 이후의 내용들은 김한빈과 황심으로부터 전해 들은 것이다. 그가 작성한 순교자 약전은 그 당시 순교자들의 행적과 교회의 활동을 알려 주는 사료로서 중요한 가치를 지니는 박해시대 순교자들의 신앙 입증 자료이며, 한국 최초의 천주교 순교 전기(殉教傳記, acta martyrum) 또는 수난기(受難記, passio)라고 할 수 있다. 여기에서는 신자들의 삶(신분·직업·인척 관계·출신지와 거주지)과 입교 동기, 신심 서적이니 교리서를 통한 신자들의 신앙생활, 순교자들의 순교사실, 명도회의 조직과 활동, 정약종의 교리서 편찬, 강완숙을 비롯한 여성 신자들의 활동, 교회 조직(총회장·명도회장·여회장), 신자들에 대한 형벌과 처형 방법 등을 기록함으로써 박해시대 교회의 실상을 자세히 전하고 있다. 그리고 순교 전기의 마지막 인물로 구베아 주교가 조선에 파견한 주문모 신부에 대해 자세하게 언급했는데, 이처럼 순교자들과 특히 주문모 신부의 죽음을 기록함으로써 구베아 주교가 조선교회에 관심을 갖고 교회의 재건과 신앙의 자유를 이루어 주기를 기대했던 것으로 여겨진다.

〈표 4〉〈백서〉에서 언급된 조선교회의 재건 방안

구분	내용
1	조선교회의 재건을 위한 재정 원조 요청
2	북경교회와의 연락 방안
3	교황이 청의 황제에게 조선에서의 신앙의 자유를 위해 외교적 압력을 행사하도록 제안
4	조선을 청의 지방으로 만들어 청이 조선에 대해 감독·보호할 것을 제안
5	서양의 군함과 무기·군대를 동원하여 신앙의 자유를 획득할 수 있도록 하자고 제안

본론의 마지막 세 번째 부분에서는 박해로 풍비박산이 된 교회를 다시 일으켜 세우고, 더 나아가서 신앙의 자유를 얻기 위한 다섯 가지 방안을 제안하였다. 이를 정리하면 〈표 4〉와 같다. 첫 번째 조목에서 황사영은 조선교회의 인적 자원, 지역적인 상황, 앞으로의 교회 운영 방안 등을 설명하고, 조선교회를 재건하도록 도와 달라고 요청하면서 다음과 같이 적었다.

> 모든 나라 가운데 우리나라[東國]가 가장 가난하고, 우리나라 가운데에서도 교우(敎友)들이 더욱 가난하여 겨우 굶주림과 추위를 면하는 자가 10여 명에 지나지 않습니다. …근년에…마땅히 해야 할 일을 다하지 못하고, 합당하지 못한 사람을 끌어들여 환난이 이처럼 참혹하게 된 것도 태반이 재정난 때문이었습니다. …지금 일의 형세가 이와 같지만 아직 반드시 앉아서 죽음을 기다리는 것은 아닙니다. 그러나 이런 일은 모두 재물을 가진 다음에 논의할 수 있습니다. …다만 재물이 없는 연유로 교회가 망하고 영혼이 죽는데 이른다면, 원한이 또한 어떻겠습니까? 이에 감히 몽매함을 무릅쓰고 말씀을 올려 청하오니, 이를 위해 서양의 여러 나라들에 애걸하여 주시기 엎드려 바랍니다(〈백서〉 91~96행).

당시의 대박해로 신자들의 공동체가 파괴되고 그들의 재산마저 모두 빼앗긴 상황에서 교회의 재건을 위해서는 무엇보다도 외부의 재정적 도움이 필요하였기에 서양의 여러 나라에 도움을 청해 줄 것을 희망했던 것이다. 황사영은 〈백서〉에서 박해의 외적 원인으로 당론(黨論)으로 인한 천주교 배척과 교조적인 주자학[朱學]을 제시했으며, 내적 원인으로는 재정적인 어려움을 들었다. 조선 천주교회의 재정이 넉넉했더라면 주문모 신부에게 더욱 안전한 거처를 마련하여 박해를 피할 수 있었을 것이라는 후회가 담겨 있다. 그러므로 재정적인 원조를 요청한 1차적인 목적은 바로 신부의 영입과 생활을 위한 비용 마련에 있었던 것이다.

두 번째 조목에서는 북경교회와 조선교회가 쉽게 연락할 수 있는 방안을 제시하였다. 구체적으로는 조선의 신자가 북경에 가서 중국 젊은이들에게 조선어를 가르쳐서 서로 연락하도록 하되, 조선어에 능숙하고 믿을 수 있는 중국인 신자를 책문 안에 이주시켜 상점을 운영하게 하면, 사람이나 서신 왕래에 도움이 될 것이라고 하였다. 이처럼 황사영은 박해로 고립무원의 처지에 빠진 조선교회를 재건하기 위해 북경교회와의 비밀 접촉 장소를 개설하자고 제시했던 것이다.

황사영은 서양인 신부가 있는 북경교회를 본당(本堂)으로 인식하였다. 그렇지만 북경교회에 조선교회의 재건 방안을 일임한 것이 아니라 자신이 직접 구체적으로 제시하여 '재정 원조'는 서양 여러 나라에 청하였고, '청의 종주권 발동'은 교황을 통해 이루고자 하였다. 또한 '조선 감호책'은 청나라 조정의 유력한 신자를 통해, '대박청래'는 서양의 여러 나라들에 요청하였다. 말하자면 신앙의 자유를 위해 여러 가지를 요구한 대상은 북경 주교가 아니라 교황이었다.

세 번째 조목에서는 앞의 두 방안보다 적극적인 방법을 제시했는데, 당시 사대관계에 있었던 조선과 청의 관계를 이용하여 교황이 청의 황제에게 서한을 보내서 조선으로 하여금 서양 선교사를 받아들이도록 하자는 것이었다. 그러면 청의 황제가 조선에 압력을 가해 천주교가 받아들여질 수 있게 되리라고 여긴 것이다. 황사영은 조선이 위태롭고 어지러운 시기에 처해 있기 때문에 무슨 일이든지 황제의 명령이 있으면 좇지 않을 수 없다고 하면서, 교황의 서한 내용을 아래와 같이 제시하였다.

내가 조선을 전교하고자 하는데, 듣건대 그 나라는 중국에 속해 있어 외국과 통하지 아니한다고 합니다. 그런 까닭에 이렇게 청합니다. 폐하는 그 나라에 따로 칙령을 내려서 서양 신부〔西士〕를 받아들이게 하여 마땅히 충성하고 공경하는 도리를 가르쳐, 백성들이 중국 조정에 충성을 다하여 폐하의 덕에 보답하게 하십시오.(〈백서〉 100~101행).

영고탑
청나라의 발상지로, 현재 중국 흑룡강성(黑龍江省) 목단강시(牡丹江市) 영안현성(寧安縣城)의 청나라 때 지명이다. 1653년 영고탑앙방장경(寧古塔昻邦章京)을 두었고, 1662년 영고탑장군(將軍)으로 고쳤다. 그 뒤 팔기부도통(八旗副都統)을 두었으나, 죄인의 유형지(流刑地)가 되었다. 1910년 영안부(寧安府)로 되었다가, 중화민국 이후 영안현(寧安縣)으로 고쳤다.

이처럼 황사영은 교황이 황제에게 보낼 편지의 내용까지 제시하면서 황제는 선교사의 충성심과 성실함을 알고 있기에 허락을 얻을 수 있다고 하였다. 물론 그 자신도 당시 청의 상황에서 이 계획을 실행할 수 있을지 확신하지는 못했지만, "만일 중국과 서양 여러 나라의 주님을 섬기는 사람들이 합심하고 전력을 다해 도우려고만 한다면, 어찌 재난을 행운으로 바꾸어 이 손바닥만 한 땅을 구원해 살리지 못하겠

황사영은 중국과 조선을 한집안으로 만들어 신부가 조선에 쉽게 입국하고 신자들도 중국에 가서 세례를 받을 수 있도록 하자며 그 구체적인 방안으로 조선을 영고탑에 속하게 할 것을 제안하였다(《요계관방도》, 《해동지도》, 서울대학교 규장각).

습니까"(102행)라고 간절히 호소했던 것이다.

네 번째 조목은 청의 황제에게 말하여 조선을 영고탑(寧古塔)에 소속시킨 뒤 안주(安州)와 평양(平壤) 사이에 무안사(撫按司)를 설치하여 친왕(親王, 황제의 아들이나 형제)으로 하여금 조선을 보호 감독하게 하고 조선 왕을 부마(駙馬)로 삼자는 것이었다. 이를 통해 중국과 서로 통하게 됨으로써 신부의 왕래가 쉬워지고 신자들도 중국에 들어가 세례를 받을 수 있을 것으로 기대하였다. 황사영은 당시 국왕의 힘이 미약하고 벽파가 정치를 농단하고 있다면서, 이 계획은 중국에 유익할 뿐만 아니라 조선에도 해롭지 않아서 만약 청과 조선이 한집안[內服]이 되면 간사한 신하, 즉 노론 벽파가 힘을 잃고 왕권이 회복될 것이라고 하였다. 이는 당시 교회 지도자들이 신앙의 자유를 얻기 위해 국왕을 통한 위로부터의 개방을 꾸준히 모색하고 있었음을 보여주는 것이다.

황사영은 마지막 방안으로 아래의 기록에서 볼 수 있듯이 5~6만 명의 서양 군사와 많은 무기들을 수백 척의 군함에 태워 조선에 출정한 뒤 국왕에게 글을 보내 위협하여 선교사를 받아들이도록 할 것을 제안하였다.

> 이에 한 방책이 있는데, 조선인들로 하여금 어찌할 수 없이 손을 묶고 명령에 따르게 할 수 있습니다. 다만 이를 실행하기 자못 어렵습니다. 비록 그렇더라도 자세히 말씀드리기를 청합니다. 본국의 병력은 본래 잔약하여 모든 나라들 가운데 맨 끝입니다. 그리고 하물며 지금 나라가 태평한 지 200년이 되어 인민들이 군대를 알지 못합니다. 위로는 뛰어난 임금이 없고, 아래로는 좋은 신하가 없어서 자칫 불행한 일이 생기면 흙더미처럼 무너지고, 기와처럼 산산이 흩어질 것이 틀림없습니다. 만일 할 수 있다면 선박[海舶] 수백 척과 정예 병사 5~6만 명을 얻어 대포 등 날카롭게 쪼개어 흩어지게 하는 무기를 많이 싣고, 글을 잘하고 사리에도 밝은 중국 선비[中士] 3~4명을 데리고 직접 해안에 이르러 국왕에게 편지를 보내
> "우리는 곧 서양의 (천주교를) 전교하는 배입니다. 여자와 재물[玉帛]을 위해 온 것이 아니라 교황[敎宗]으로부터 명령을 받아 이곳의 백성[生靈]들을 구원하러 왔습니다. 그대의 나라에서 한 사람의 전교사를 받아들인다면 우리는 많은 것을 요구하지 않고, 반드시 대포 한 방 화살 한 개도 쏘지 않을 것이며, 티

끝 하나 풀 한 포기도 움직이지 않을 것입니다. 영원한 우호를 체결한다면 북을 치고 춤을 추며 갈 것입니다. 만일 천주(天主)의 사절을 받아들이지 않는다면, 반드시 천주의 벌을 집행하고 죽어도 발길을 돌리지 않을 것입니다. (조선의) 왕께서는 한 사람을 받아들여 온 나라의 벌을 면하고자 할 것입니까? 또는 온 나라를 잃고자 하여 한 사람을 받아들이지 않겠습니까? 왕께서 이를 선택하기를 청합니다. 천주성교(天主聖敎)는 충효와 자애에 힘쓰고 있으므로 온 나라가 봉행하면 실로 왕국에 한없는 복이 될 것입니다. 우리에게는 이익이 없습니다. 왕께서는 의심하지 말기를 바랍니다"라고 하십시오.

이어서 서양의 여러 나라들이 참된 천주〔眞主〕를 흠숭하므로 오랫동안 평안하게 다스리는 효과가 동양의 각 나라들에 미치게 될 것이니 서양 전교사를 받아들이는 것은 유익하지 해로움이 없는 일임을 거듭 타이르면, 반드시 온 나라가 놀라고 두려워 감히 따르지 않을 수 없을 것입니다. 선박과 사람의 숫자가 말씀드린 바와 같으면 대단히 좋겠지만, 만일 힘이 모자란다면 수십 척과 5~6천 명도 할 만합니다(〈백서〉 109~112행).

말하자면 유럽 가톨릭 국가들의 무력을 동원하여 위협함으로써 천주교의 공인(公認)을 꾀하고자 한 이른바 '대박청래' 방안이었다. 이 방안은 황사영이 처음 제시한 것은 아니었다. 윤유일이 두 번째로 북경에 간 1790년부터 선교사 영입운동과 함께 모색되었고, 이것이 1796년과 1799년으로 이어지면서 황사영까지 연결되었던 것이다. 조선의 천주교 신자들은 서양 선박의 도래를 서양 선교사와 같은 차원에서 이해하였고, 더 나아가 서양 선박을 통한 사회 개혁까지도 생각하고 있었다. 유관검은 서양 선박의 내항을 통해 서양 문물의 접촉과 능력에 따른 인재 선발 등을 기대하면서, 이것이 이루어지기 위한 전제 조건으로 조선의 천주교에 대한 개방을 내세웠다. 이를 위해 먼저 시위를 통해 겁을 주고, 그래도 허락되지 않으면 '일장판결'(一場判決)을 하여 천주교를 공인받도록 한다는 것이었다.

1801년 당시의 조선 천주교 신자들은 대박청원을 선교사의 영입은 물론 신앙의 자유를 얻을 수 있는 유용한 방법으로 인식하고 있었다. 때문에 1796년의 대박청원에 관여했던 황사영도 대박청원을 교회의 재건과 신앙의 자유를 얻을 수 있는 방안으로 채택했던 것으로 보인다. 그는 큰 선박과 정예 군사들을 요청해 조정을 위협함으로써 중국처럼 성당을 세워 천주교를 확산시키고자 하였다. 만약 이것이 받아들여지지 않을 경우에는 무력으로 시위하면 온 나라가 놀라 따르게 될 것이라고 확신하였다.

이 내용은 황사영과 〈백서〉가 비판받았던 가장 큰 이유였다. 그러나 황사영의 의도는 왕조의 부정이나 국가의 전복에 있었던 것은 아니다. 오히려 당시의 정치적인 모순을 해결함으로써 신앙의 자유를 얻으려는 입장이었다. 하지만 1796년 이래의 대박청래 운동은 집권층에게 외국과 몰래 내통하여 국가를 전복하려는 의도로 받아들여졌다. 그들은 이를 도적에게 나라를 바치는 반국가적 행위로 간주하였고, 그 결과 더 많은 사람들이 희생을 당할 수밖에 없었다.

결론 부분에서 황사영은 박해 속에서 살아남은 신자들의 삶과 현실적인 어려움을 호소하였다. 행상을 한다든지, 고향을 떠나 산간 등지로 이주하거나 헤매고 있는 현실 때문에 교회의 가르침을 따를 수 없음을 설명하고, 대·소재(大小齋)의 관면을 요청하였다. 그리고는 황심의 세례명인 토마스(多默)로 〈백서〉를 끝맺었다.

5. 황사영과 〈백서〉에 대한 평가

황사영은 〈백서〉를 작성할 때 그 속에 담긴 내용이 어떤 파급을 일으킬지 과연 예견하지 못했을까? 아마도 그렇지 않았으리라 여겨진다.

> 어떤 사람은 이와 같이 행동한다면 그 실행이 쉽고 어렵고를 논하지 않고서 천주교〔聖敎〕의 모양〔表樣〕에 합당하지 않을까 두려워합니다. 저는 그렇지 않다고 말씀드립니다. …만일 본국의 교우들이 북을 치고 함성을 지르면서 난을 일으킨다면, 실로 모양을 무너뜨리는 것입니다. 서양은 곧 천주교의 근본이 되는 땅으로, 2,000년 이래 모든 나라에 전교하여 귀화하지 않은 곳이 없습니다. 그런데 홀로 이 조그마한 동쪽 땅은 다만 순종하지 않을 뿐만 아니라 도리어 굳게 막고는 천주교를 해치고 신부〔神司〕를 살육했습니다. 이는 동양 200년 이래 없었던 일입니다. 군대를 일으켜 죄를 묻는 것이 어찌 옳지 않겠습니까. …이는 명성과 위세를 크게 펼쳐 전교를 받아들이게 하는 데에 지나지 않을 뿐입니다. 인민은 해로운 바가 없고 재물은 빼앗기는 바가 없으므로 또한 인의(仁義)의 극치이고, 뛰어난 모양일 것입니다. 어찌 모양이 아름답지 못할까를 근심해야 할 것입니까. 다만 힘이 미치지 못할까 두려워할 뿐입니다(〈백서〉 115~117행).

위의 기록에서 볼 수 있듯이 황사영 자신도 서양의 군함과 군대, 무기 등을 동원하여 신앙의 자유를 얻고자 하는 계획에 대한 실현 가능성과 정당성 여부에 사람들이 회의적이라는 점을 알고 있었다. 말하자면 자신의 계획이 가져올 파장을 알고 있었다는 것이다. 그럼에도 불구하고 그는 조선의 천주

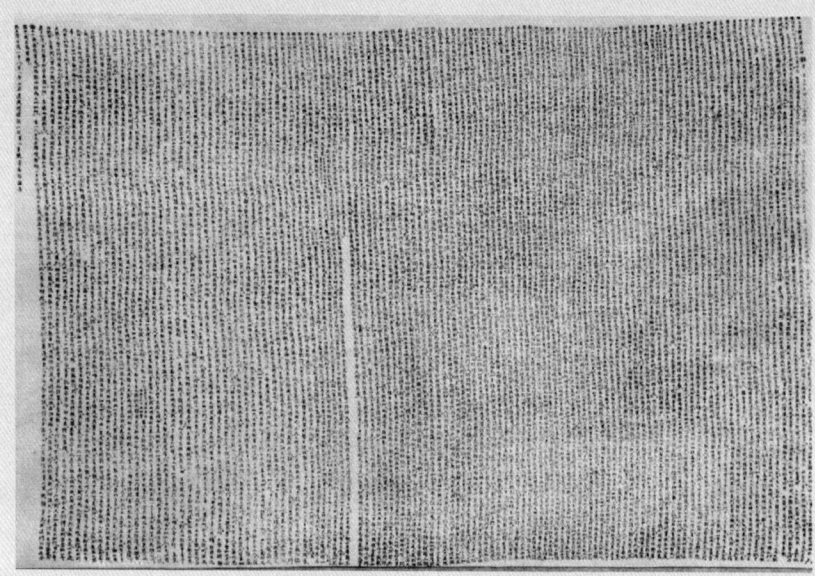

62×38cm 크기의 흰색 세명주(細明紬)에 122행 13,384자가 기록된 〈백서〉의 원본은 황사영이 체포될 때 압수되었다. 〈백서〉의 내용이 알려지면서 신유박해는 새로운 국면을 맞이하여 천주교 신자들은 국가 전복을 꾀한 무리로 낙인찍혔다.

〈백서〉는 이후 1894년 의금부의 옛 문서들이 소각될 때 우연히 발견되어, 당시 제8대 조선 대목구장 뮈텔 주교에게 전달되었다. 뮈텔 주교는 그 내용을 프랑스어로 번역하여 1925년 홍콩에서 간행한 다음, 이해 7월 5일 로마에서 거행된 조선 순교 복자 79위 시복식에서 〈백서〉의 원본과 프랑스어 번역본을 교황 비오 11세에게 봉정하였다.

교 신자들이 신앙의 자유를 얻기 위해서는 직접 난을 일으키는 것보다 서양의 군대를 동원하는 것이 조선 백성들에게 이로운 방법임을 강조하면서, 자신의 선택에 대한 당위성을 역설하였다. 다만 자신의 계획에 대한 실현 가능성을 걱정하고 있을 뿐이었다.

그는 왜 이렇게 극단적인 내용을 굳이 〈백서〉에 담으려 했을까? 무엇보다도 당시 교회가 처한 절박한 상황 때문에 극단적인 선택을 하지 않을 수 없었을 것이다. 즉 조선교회가 자체적으로 이러한 난국을 헤쳐 나갈 수 없다고 판단하였기 때문에 어쩔 수 없이 외부로부터 도움을 구하려 하였던 것이다. 또한 조선교회가 가지고 있던 '대박청원'의 내적 경험과 당시 유포되어 있던 '시운이 멀지 않았다'〔時運不久〕라는 유언비어 · '해도'(海島) 등과 같은 이상향에 대한 동경이라는 외적 경험이 서로 결합하여 상승작용을 일으키고 있었다. 여기에 황사영은 박해 속에서 자신이 살아남은 것은 교회를 유지하려는 하느님의 뜻이라는 소명의식을 바탕으로 교회의 재건에 강한 사명을 느껴서 성직자 영입과 신앙의 자유를 얻기 위한 계획을 북경 주교에게 호소하고 도움을 받고자 〈백서〉를 작성하게 되었던 것이다.

10대 후반에서 20대 후반에 걸쳐 유교와는 이질적인 천주교 신앙에 몰입한 젊은이가 대대적인 박해 속에서 오히려 더욱더 반유교적인 선택을 할 수밖에 없었을 것이다. 그런 점에서 이전까지 시도되었던 '대박청래'가 선교사의 영입을 통하여 신앙의 자유를 획득하고, 그 신앙의 자유로운 확산을 통하여 새로운 사회질서를 수립하고자 했던 타협적이고도 온건한 시도였다면, 황사영이 〈백서〉에서 제시한 '대박청래'는 정면 돌파로 보인다.

물론 〈백서〉를 천주교 신자들에 대한 대대적인 '박해'라는 절박한 상황에 봉착한 젊은이의 사려 깊지 못한 극단적 선택으로 볼 수도 있겠지만, 그것보다는 이미 병자호란 이후 당쟁의 격화로 점차 드러나기 시작한 왕실의 무능과 노론의 일당 전제화로 인하여 기존의 통치 체제와 사회질서가 허물어지고 있던 당시 조선 사회에 절망한 젊은이가 새로운 이상사회를 찾고자 '변화'를 추구하는 과정에서 나온 하나의 대안으로 이해하는 것이 타당하지 않을까 한다. 이미 유교의 기본 가치를 부정한 황사영에게는 이에 근거한 양반 중심의 사회 체제와 그것을 떠받치고 있는 유교는 버려야 할 대상이었을 것이고, 자신과 교회 내부의 역량만으로는 어렵다는 것을 판단하고 있던 차에 박해라는 극단적인 상황을 맞이하게 되었으며, 그 결과 〈백서〉를 작성하였을 것이다.

황사영과 그가 작성한 〈백서〉에 대한 평가는 당시뿐만 아니라 이후에도 대부분 부정적이었다. 이는 무엇보다도 〈백서〉에서 언급된 중국의 감호책(監護策)과 무력을 동원한 이른바 '대박청래' 때문이었다. 그렇다면 황사영은 왜 굳이 서양의 무력을 동원하고자 했을까. 아마도 황사영은 노론 벽파가 계속해서 집권하는 한 천주교 신앙의 자유를 획득하거나 자신의 생명을 유지하기가 불가능하리라고 생각한 듯하다. 그러므로 그는 그들의 존립에 결정적인 타격을 가하고 새로운 사회를 도래시켜 줄 강력한 해상 세력으로 천주교를 믿는 유럽의 여러 나라에 눈길을 돌렸던 것이다.

이러한 〈백서〉의 내용 때문에 황사영에 대한 평가는 양극단적인 입장으로 극명하게 대비된다. 하나는 민족주의의 관점에서 그가 반국가적·반민족적이었다고 비판하는 것이고, 다른 하나는 호교론(護敎論)의 관점에서 순교자로 옹호하는 것이다. 그 가운데 무엇보다도 조선 후기의 척사론자들은 〈백서〉의 무력 청원 때문에 황사영을 '역적'으로 평가하였다. 근대 이후 민족주의의 입장에서는 황사영과 그의 〈백서〉에 대해 흉서·외세 의존의 반국가적 행위·몽상으로 폄하하거나 민족 허무주의자·유럽에 대한 사대주의자·기만적 천주교의 맹목적인 광신자 등과 같이 부정적인 평가 일변도였다.

교회 내부라고 해서 크게 다르지 않았다. 호교론적 입장에서 황사영의 행위를 옹호하면서도 동시에 부정적인 평가를 내렸던 것이다. 기해박해 당시 추국에서 유진길(劉進吉, 아우구스티노, 1791~1839)은 황사영의 〈백서〉를 "만고에 없는 역절(逆節)"이라고 하였으며, 정하상(丁夏祥, 바오로, 1795~1839)도 황사영을 역적이라고 답변하였다. 물론 황사영의 〈백서〉 때문에 전체 천주교 신자들이 역적 행위자로 몰리는 것을 막고자 그렇게 답변했다고 볼 수도 있을 것이다. 그렇다고 하더라도 이들의 답변 속에는 당시 천주교 신자들이 황사영과 〈백서〉에 대해 지녔던 인식의 일단이 그대로 반영되어 있다고 보아야 할 것이다.

달레 신부는 "그가 바른 의향을 가지고 있었고, 교우들의 해방과 외교(外敎)에 대한 복음의 승리와 지옥에 대한 하느님의 승리를 특히 고려하였음은 의심의 여지가 없는 것같이 생각된다"라고 하면서도, "흥분한 상상에서 나온 유치한 계획은 특히 그 시대에 있어서 비현실적이었음은 명백하다. 그것이 무모하고 위험하였다는 것을 필자〔달레〕는 기꺼이 인정한다"라고 하였다. 다블뤼 주교도 "이 편지의 마지막 부분은 그가 쓰지 않았더라면 좋았을 것이다"라고 평가하였다. 그랬기 때문에 그는 초기의 순교자 약전을 기록하면서 황사영을 시복 추천 대상에서 제외하지 않았나 여겨진다. 뮈텔 주교 역시 "이러한 계획은 공상적이고, 위험하고, 경솔한 것이었다. 그러나 저자의 의도가 올발랐다는 것은 의심의 여지가 없다"라고 평가하였다.

그렇지만 해방 이후가 되면 호교론적인 입장에 변화가 나타났다. 유홍렬

(柳洪烈, 라우렌시오, 1911~1995)은 "황사영의 조선교회 구출의 일대방책을 원대한 계획"으로 높이 평가하였으며, 주재용(朱在用, 바오로, 1894~1975) 신부는 〈백서〉의 사료적 가치를 "한국 근대화의 첫 발걸음으로서 한국 천주교 초기 지도자들의 새 문화·새 사상으로 조국 근대화를 획책하던 그 의욕적 호흡을 느낄 수 있으며, 천주교 전래에 따른 세계 지식의 확대상을 파악"할 수 있다고 평가하였다. 또한 최석우(崔奭祐, 안드레아, 1922~2009) 몬시뇰은 〈백서〉의 순교사적 가치를 강조하고, 백서 사건이 종교를 국가와 대등한 것으로 인정하지 않던 노론에 정치적으로 이용되었다는 점을 내세워 〈백서〉의 역사성을 강조하기도 했다.

더 나아가서 하성래(河聲來)는 황사영을 초기 한국 천주교회의 역사에서 '가장 문제적인 인물'이었다고 하면서, 황사영의 대박청래가 "결코 (조선에 대한) 침략을 전제로 한 것이 아니라 신앙의 자유를 얻기 위한 데에 목적이 있었다"고 하는 더욱 강한 호교론적 입장을 드러냈다. 그리고는 황사영을 "자기 소신에 조금도 굽힘없이 당당하게 말하고 순교의 길을 걸어간 훌륭한 순교자"였다고 평가하였다. 그렇지만 이러한 평가 속에서도 황사영이 서세동점(西勢東漸)의 시대적 상황을 파악하지 못하고 서양 천주교 국가를 과신한 것이 잘못이라면 잘못이라는 단서를 붙였다.

해방 이후가 되어도 황사영과 〈백서〉에 대한 한국 사학계의 평가는 달라지지 않다가 1970년대 이후가 되면서 내재적 발전론의 관점에서 황사영과 〈백서〉를 다소 긍정적으로 평가하기 시작했다. 조광(趙珖)은 〈백서〉가 사태 판단의 미숙성에서 기인한 것으로 어떠한 의미에서든지 정당화될 수 없다는 단서를 붙이기는 했지만, 〈백서〉 속의 외세의존 의식을 제국주의 침략과 동일시해서는 곤란한 전환기적 시대상의 한 유물로 간주함으로써 황사영이 한국사의 내재적 발전 흐름에 역행한 것은 아니었다고 보았다. 노길명(盧吉明)은 더 나아가 제국주의 침략 이전의 민족의식은 민족으로서의 자각 차원보다 전근대 사회질서의 청산과 근대 사회로의 이양이라는 민족사적 과제에 어떠한 역할을 하였는가가 평가의 기준이 되어야 한다면서 〈백서〉의 역사성을 옹호하기도 했다.

이원순(李元淳)은 근대 민족주의가 성립되지 않았던 상황에서 제시되었던 황사영의 생각을 반민족주의로 규정하는 데에는 재고가 요청된다고 하면서, 당시의 몇몇 교회 지도자들의 역량으로는 박해를 견디기 어려웠기에 자연히 외부의 역량을 절실하게 기대할 수밖에 없었다고 보았다. 따라서 그의 입장에서 〈백서〉의 내용을 해석하면 기존의 비판적인 견해와는 달리 신앙심에 충만하여 오로지 교회의 부흥만을 희망했던 새로운 면모를 발견할 수 있다고도 평가하였다. 말하자면 황사영이 해석에 따라 여러 가지 문제를 일으킬 소지가 다분한 어법을 사용하였고 다소 서툴게 썼지만, 그의 의도가 조선과 조선의 백성들에게 해를 주고자 한 것이 아닌 점만은 분명하다는 것이다. 결국 황사영이 제시한 방법이 반민족적·반국가적이었다는 점을 인정하면서도, 그가 천주교 박해라는 극한 상황 속에서 조선 왕조나 민중이 아니라 정권을 담당하고 있던 집권 세력의 제거야말로 당시 조선 사회가 안고 있던 여러 가지 모순의 해결책이라 판단하여 감호책과 대박청래 방안을 제시했던 것으로 보았다.

이상에서 살펴보았듯이 한국 사학계에서는 말할 필요도 없거니와 교회 내에서조차 호교론의 입장에서 황사영의 행위를 옹호하면서도 동시에 민족주의적 입장에서의 황사영에 대한 평가를 배제하지 못하고 있는 경우가 많다. 이러한 평가는 '민족'과 '근대국가'의 틀 안에서 정치적 입장을 지나치게 개입시키거나 당대의 역사적 조건들을 소홀히 취급하는 결과론적 입장에서 이루어지지 않았나 생각된다. 그렇지만 황사영을 역적 또는 민족 반역자인가, 아니면 종교적 희생양인 순교자인가 하는 이분법적 접근은 바람직하지 못하다고 여겨진다. 기존의 관점을 존중하더라도 그는 양자택일의 존재가 아니라 역적이자 민족 반역자인 동시에 순교자였다. 그렇게 때문에 이러한 접근 방식보다는 왜 황사영은 자신이 가지고 있던 사회적 기득권을 버리고 고난의 가시밭길로 뛰어들어 마침내는 가문이 풍비박산 나는 위험을 무릅쓰고 서양에 무력 원조를 요청했는지에 대해 역사적 답변을 하는 것이 바람직하다.

정두희(鄭杜熙)는 신유박해 당시 대부분의 순교자들은 자신의 신앙을 당당하게 증언하고 죽음을 받아들였지만, 천주교의 가르침을 수백 년의 전통을 유지해 온 유교를 대체할 새로운 사유체계로서 확대 해석하지는 않았다고 보았다. 즉 조선 왕조의 국가 체제를 거부하고 어떤 수단을 통해서라도 신앙의 자유를 얻겠다고 주장한 사람은 없었는데, 황사영은 달랐다는 것이다. 그는 외국의 군대를 끌어들여 조선을 청의 한 지방으로 만드는 한이 있더라도 부당하고 참혹한 박해를 멈추게 하는 것이 옳다고 믿었으며, 그러한 만행을 일삼는 국가라면 그 같은 국가 체제에 승복할 필요가 없음을 확실히 하였다. 즉 조선 왕조의 정통성을 부정하였던 것이다.

황사영에게 조선 왕조와 조선의 군주는 더 이상 하늘과 같은 존재는 아니었다. 거기에 더하여 그 군주가 하느님(天主)의 가르침을 정면으로 어기고 또 천주교 신자들을 그처럼 무참하게 학살하는 행위를 저지른다면, 이것은 하느님의 큰 가르침에 대적하는 행위가 되기 때문에 황사영은 당당하게 조선의 왕실을 비난할 수 있었으며, 그런 조선 왕조가 응징을 받아 마땅하다고 생각한 것이었다. 유교의 이념을 벗어나지 않고서는 새로운 변화를 이룩할 수 없었기 때문에 황사영은 천주교의 가르침 안에서 유교를 넘어서는 길을 찾았고, 그 결과 과감히 '반역의 길'을 택할 수 있었던 것이다. 그 점에서 그는 같은 시대의 다른 순교자들과는 구별되는 존재였다. 그의 행위는 당장에는 아무것도 바꾸지 못하였지만, 조선 왕조의 종말을 예고하는 징조로 볼 수 있다고 하였다.

결국, 황사영이 〈백서〉에서 제시한 내용의 실현 가능성이나 미숙성을 따지는 일보다 더 주목해야 할 점은 황사영이 '조선'이라는 국가와 사회를 궁극적으로 새롭게 변화시켜야 할 대상으로 보았다는 점이다. 하지만 그렇다고 해서 황사영 자신이 직접 왕실과 왕정(王政) 체제 자체를 부정한 것은 아니었다.

> 이씨[왕실]가 미약하여 끊어지지 않은 것이 실오라기와 같아서 여군(女君, 대왕대비 김씨)이 조정에 나오고 권력을 가진 신하들이 권세를 함부로 부려, 정치는 더욱 어지러워지고 민심은 탄식하며 원망합니다. …현재 나라의 형세가 위태로워서 반드시 오래 지탱하기 어려울 것입니다. 만약 내복(內服)을 하게 되면, 간신들이 (권력을) 엿보는 것은 저절로 그칠 것이고, 이씨의 명성과 위세는 배나 나아질 것입니다. 어찌 다만 천주교[聖敎]의 편안함뿐이겠습니까. 또한 국가의 복입니다(〈백서〉 105~109행).

위의 기록에서 볼 수 있듯이 황사영은 노론의 위세에 눌려 유명무실해진 왕실을 '이씨'로 표현하였지만, 왕실 자체를 부정하지는 않았다. 황사영은 천주교에 적대적인 노론을 타도의 대상으로 삼았고, 더 나아가서는 왕조를 떠받치고 있는 노론 중심의 양반 지배 체제를 천주교에 토대를 둔 국가와 사회로 바꾸어야 한다고 주장했던 것이다. 말하자면 이 땅의 백성들을 천주교로 개종시켜 그가 꿈꾸는 새로운 이상사회를 구현하겠다는 의지의 표현으로 이해할 수 있을 것이다. 비록 이러한 그의 바람이 바로 실현되지는 못했지만, 그가 조선 사회에 던진 충격파는 마침내 교조적 유교로 무장된 조선 사회를 흔들면서 근대 사회로 향하는 문을 여는 계기 가운데 하나가 되었다.

황사영을 비롯한 초기 교회의 지도자들이 선교사를 영입하기 위해 시도했던 이른바 '대박청래'의 목적은 당연히 천주교 신앙을 보다 원활하게, 보다 널리 확산시키고자 하는 데 있었다. 그리고 천주교 신앙을 확산시키고자 했던 것은 유교가 지배하는 조선 사회에서 더 이상 희망을 발견할 수 없었기 때문이었을 것이다. 이들은 '유교의 하늘'을 벗어나 '그리스도교의 하늘'로 들어가고자 하였고, 따라서 이들은 '유교적 조선인'이 아니라 '그리스도인'으로 자처하였다. 그들은 더 이상 유교가 지배하는 조선 사회에 미련을 두지 않았던 것이다. 그런 점에서 황사영이 언급했던 서양의 무력을 동원한 이른바 '대박청래'는 그가 꿈꾸는 이상사회를 구현하기 위한 하나의 도구이자 수단이었다고 할 수 있다.

이러한 황사영의 의식과 행동은 그 자체가 바로 당시 사회의 일각에서 제기되고 있던 '변화'의 조짐을 상징적으로, 그리고 보다 분명하게 보여 주는 것이라 여겨진다. 말하자면 황사영 등은 근대로 향하는 길목의 들머리에서 굳게 닫혀 있던 문의 열쇠를 찾고자 했던 것이다. 물론 이 행위는 당시 사회의 주류 집단으로부터 반역으로 매도되었으며, 후대에도 반민족적·반국가적 행위로 비난받았다. 그렇지만 황사영 등이 당시 조선 사회에 던진 강력한 충격파는 그에 대한 지지나 반대와 상관없이 전방위적으로 영향을 끼침으로써 조선 사회를 변화시키는 결정적인 계기 가운데 하나가 되었다. 그 결과 조선 사회는 교조적 유교가 지배하는 전근대 사회에서 점차 근대 사회를 향하여 나아가기 시작하였다. 이런 점에서 보자면 그는 자신의 신앙을 죽음으로 증거한 한국 천주교회의 순교자였을 뿐만 아니라, 유교가 지배하는 조선 사회를 근대 사회, 즉 왕정에서 공화정(共和政)으로 변화시키는 데 앞장서서 목숨을 바친 또 다른 의미에서의 순교자이기도 했다.

신유박해 이후 지식인 사회에서는 천주교의 확산에 대응하여 천주교로 상징되는 외세를 배격하기 위한 척사론이 강하게 대두되는 동시에 다른 한편에서는 근대 사회로의 전환을 추구하는 개화론(開化論)이 제기되었다. 그렇지만 유교의 테두리에서 벗어나지 못한 채 타협이 전제되지 못한 척사론과 개화론의 갈등과 대립은 조선인들에게 아무런 희망을 주지 못하였으며, 조선 사회의 붕괴를 더욱 가속화시켰다. 그리하여 개항 이후 조선 사회에 주어진 역사적 과제인 '개화'와 '자주' 가운데 어느 한쪽도 성공적으로 완수하지 못한 채 조선 사회는 일본의 식민지로 전락하고 말았다.

반면 기층 사회에서는 천주교에 자극받은 《정감록》의 예언사상이 더욱 탄력을 받아 널리 유포되면서 민심은 유교가 지배하는 조선 왕조로부터 밀어지고 있었다. 또한 천주교(西學)를 배척하면서도 천주교로부터 자극받은 동학(東學)이 등장하여 양반 중심의 조선 사회를 아래로부터 붕괴시키기 시작하였다. 한편 천주교회는 계속 박해를 당하면서도 꾸준히 교세를 늘리며 새로운 사회를 향하여 나아가고 있었으며, 마침내 1886년 조불조약의 체결을 계기로 신앙의 자유를 획득하기에 이르렀다. 천주교회의 이러한 성과에 힘입어 프로테스탄트 교회 역시 영향력을 확대시키면서, 그리스도교가 추

의정부교구 내 장흥에 조성된 황사영의 묘. 근대로 향하는 길목의 들머리에서 굳게 닫혀 있던 문의 열쇠를 찾고자 했던 황사영은, 순교 후 친척들에 의해 시신이 거두어져 선산이 있는 이곳 가마골로 이장된 것으로 보인다. 그의 무덤은 사후 180여 년의 시간이 지난 1980년에야 후손들에 의해 발견되었다.

구하는 가치는 한국 사회의 근대의식 성립에 밑거름이 되었다. 그 결과 역사의 물줄기는 마침내 왕정에서 공화정으로 바뀔 수밖에 없었다. 그런 점에서 황사영을 비롯한 초기 천주교 신자들에게서 '근대적 인간'의 선구적인 전형(典型)을 찾을 수 있지 않을까 한다.

제4절 신유박해의 종식과 의미

1. 박해의 종식과 〈토사교문〉의 반포

　청나라 출신의 주문모 신부 문제, 유항검 등의 대박청원 계획과 황사영의 〈백서〉 등으로 인해 천주교 신자들은 국가를 전복하려는 대역부도(大逆不道)한 반역자로 완전히 낙인찍혔다. 아울러 조정에서는 평민이나 천민들이 아니라 정부의 요직을 차지한 양반 사대부 천주교 신자들이 외국 세력을 끌어들여 국가를 전복하려 한 음모였다고 규정하였다. 그렇지만 천주교에 대한 박해라는 한 가지 사건을 1년 내내 끌고 간다는 것은 국가의 운영에 커다란 차질을 빚는 결과를 초래할 수밖에 없었다. 뿐만 아니라 이로 인해 민심이 동요하는 것도 무시할 수 없는 문제였다.

　이에 대왕대비 김씨를 비롯한 정부측 인사들은 황사영의 백서 사건을 마무리하면서 박해를 종결시키고자 하였다. 우선 황사영이 처형당하고 그 일족들이 유배 등의 처벌을 받은 직후인 11월 8일 대왕대비 김씨는 대신들과 함께 천주교 신자들을 치단한 사실을 종묘에 고유할 대책을 논의하였다. 아래의 기록에서 엿볼 수 있듯이 이때 김씨는

> 지난번 천주교인들[邪黨]을 토벌한 뒤에 종묘에 고유할 일을 경들에게 문의하였는데, 다시 확실하게 결정하지 않았다. 이번의 변고로 종국(宗國)이 거의 위태로웠으나, 다행스럽게 하늘이 묵묵히 돕고 조종(祖宗)께서 은밀히 안정시킴에 힘입어서 억만 년이 되도록 나라의 운세가 멀리 이어 가게 되어 온 나라의 백성이 오랑캐의 풍습을 면할 수 있게 되었다. 어찌 이보다 더 큰 경사가

있겠는가? 일의 형편이 특별하므로 종묘에 고유하는 행사를 조금이라도 늦추어서는 안 될 것이다(《순조실록》3, 순조 1년 11월 8일, 신사).

라고 하면서, 사태를 잘 마무리 지은 것에 대하여 안도감을 표하는 동시에 종묘에 고유할 것을 독촉하였다. 말하자면 박해 사건을 마무리 짓겠다는 의사의 표현이었다.

이에 따라 다음 날 예조에서 천주교인(邪賊)을 토벌한 사유를 종묘에 고하는(討邪告由) 절차를 마련하여 보고하였다. 이 보고의 내용은 길일(吉日)인 11월 27일을 택하여 이날 꼭두새벽에 먼저 종묘 영녕전에서 고유제(告由祭)를 지내고, 오시(午時, 오전 11시~오후 1시)에 백성들에게 반포하여 알린 다음, 대전(大殿)·대왕대비전·왕대비전·혜경궁에 전문(箋文)을 올려 진하(陳賀)하는 일을 서울과 외방에 통지하는 절차를 밟자는 것이었다.

11월 23일에는 동부승지 송익효(宋翼孝)가 대제학 이만수에게 〈토역진하반사문〉(討逆陳賀頒赦文)을 짓도록 하자고 건의하였다. 11월 25일에는 이 사건을 마무리하는 것을 기념하여 사면령을 내렸다. 그런데 어떤 이유에서인지 11월 27일의 고유제는 연기되었는데, 그러는 과정에 이미 사망한 채제공의 삭탈관작을 명하는 전교(傳敎)가 내려졌다. 이런 사정으로 미루어 보건대 신유년의 박해 사건을 매듭짓기 위해서는 그동안 천주교 신자들의 배후 우두머리로 몰아세운 채제공의 문제를 처리해야 했기 때문에 연기하지 않았나 여겨진다. 채제공은 신유박해 기간 동안 모두 51차례에 걸쳐 관작을 추탈(追奪)하라는 탄핵을 받았는데, 황사영이 체포된 뒤 10월 한 달 동안에만 9차례나 탄핵받았다.

그리하여 우부승지 윤익렬(尹益烈)의 건의에 따라 다시 대제학 이만수를

황사영이 처형당하고 그 일족들이 유배 등의 처벌을 받은 직후인 1801년 음력 11월 8일 대왕대비 김씨는 박해를 마무리하고자 대신들과 함께 천주교 신자들을 처단한 사실을 종묘에 고유(告由)하는 대책을 신중하게 논의하였다(종묘 영녕전).

불러 〈토역반사문〉에 채제공의 일을 첨가하기로 결정하였다. 그리고 12월 18일 예조의 건의에 따라 12월 22일을 길일로 택하여 토역고유제향(討逆告由祭享)을 올리기로 하고, 다음 날 이조의 건의에 따라 채제공의 고신(告身), 즉 직첩을 불태웠다. 이러한 절차를 거친 다음 마침내 12월 22일 〈토사반교문〉(討邪頒敎文)을 반포하였다.

〈토사반교문〉에서는 이승훈에 의해 천주교가 시작된 것으로 보고, 그가 "연경에 가는 사신의 행차를 따라가서 천주교[邪學] 서적을 구입해 왔고, 서양인의 천주당에 들어가서 이상한 무리를 스승으로 섬겼다"라고 지적하였다. 또한 정약종·권철신·최창현·옥천희·홍낙민 등이 여기에 물들었으며, 최필공·최창현은 그 가운데에서도 깊이 중독되어 윤지충·권상연의 악(惡)을 이었다고 하였다. 충신의 자손 가운데에서 김건순·김백순이 연루되었으며, "양조(兩朝)에서 두터운 은혜를 입어 외람되게 2품의 높은" 지위에 오른 이가환도 사학에 빠졌는데, 실제 주동자는 그의 생질인 이승훈이고, 이 사학의 가르침을 전한 자는 "(이승훈과) 죽음을 함께할 만큼 친한 친구 이벽"이었다고 지목하였다. 그리고 "무릇 한 시대의 진짜 오랑캐 종자가 모두 (이가환의) 제자였고, 사방에서 죄를 짓고 도망한 자를 많이 모아서 은밀히 그들의 두목이 된 듯하였다"라고 하면서, "그 가운데에서 가장 으뜸"은 채제공이라고 썼다. 또한 이존창·주문모 신부를 보좌한 지황과 윤유일·강완숙·최인길·홍낙임 등의 죄를 열거하였다. 이어 황사영과 현계흠·유항검 등의 행적도 기록하였으며, 이른바 '가성직'(假聖職)에 임명한 사실을 두고는 "천금을 나누어 없애고 사악한 무리[邪黨]의 부서를 정했다"라고 논죄하였다.

그리고는 채제공의 관작을 추탈한 것으로 모든 뿌리를 제거하였다고 마무리 지었다. 이와 함께 민심 수습책의 일환으로 12월 22일 먼동이 틀 무렵[昧爽] 이전에 있었던 잡범(雜犯) 가운데 사죄(死罪) 이하를 모두 사면하는 조치를 취했다.

〈토사반교문〉은 1791년의 진산사건부터 시작하여 황사영 백서 사건까지 모두 한 뿌리에서 시작된 것으로 규정하였다. 그리고 이 사건에 관련된 사람들 모두가 채제공과 이가환이 중심이 된 일당들이며, 이것은 단순한 사건이 아니라 "처음에는 신교(神敎)라고 거짓 핑계하여 남몰래 하늘까지 뒤덮는 재앙과 난리를 빚어냈고, 마지막에는 임금[君父]을 원수같이 보아 공공연히 임금을 모욕할 모략"을 꾀했다는 것이다. 또한 이러한 죄악은 "단군조선·기자조선·신라·고려 이후로 일찍이 듣지 못했던 것"이라고 단정하였다.

《순조실록》에는 순조 1년 음력 12월 22일에 사학을 토죄하고 인정전에서 진하(進賀)를 행했다는 내용과 함께 대제학 이만수가 지은 〈토사반교문〉이 실려 있다(창덕궁 인정전).

　이렇게 해서 신유박해를 정부의 최고위층 인사와 수많은 사대부 가문의 인재들이 포함된 고도로 조직화된 국가 전복 음모사건으로 규정하였다. 말하자면 토역고유제는 이처럼 중대한 사건을 무사히 처결한 것이 국가를 위해 크나큰 다행이라는 점을 종묘사직에 고한 것이었다. 국가 존립의 최고 권위인 종묘에 고함으로써 자신들은 확고한 정통성을 갖고, 천주교인들과 채제공 등은 만고의 역적으로 확정하였던 것이다. 이 의식의 거행을 끝으로 신유박해는 무수히 많은 피를 흘린 채 막을 내렸다.

〈표 5〉 신유박해 때 처형된 사람들

성명	세례명	출생년도	출생지	거주지
조용삼 趙龍三	베드로	?	경기 양근	양근 → 여주 점들
정약종 丁若鍾	아우구스티노	1760	경기 광주 마재	마재 → 서울 → 양근 분원 → 서울 창동
최창현 崔昌顯	요한	1759	서울	서울 입정동
최필공 崔必恭	토마스	1744	서울	서울 → 평안 → 서울 편자동
홍교만 洪敎萬	프란치스코 사베리오	1738	서울	서울 → 경기 포천 청량면
홍낙민 洪樂敏	루카	1751	충청 예산	예산 → 서울
이승훈 李承薰	베드로	1756	서울	서울
이가환 李家煥		1742	서울 정동	서울
권철신 權哲身	암브로시오	1736	경기 양근	양근
이존창 李存昌	루도비코 곤자가	1752	충청 예산 여사울	여사울 → 홍산 → 금산 → 고산 → 천안
정종호 鄭宗浩		?	경기 여주	여주
최창주 崔昌周	마르첼리노	1749	경기 여주	여주
원경도 元景道	요한	1773	경기 여주	여주
이중배 李中培	마르티노	?	경기 여주	여주
임희영 任喜永		?	경기 여주 금사면 점들	여주

※ '천주교와 관련되었다'는 이유로 처형당한 사람은 확인 가능한 범위 안에서 모두 수록하고자 했다.

처형지	처형일	처형 형태	비고
여주	1801. 2. 14 (양 3. 27)	옥사	옥중에서 대세(代洗)
서울 서소문 밖	1801. 2. 26 (양 4. 8)	참수	정하상·정정혜의 아버지 초대 명도회 회장
서울 서소문 밖	1801. 2. 26	참수	중인(역관), 최인길의 먼 조카 이벽을 통해 입교, 총회장 김여삼의 밀고로 체포
서울 서소문 밖	1801. 2. 26	참수	최필제의 사촌 도저동에서 약방 운영
서울 서소문 밖	1801. 2. 26	참수	홍인의 아버지이자 정철상의 장인 권철신의 외사촌
서울 서소문 밖	1801. 2. 26	참수	1839년 순교자 홍재영의 아버지 1866년 순교자 홍봉주의 할아버지
서울 서소문 밖	1801. 2. 26	참수	최초의 세례자
	1801. 2. 26	고문으로 옥사	이승훈의 외숙 천주교 신자인지 확실하지 않음
	1801. 2. 26	고문으로 옥사	권일신의 형, 권상문의 백부이자 양부 이벽에게 세례 받음
공주	1801. 2. 27 (양 4. 9)	참수	권일신을 통해 입교 충청도 '내포의 사도'로 불림
여주 성문 밖	1801. 3. 13 (양 4. 25)	참수	1800년 부활 대축일 때 체포
여주 성문 밖	1801. 3. 13	참수	원경도와 신태보의 장인
여주 성문 밖	1801. 3. 13	참수	최창주의 사위 1797년 김건순을 통해 입교
여주 성문 밖	1801. 3. 13	참수	원경도의 사촌 1797년 김건순을 통해 입교
여주 성문 밖	1801. 3. 13	참수	양반 체포 뒤 옥중에서 입교

성명	세례명	출생년도	출생지	거주지
윤유오 尹有五	야고보	?	경기 여주 금사면 점들	점들 → 양근 한감개
유한숙 兪汗淑		?	경기 양근	양근 동막골
윤선 尹鍹	안드레아	?	경기 여주	
이종국		?		청주
송── 宋	마리아	?		서울
신── 申	마리아	?		서울
이명호 李明鎬	요한	?	서울	서울 정동
김백순 金伯淳		1769	서울 서부 창동	서울 창동 → 도저동
이희영 李喜英	루카	1757	경기 여주	여주 → 서울 중부 향교동
정철상 丁哲祥	가롤로	?	경기 광주 마재	마재 → 서울 → 양근 분원 → 서울 창동
최필제 崔必悌	베드로	1770	서울	서울
정인혁 鄭仁赫	타대오	?	서울	서울
이합규 李鴿逵		?	서울	서울
정복혜 鄭福惠	칸디다	?	서울 전농동	서울 전농동 → 산림동
윤운혜 尹雲惠	루치아	?	경기 여주 금사리 점들	금사리 → 양근 한감개 → 서울 벽동
심아기 沈阿只	바르바라	1783	경기 광주	

처형지	처형일	처형 형태	비고
양근	1801. 3. 15 (양 4. 27)	참수	윤유일의 동생
양근	1801. 3. 15	참수	일명 유사겸, 鄕班
양근	1801. 3. 15	고문으로 순교	윤관수 또는 윤관주라고도 함 윤운혜·점혜의 아버지
공주	1801. 3. 15	참수	청주에서 체포
서울	1801. 3. 17 (양 4. 29)	사사	은언군의 부인, 철종의 조모
서울	1801. 3. 17	사사	상계군의 부인, 송 마리아의 며느리
서울	1801. 3(음)	가내(家內) 박해	양부 이익훈이 독약을 먹여 죽임
서울 서소문 밖	1801. 3. 29 (양 5. 11)	참수	김건순의 서형(庶兄) 세례를 받지 않은 채 순교
서울 서소문 밖	1801. 3. 29	참수	이현(안토니오)의 숙부 성화·상본 등 종교화로 유명
서울 서소문 밖	1801. 4. 2 (양 5. 14)	참수	정약종의 장남
서울 서소문 밖	1801. 4. 2	참수	약방 운영, 최필공의 사촌 동생 이존창을 통해 입교
서울 서소문 밖	1801. 4. 2	참수	약방 운영 백상옥과 최필제를 통해 입교
서울 서소문 밖	1801. 4. 2	참수	성균관 노비로, 모친을 통해 입교 명도회에 가입하여 활동
서울 서소문 밖	1801. 4. 2	참수	이합규를 통해 입교, 교회의 매파
서울 서소문 밖	1801. 4. 2	참수	정광수의 부인이자 윤점혜의 동생
서울 포도청	1801. 4월 초	장사	동정녀, 심낙훈의 동생

성명	세례명	출생년도	출생지	거주지
박중환 朴重煥		1768	경기 여주(?)	광주
주문모 周文謨	야고보	1752	중국 소주 곤산현	서울
김건순 金健淳	요사팟	1776	서울	여주
강이천 姜彛天		1768		
홍정호 洪正浩		?		충청 덕산(?)
최인철 崔仁喆	이나시오	?	서울	서울
이현 李鉉	안토니오	?	경기 여주	여주→서울 계동
김현우 金顯禹	마태오	1775	서울	서울
강완숙 姜完淑	골롬바	1760	충청 내포	덕산→서울 창동→ 대사동→충훈부 후동
강경복 姜景福	수산나	1762	서울	서울
문영인 文榮仁	비비안나	1777	서울	서울 청석동
한신애 韓新愛	아가타	?	충청 보령	서울
김연이 金連伊	율리안나	?	서울	서울
이국승 李國昇	바오로	1771	충청 음성	음성→충주 높은베리→ 서울
황——		?	황해 봉산	서울
윤점혜 尹點惠	아가타	1776	경기 여주 금사 점들	점들→양근 한감개→서울

처형지	처형일	처형 형태	비고
서울 포도청	1801. 4. 18 (양 5. 30)	장사	박윤환의 형
서울 새남터	1801. 4. 19 (양 5. 31)	군문효수	한국에 입국한 최초의 신부
서울 서소문 밖	1801. 4. 20	참수	〈천당지옥론〉 저술
	1801. 3. 29 (양 5. 11)	옥사	김건순을 통해 입교
서울 서소문 밖	1801. 5. 22 (양 7. 2)	참수	홍탁보의 서자, 홍필주의 친척
서울 서소문 밖	1801. 5. 22	참수	역관, 최인길의 동생
서울 서소문 밖	1801. 5. 22	참수	홍익만의 사위, 이희영의 조카 홍필주의 동서
서울 서소문 밖	1801. 5. 22	참수	김범우의 이복동생
서울 서소문 밖	1801. 5. 22	참수	최초의 여회장, 홍필주의 계모
서울 서소문 밖	1801. 5. 22	참수	양제궁(폐궁)의 나인
서울 서소문 밖	1801. 5. 22	참수	중인, 신궁의 나인 출신
서울 서소문 밖	1801. 5. 22	참수	양반의 서녀, 조시종(趙時種)의 후처 강완숙을 통해 입교
서울 서소문 밖	1801. 5. 22	참수	한신애를 통해 입교
공주	1801. 5. 22	참수	권일신 형제를 통해 입교 충주 출신의 첫 순교자
봉산	1801. 5. 22(?)		군영의 사수(射手)로 서울에 왔다가 입교 '포수'는 별명
양근	1801. 5. 24 (양 7. 4)	참수	동정녀, 양반의 서녀(庶女) 윤운혜의 언니, 윤유일의 사촌 동생

성명	세례명	출생년도	출생지	거주지
정순매 鄭順每	바르바라	1777	경기 여주 도곡리 가마실	가마실 → 서울 벽동
이──	아가타	?	경기 양근	양근 → 서울
고광성 高光晟		?	황해 평산	평산 → 서울
이재몽		?		양근 백석리
이괘몽		?		양근 백석리
김이우 金履禹	바르나바	?	서울	서울
김원성		?		양근 지여울
문윤진		?		서울
김광옥 金廣玉	안드레아	1741	충청 예산 여사울	여사울
김정득 金丁得	베드로	?	충청 대흥	대흥 → 공주 무성산
한정흠 韓正欽	스타니슬라오	1755	전라 김제	김제 → 전주
김천애 金千愛	안드레아	1760	전라 전주	전주
최여겸 崔汝謙	마티아	1763	전라 무장 동음치면 개갑	무장
이화백		?	전라 영광	영광
김종교 金宗敎	프란치스코	1754	서울	서울
홍필주 洪弼周	필립보	1774	충청 덕산	덕산 → 서울 창동 → 대사동 → 충훈부 후동

처형지	처형일	처형 형태	비고
여주	1801. 5. 24	참수	동정녀, 정광수의 누이
양근	1801. 5. 25 (양 7. 5)	참수	동정녀, 이광헌 성인의 먼 친척 이동지(李同知)의 딸
평산	1801. 5. 28 (양 7. 7)	참수	손인원을 통해 입교 고순이 성인의 아버지
양근	1801. 5 〔날짜 미상〕	참수 (혹은 장사)	양반 출신
양근	1801. 5 〔날짜 미상〕	참수 (혹은 장사)	이재몽의 아우, 양반 출신
서울 포도청	1801. 5월 무렵 〔월일 미상〕	장사	김범우의 이복동생이자 김현우의 형 육회(六會)의 책임자
양근	1801. 5(음) 〔날짜 미상〕		4월 20일 체포, 양반 출신
공주	1801. 5(음)	참수	주문모 신부가 피신해 있던 집의 여종
예산	1801. 7. 17 (양 8. 25)	참수	면장(面長), 이존창을 통해 입교
대흥	1801. 7. 17	참수	인척 김광옥을 통해 입교
김제	1801. 7. 18 (양 8. 26)	참수	친척 유항검을 통해 입교
전주	1801. 7. 19 (양 8. 27)	참수	유항검 집안의 노비 7월 20일(양 8. 28)이라는 설도 있음
무장 개갑장터	1801. 7. 19	참수	유항검 · 윤지충 · 이존창을 통해 입교
영광	1801. 7월 이후 〔월일 미상〕	참수	양반 최여겸을 통해 입교
서울 서소문 밖	1801. 8. 27 (양 10. 4)	참수	중인(의원) 김범우를 통해 입교
서울 서소문 밖	1801. 8. 27	참수	강완숙의 의붓아들 이존창을 통해 입교

성명	세례명	출생년도	출생지	출생지
이부춘 李富春		1733	충청 충주	충주
이석중 李石中		1773	충청 충주	충주
권아기련 權阿只蓮		?		충주
유항검 柳恒儉	아우구스티노	1756	전라 전주 초남이(最南里)	전주 초남이
유관검 柳觀儉		1768	전라 전주 초남이	전주 초남이
윤지헌 尹持憲	프란치스코	1764	전라 전주 양양소	전주 양양소 → 고산 운동 → 진산 장구동 → 고산 저구리
이우집 李宇集		1762	전라 영광 월산리	영광 월산리
김유산 金有山	토마스	1761	충청 보령 청연 역촌	보령 → 홍산 → 고산 → 진잠
유중철 柳重哲	요한	1779	전라 전주 초남이	전주 초남이
유문철 柳文哲	요한	1784	전라 전주 초남이	전주 초남이
황심 黃沁	토마스	1756	충청 덕산 옹머리	옹머리 → 연산 → 서울 쌍림동
김한빈 金漢彬	베드로	1764	충청 보령	보령 → 홍주 → 서울
조── 趙	토마스	?	경기 양근	
황사영 黃嗣永	알렉시오	1775	서울 아현	서울 아현
현계흠 玄啓欽	플로로	1763	서울	서울 장흥동
옥천희 玉千禧	요한	1767	평안 선천	

처형지	처형일	처형 형태	비고
충주	1801. 8. 27	참수	충주 아전
충주	1801. 8. 27	참수	이부춘의 아들, 상업활동에 종사
충주	1801. 8. 27	참수	혹은 '李아기련', 과부
전주 풍남문 밖	1801. 9. 17 (양 10. 24)	능지처사	권일신을 통해 입교 '전라도의 사도'
전주 풍남문 밖	1801. 9. 17	능지처사	유항검의 이복 동생, 이육희의 남편
전주 풍남문 밖	1801. 9. 17	능지처사	윤지충의 동생 매약으로 생계 유지
전주 풍남문 밖	1801. 9. 17	참수	사돈 유관검을 통해 입교
전주	1801. 9. 17	참수	역졸, 이존창을 통해 입교 두 차례 북경을 왕래
전주 옥	1801. 10. 9 (양 11. 14)	교수	유항검의 장남 이순이의 남편
전주	1801. 10. 9	교수	유항검의 차남
서울 서소문 밖	1801. 10. 25 (양 11. 30)	참수	이존창을 통해 입교, 교회의 밀사 이보현의 매부
서울 서소문 밖	1801. 10. 25	참수	황사영과 배론으로 피신
양근	1801. 10 (날짜 미상)	옥사	조동섬의 아들
서울 서소문 밖	1801. 11. 5 (양 12. 10)	능지처사	〈백서〉(帛書)의 작성자
서울 서소문 밖	1801. 11. 5	참수	현석문·경련 성인의 아버지 약방 운영, 육회의 책임자
서울 서소문 밖	1801. 11. 5	참수	황심을 통해 입교, 교회의 밀사

성명	세례명	출생년도	출생지	거주지
金사집	프란치스코	1744	충청 덕산 비방고지	덕산
홍익만 洪翼萬	안토니오	?	양근	양근 → 서울 송현
변득중 邊得中		?	서울	서울 대묘동 → 공북문 밖 원동
손경윤 孫敬允	제르바시오	1760	서울 안동(안국동)	서울 안동
김계완 金啓完	시몬	?	서울	서울 서소문 밖 양대전동
이경도 李景陶	가롤로	1780	서울	서울 한림동
김의호 金義浩		?	서울 아현	서울 아현
송재기 宋再紀		?	서울 황정동	서울
장덕유 張德裕		?	서울 이문동 (남대문 밖)	서울 이문동 → 대묘동
최설애 崔雪愛		?	황해 안악	안악 → 서울 중부 대사동 → 양사동 → 아현동
정광수 鄭光受	바르나바	?	경기 여주 도곡리 가마실	가마실 → 서울 벽동
권상문 權相問	세바스티아노	1768	경기 양근 한감개	한감개 → 서울 남대문 안 → 한감개
김일호 金日浩		?	경기 양근	양근 → 서울
한덕운 韓德運	토마스	1752	충청 홍주	홍주 → 경기 수원 → 광주 의일리
홍인 洪鏔	레오	1758	서울	경기 포천

처형지	처형일	처형 형태	비고
청주	1801. 12. 22 (양 1802. 1. 25)	장사	일명 '성옥'
서울 서소문 밖	1801. 12. 26 (양 1802. 1. 29)	참수	홍필주와 이현의 장인 홍교만의 사촌 서(庶)동생
서울 서소문 밖	1801. 12. 26	참수	김범우를 통해 입교
서울 서소문 밖	1801. 12. 26	참수	약방 운영, 최필공을 통해 입교 손경욱의 형이자 손 막달레나의 부친
서울 서소문 밖	1801. 12. 26	참수	중인, 약방 운영 최필공과 최창현을 통해 입교
서울 서소문 밖	1801. 12. 26	참수	이윤하의 아들이자 권철신의 조카 이순이의 오빠
서울 서소문 밖	1801. 12. 26	참수	최필공과 황사영을 통해 입교 황사영의 피신을 도와줌
서울 서소문 밖	1801. 12. 26	참수	각수장(刻手匠), 최태산을 통해 입교 황사영의 피신을 도와줌
서울 서소문 밖	1801. 12. 26	참수	말총으로 갓 만들던 사람 김종교를 통해 입교
서울 서소문 밖	1801. 12. 26	참수	황사영의 도피를 도와줌 처형일이 12월 27일 수도 있음
여주	1801. 12. 26	참수	윤운혜의 남편 성화·성물 등을 제작·보급 집 안에 강당을 지어 신자 모임 장소 제공
양근	1801. 12. 27 (양 1802. 1. 30)	참수	권일신의 아들, 권철신의 양자
양근	1801. 12. 27	참수	유업(儒業)과 의술에 종사 명도회 회원
남한산성	1801. 12. 27	참수	윤지충을 통해 입교
포천	1801. 12. 27	참수	홍교만의 아들

성명	세례명	출생년도	출생지	거주지
이기연 李箕延		1740	충주	충주
황일광 黃日光	시몬	1757	충청 홍주	홍주 → 홍산 → 경상도 → 양근 분원 → 서울 정동
신희 申喜		?		전주 초남이
이육희 李六喜		?		전주 초남이
이순이 李順伊	루갈다	1782	서울	서울 → 전주 초남이
유중성 柳重誠	마태오	1784	전라 전주 초남이	전주 ↔ 서울
김귀동 金貴同		?	전라 고산	고산 → 내포 → 청양 → 배론
한덕원	토마스	?		광주
金——	토마스	?	충청 덕산	덕산
원——	마티아	1769		
배——	바오로	?	충청 당진 진목	
윤——	토마스	?		덕산
한——		?		면천
조신행 趙愼行		?		서울 도저동
신광서		?	충청 청양 한틔	청양 → 전주
최일안		1761	전라 영광	전주(?)

처형지	처형일	처형 형태	비고
충주	1801. 12. 27	참수	권일신의 사돈 이부춘, 이석중, 권아기련을 입교시킴
홍주	1801. 12. 28 (양 1802. 1. 31)	참수	백정 출신, 이존창을 통해 입교 1801년 12월 26일 사형 판결
전주 숲정이	1801. 12. 28	참수	유항검의 처
전주 숲정이	1801. 12. 28	참수	유관검의 처
전주 숲정이	1801. 12. 28	참수	이윤하의 차녀
전주 숲정이	1801. 12. 28	참수	유중철의 부인
홍주	1801. 12. 30 (양 1802. 2. 2)	참수	유항검의 조카(유익검의 아들)
광주	1801. 12. 30	참수	황사영이 피신한 배론의 옹기점 주인
경기 수원	1801 (월일 미상)	참수	양반
공주	1801 (월일 미상)	참수	주문모 신부의 마부
홍주(?)	1801 (월일 미상)	교수	배관검의 동생
홍주	1801 (월일 미상)		
홍주	1801 (월일 미상)		
서울 포도청	1801 (월일 미상)	장사	명도회 회원, 황사영 등과 교류
전주(근교?)	1801 (월일 미상)	참수	
전주	1801 (월일 미상)	참수	일명 '금노', 최여겸의 조카

성명	세례명	출생년도	출생지	거주지
원──		?		충청 금산 솔티
이국부		?	충청 공주	전주(?)
오──		?	전라 영광	영광
조상덕 趙尙德		?		
마필세 馬必世		?		
신약봉		?		
심──	아녜스	?		
이석혜 李碩惠	안토니오	?		
이명불 李明㦹		?		
최반 崔班		?		충청 벽정
이소사 李召史		?		여주 읍내

처형지	처형일	처형 형태	비고
전주	1801 〔월일 미상〕	참수	
전주	1801 〔월일 미상〕	참수	
영광(?)	1801 〔월일 미상〕	참수	영광 고을 복산지의 양반
	1801 〔월일 미상〕		1811년 서한에 나오는 순교자
	1801 〔월일 미상〕		1811년 서한에 나오는 순교자
	1801 〔월일 미상〕		1811년 서한에 나오는 순교자
	1801 〔월일 미상〕		
	1801 〔월일 미상〕		동정녀 1811년 서한에 나오는 순교자
	1801 〔월일 미상〕		1811년 서한에 나오는 순교자
	1801 〔월일 미상〕	참수	
여주	1801(?)	참수	과부

2. 박해의 의미와 영향

1) 척사론의 확산과 근대화의 지연

순조 즉위 이후 새로이 정권을 잡은 노론은 천주교에 대한 탄압을 통하여 정치적 반대파들을 제거하면서 정국을 주도해 나가기 시작하였다. 그러나 시간이 흐르면서 외척을 중심으로 한 세도정치가 등장함으로써 정치·경제·사회적 모순은 더욱 쌓여만 갔고 조선은 점차 실질적인 국가의 기능을 상실하고 있었다.

신유박해를 겪으면서 천주교뿐만 아니라 서양의 발달된 과학기술까지도 '사학'(邪學)·'사술'(邪術)로 몰아붙여 정상적으로 탐구하기가 어렵게 되었다. 특히 서양의 군함과 군대·무기 등을 요청하여 천주교 신앙의 자유를 얻고자 했던 황사영의 〈백서〉 내용이 드러나면서 천주교는 '임금도 몰라보고 어버이도 몰라보는' 패륜적인 종교라는 인식에 반국가적인 종교라는 인식을 더하게 되었다. 17세기에 서학이 조선에 소개된 이래 주류 지식인들은 천주교의 신학과 서양의 과학·기술을 분리하여, 천주교를 배척하되 과학과 기술에 대해서는 적극적으로 수용하고자 했다. 그러나 이제는 서양과 관련된 모든 것들을 부정하는 극단적인 척사론을 내세워 근대지향적인 실학의 확산을 꺾어 버림으로써 근대로의 진전을 더디게 하였다. 그 결과 조선은 서구 제국주의의 서세동점으로 인해 급변하는 동아시아 국제 정세에 능동적으로 대처하지 못한 채 마침내 일본의 식민지로 전락할 수밖에 없었다.

2) 천주교의 확산

신유박해는 조선교회에 가해진 최초의 대대적이고 전면적인 박해로 교회를 거의 폐허화시켰고, 어렵게 입국한 주문모 신부가 순교함으로써 유 파치피코(余恒德, 1795~1854) 신부가 순조 34년(1834)에 입국할 때까지 조선교회는 성직자가 없는 불완전한 교회일 수밖에 없었다. 또한 지도층 신자들이 거의 다 순교 또는 유배되거나 목숨을 보전하기 위하여 산간의 벽지로 피신함에 따라 교회는 더욱 빈사 상태에 놓였다. 더욱이 천주교와 천주교 신자들에 대하여 매국노·불효자·풍속 문란자·방탕자 등으로 규정한 〈토사반교문〉의 반포로 천주교를 언제라도 박해할 수 있는 법적인 근거가 마련됨에 따라 교회를 재건하는 데 커다란 어려움을 겪게 되었다.

조선의 천주교회는 여지없이 무너져 아무것도 남은 것이 없다시피 하였다. 그나마 살아남은 이들도 상당수가 신앙을 포기한 채 교회를 떠났다. 이제 교회를 이끌어갈 수 있는 사람은 살아남은 가족 가운데 일부로, 극소수의 양반과 대다수의 중인·상민뿐이었다. 달레 신부는 당시의 상황을 아래와 같이 기록하였다.

> 박해를 치르고 난 바로 뒤의 조선 천주교가 얼마나 어수선하고 비참하고 붕괴된 상태에 있었는지를 이루 다 말하기는 어렵다. 교형(教兄)들을 지도하고 권면하고 격려할 만한 뛰어난 사람들은 모두 사형당하였다. 명문거족(名門巨族) 중에는 여자와 아이들만이 남아 있는 집안이 많았다. 천주교의 광적인 원수들이 애써 잡으려 들지 않았던 가난한 자들과 천민들은 서로 연락도 없이 뿔뿔이 헤어져 적의로 가득 찬 외교인들 틈에 끼어 살게 되니, 이들은 법과 일

반 여론으로 큰 힘을 얻어 신자들을 천만 가지로 괴롭히고, 그들을 종과 같이 다루었다.

입으로만 신앙을 배반하고 마음속으로는 아직도 신앙을 보존하고 있던 수많은 배교자들은 다시 신자의 본분을 지키기가 무서워서 그저 몰래 몇 가지 기도나 그럭저럭 드리는 형편이었다. 성물과 성서(聖書)는 거의 모두가 파괴되었고, 조금 남아 있는 것도 땅속에 파묻히거나 담 구멍 속에 감추어져 있었다. 아직 신덕(信德)이 굳지 못한 많은 신입 교우들은 아무 교훈도 아무 정신적 원조도 받지 못하게 되니, 실망한 나머지 그들에게 그렇게도 많은 고통을 가져다주는 천주교를 그만 버리고 마는 일이 많았다(샤를르 달레 ; 안응렬 · 최석우 역주,《한국천주교회사》중, 1980, 10쪽).

살아남은 신자들도 자신의 원래 거주지에서 더 이상 머물 수 없었다. 왜냐하면 천주교 신자임이 드러나서 가족과 친족, 이웃 사람들로부터 박해를 받았기 때문이다. 신자들은 신앙 집회는 고사하고 왕래나 인사조차 하기 어려운 형편에 놓였던 것이다. 이런 사정으로 이제까지 살던 곳을 떠나 다른 곳으로 이주하는 신자들이 늘어났다. 그 결과 역설적으로 천주교는 보다 넓은 지역으로 확산되었다.

신유박해 이전에는 신자들의 거주지가 서울과 경기도 양근 · 여주, 충청도 내포 지방과 충주 · 전라도 전주 등에 집중되어 있었다. 그렇지만 신유박해 이후 신앙생활을 계속 이어 가려는 신자들이 살 곳을 찾아 다른 고장의 큰길에서 멀리 떨어진 산골짜기 등으로 이주하였다. 또한 유배당한 신자 가운데 적지 않은 이들이 정부의 의도와는 달리 유배지에서도 신앙생활을 계속하면서 복음을 전하기도 하였다. 그리하여 전라도의 남쪽 지방과 경상도

뿐만 아니라 강원·황해·평안·함경도까지 천주교가 확산되는 결과를 낳았다. 이 과정에서 천주교인들의 집단 거주지인 교우촌(敎友村)이 자연스럽게 형성되기 시작하였다. 결국 신유박해는 일시적으로는 교회에 큰 타격을 주었지만 궁극적으로는 오히려 천주교가 더욱 확산되는 밑거름이 되었다.

 이렇게 천주교회가 다시 자리 잡아 가는 과정에서 이전과는 달리 양반이 아니라 중인 이하 신분층이 교회를 이끌어가기 시작하였다. 그러면서 신앙생활도 신앙을 통한 사회참여라는 현실적 성격은 희미해지고 그보다는 하느님의 나라로 들어가는 것을 더 중요하게 여기는 내세지향적 성격으로 변화하였다.

참고문헌

1. 연구서

山口正之,《黃嗣永帛書の硏究》, 全國書房, 1946 ; 이민원 역,〈황사영 백서의 연구〉,《황사영 백서 논문 선집》, 기쁜소식, 1994.

주재용,《한국 카톨릭사의 옹위》, 한국천주교중앙협의회, 1970.

유홍렬,《증보 한국천주교회사》상, 가톨릭출판사, 1975.

노길명,《가톨릭과 조선후기 사회 변동》, 고려대학교 민족문화연구소, 1988.

조 광,《조선후기 천주교사 연구》, 고려대학교 민족문화연구소, 1988.

여진천 편,《황사영 백서 논문 선집》, 기쁜소식, 1994.

Donald Baker, *Confucianism Confronts Catholicism in the Late Chosŏn Dynasty* ; 김세윤 역,《조선후기 유교와 천주교의 대립》, 일조각, 1997.

Diaz, Hector, *A Korean Theology : Chu-Gyo Yo-Ji—Essentials of the Lord's Teaching by Chŏng Yak-Jong Augustine*(1760~1801) ; 원헥톨,《한국신학 : 정약종(Augustine, 1760~1801)의《주교요지》를 중심으로》, 원홍문화사, 1998.

김진소,《천주교 전주교구사》I, 천주교 전주교구, 1998.

이정린,《황사영 백서 연구 : 한반도 분단의 근본 원인을 찾아》, 일조각, 1999.

제주 선교 100주년 기념 사업 추진위원회 편,《제주 천주교회 100년사》, 천주교 제주교구, 2001.

윤민구,《한국 천주교회의 기원》, 국학자료원, 2002.

한국가톨릭대사전편찬위원회 편,《한국가톨릭대사전》, 제1~12권, 2006.

여진천,《황사영〈백서〉연구 ─ 원본과 이본 비교 검토 ─》, 교회사 연구총서 제8집, 한국교회사연구소, 2009.

2. 논문

小田省吾,〈李朝の朋黨を略敍して天主敎迫害に及ぶ〉, 靑丘學叢 1, 1930 ;〈이조의 붕당을 약술하여 천주교박해에 이름〉,《한국 천주교회사 논문 선집》2, 한국교회사연구소, 1977.

石井壽夫,〈黃嗣永の帛書に就いて―朝鮮天主敎徒の洋舶請來の思想―〉,《歷史學硏究》10-1, 1940.

石井壽夫,〈理學至上主義李朝への天主敎挑戰〉,《歷史學硏究》12-6, 1942 ;〈이학지상주의 이조에의 천주교의 도전〉,《한국 천주교회사 논문 선집》2, 한국교회사연구소, 1977.

山口正之,〈黃嗣永帛書〉,《朝鮮學報》2, 1951.

山口正之,〈辛酉(李朝純祖元年1801年)致命者列伝〉,《朝鮮學報》16, 1960.

홍이섭,〈신유교난에 있어 신문상황〉,《아세아연구》8-2, 고려대 아세아문제연구소, 1965.

이원순,〈조선후기사회와 천주교〉,《한국사의 반성》, 신구문화사, 1969 ;〈천주교 박해의 역사적 배경〉,《한국 천주교회사 연구》, 한국교회사연구소, 1986.

최석우,〈천주교의 유교사회에 대한 도전〉,《한국사》15, 국사편찬위원회, 1975.

———,〈천주교의 박해〉,《한국사》15, 1975.

조 광,〈신유박해의 분석적 고찰〉,《교회사연구》1, 한국교회사연구소, 1977.

———,〈황사영백서의 사회사상적 배경〉,《사총》21·22, 고려대학교 사학회, 1977.

──, 〈신유박해의 성격〉, 《민족문화연구》 13, 고려대 민족문화연구소, 1978.

김한규, 〈《사학징의》를 통해서 본 초기 한국천주교회의 몇 가지 문제〉, 《교회사연구》 2, 1979.

최석우, 〈한국교회사는 어떻게 서술되어 왔는가?〉, 《사목》 34, 한국천주교중앙협의회, 1979.

주명준, 〈천주교 신도들의 서양선박청원〉, 《교회사연구》 3, 1981.

최석우, 〈천주교의 박해〉, 《한국 천주교회의 역사》, 한국교회사연구소, 1982.

──, 〈《사학징의》를 통해서 본 초기천주교회〉, 《한국 교회사의 탐구》 I, 한국교회사연구소, 1982.

주명준, 〈정약용 형제들의 천주신앙활동〉, 《전주사학》 1, 전주사학회, 1984.

박광용, 〈영·정조대 남인세력의 정치적 위치와 서학정책〉, 《한국 교회사 논문집》 II, 한국교회사연구소, 1985.

이원순, 〈천주교 박해의 역사적 배경〉, 《한국 천주교회사 연구》, 한국교회사연구소, 1986.

진인권, 〈신유사옥에 관한 연구〉, 성균관대학교 박사학위논문, 1986.

차기진, 〈조선후기 천주교의 지방 전파와 그 성격—영남지방을 중심으로—〉, 《교회사연구》 6, 1988.

이원순, 〈황사영 백서의 제문제〉, 《교회와 역사》 182, 한국교회사연구소, 1990.

노길명, 〈조선후기 한국 가톨릭교회의 민족의식〉, 《한국 가톨릭 문화 활동과 교회사—성농 최석우 신부 고희 기념》, 한국교회사연구소, 1991.

최석우, 〈조선후기의 서학사상〉, 《국사관논총》 22, 국사편찬위원회, 1991.
조 광, 〈신유교난과 이승훈〉, 《교회사연구》 8, 1992.
박광용, 〈조선후기 탕평 연구〉, 서울대학교 박사학위논문, 1994.
━━━, 〈주문모 신부 선교 활동의 배경〉, 《교회사연구》 10, 1995.
조 광, 〈주문모의 조선 입국과 그 활동〉, 《교회사연구》 10, 1995.
방상근, 〈초기 교회에 있어서 명도회의 구성과 성격〉, 《교회사연구》 11, 1996.
이원순, 〈한국천주교회사의 연구사적 추적〉, 《한국 천주교회사 연구》, 한국교회사연구소, 1996.
최석우, 〈전근대 전통 지식인의 대서양 인식〉, 《국사관논총》 76, 국사편찬위원회, 1997.
방상근, 〈황사영 〈백서〉의 분석적 이해〉, 《교회사연구》 13, 한국교회사연구소, 1998.
이원순, 〈천주교의 수용과 전파〉, 《한국사》 35, 국사편찬위원회, 1998.
차기진, 〈천주교의 수용과 발전에 관한 연구〉, 《한국사론》 28, 국사편찬위원회, 1998.
━━━, 〈조선후기 천주교 신자들의 성직자 영입과 양박청래에 대한 연구〉, 《교회사연구》 13, 1998.
최석우, 〈박해 시대 천주교 신자들의 국가관과 서양관〉, 《교회사연구》 13, 1998.
하성래, 〈황사영의 교회활동과 순교에 대한 연구〉, 《교회사연구》 13, 1998.
鈴木信昭, 〈황사영 백서의 의의와 그 배경―천주교 신도의 서양선박 청원 계획과 관련해서―〉, 《부산 교회사보》 17, 부산교회사연구소, 1998.

──, 〈18世紀末朝鮮天主教信徒の西洋船舶要請計劃―信徒らの西洋觀と關連して―〉,《朝鮮學報》171, 1999.

김수태, 〈초기 한국 천주교회의 배교문제〉,《동양학》29, 단국대학교 동양학연구소, 1999.

박종철, 〈척사윤음 연구〉,《종교학연구》18, 서울대학교 종교학연구회, 1999.

정두희, 〈황사영 백서를 어떻게 볼 것인가?〉,《신앙의 역사를 찾아서》, 바오로딸, 1999.

김진소, 〈한국 천주교회의 소공동체 전통〉,《민족사와 교회사 ― 최석우 신부 수품 50주년 기념 논총 제1집》, 한국교회사연구소, 2000.

노길명, 〈조선후기 민중의 동요와 천주교 신앙 운동〉,《민족사와 교회사 ― 최석우 신부 수품 50주년 기념 논총 제1집》, 2000.

임혜련, 〈순조 초반 정순왕후의 수렴청정과 정국변화〉,《조선시대사학보》15, 조선시대사학회, 2000.

변주승, 〈신유박해의 정치적 배경〉,《한국사상사학》16, 한국사상사학회, 2001 ; 〈신유박해의 정치적 배경에 관한 연구〉,《신유박해연구논문집 3―신유박해와 황사영 백서 사건》, 한국순교자현양위원회, 2003.

박　주, 〈조선후기 신유박해와 여성〉,《조선사연구》11, 조선사연구회, 2002.

안영상, 〈천주교의 영혼설이 조선후기 사상계에 끼친 영향〉,《한국사상사학》19, 한국사상사학회, 2002.

원재연, 〈황사영백서의 인권론적 고찰〉,《법사학연구》25, 한국법사연구회, 2002.

조　광, 〈정약종과 초기 천주교회〉,《한국사상사학》18, 2002.

주명준, 〈정약종 가문의 천주교 신앙 실천〉, 《한국사상사학》 18, 2002.
서종태, 〈신유박해의 정치적 배경 — 청남계의 개혁 활동과 관련하여 —〉, 《교회사연구》 18, 2002.
김진소, 〈신유박해 당시 서양선박 청원의 특성〉, 《신유박해연구논문집 3— 신유박해와 황사영 백서 사건》, 2003.
박광용, 〈황사영백서 사건에 관한 조선왕조의 반응〉, 《신유박해연구논문집 3— 신유박해와 황사영 백서 사건》, 2003.
이영춘, 〈황사영백서 사건에 관한 역사신학적 성찰〉, 《신유박해연구논문집 3 — 신유박해와 황사영 백서 사건》, 2003.
정두희, 〈황사영백서의 사료적 성격〉, 《신유박해연구논문집 3 — 신유박해와 황사영 백서 사건》, 2003.
———, 〈신유박해의 전개 과정〉, 《신유박해연구논문집 3 — 신유박해와 황사영 백서 사건》, 2003.
최완기, 〈황사영백서 작성의 사상적 배경〉, 《신유박해연구논문집 3—신유박해와 황사영 백서 사건》, 2003.
허동현, 〈황사영백서에 대한 근현대 학계의 평가〉, 《신유박해연구논문집 3 — 신유박해와 황사영 백서 사건》, 2003.
이장우, 〈황사영과 조선후기의 사회변화〉, 《교회사연구》 31, 2008.
김태영, 〈황사영의 의식 전환과 천주교적 세계관 — 백서 작성 배경과 관련하여 —〉, 《지역과 역사》 25, 부경역사연구소, 2009.

제2장 교회 재건운동과 정해박해

제1절 '목자 없는 교회' : 교우촌의 형성과 확산

1. 교우촌의 형성

대대적이고 전면적인 박해인 신유박해로 조선 천주교회는 커다란 타격을 입었다. 무엇보다 주문모 신부가 순교함으로써 뒷날 유 파치피코 신부가 입국할 때까지 조선교회는 목자 없는 교회가 되었고, 신자들을 이끌며 신앙생활에서 중요한 역할을 담당하던 지도층 신자들도 거의 다 순교하거나 유배되었다. 겨우 박해를 피한 신자들은 뿔뿔이 흩어져 숨거나 일반 사람들 틈에 끼여 살며 간신히 목숨만 부지할 정도였다. 성경과 각종 신앙 서적, 기도서, 그리고 성물 등은 대부분 빼앗기거나 파괴되었고, 남아 있는 것도 땅속에 묻거나 감추어야 했다.

신유박해 이전부터 신자들은 비밀리에 모여 모임을 형성해 나갔다. 그러나 국가의 박해가 점차 가혹해짐에 따라 밀고와 배교로 인해 신자들의 모임 자체가 무너지거나 제대로 유지하기 어려워, 신앙생활은 물론이거니와 목숨도 연명하기가 힘들었다. 이에 신자들은 신앙생활을 위해 고향을 떠나 다른 지방으로 유랑하게 되었다. 그들이 괴로움을 참아가며 떠돌아다니다 정착한 곳은 대부분 외진 산간 지대였으며, 아예 사람이 살았던 적이 없는 궁벽한 지역도 많았다. 이러한 어려움 속에서도 신자들은 차차 새로운 신앙 공동체인 '교우촌'을 형성해 나갔다.

이와 같은 교우촌이 처음 형성된 시기는 대략 언제일까? 그 시기는 신해박해(1791) 무렵부터라고 추정된다. 1790년 북경의 구베아 주교는 교황청의 엄한 금령에 따라 '조상 제사 금지령'을 내렸다. 이를 계기로 특히 양반 계층에 속한 신자들이 교회를 멀리하게 되었으며, 신해박해마저 일어나 전라도 진산(珍山, 지금의 충남 금산 지역)의 사족(士族)인 윤지충과 그 외종사촌인 권상연이 군문효수로 순교하는 사건이 일어났다. 이 일로 박해의 위협에 직면한 인근 전라도 북부 지역과 충청도 남부 지역의 신자들이 고향을 떠나 산간 지방으로 숨어들기 시작하였다. 최양업(崔良業, 토마스, 1821~1861) 신부의 조부인 최인주(崔仁柱)가 신앙의 자유를 찾기 위해 고향인 서울을 떠나 다락골(지금의 충남 청양군 화성면 오성산 기슭)의 산골짜기로 이주한 것도 이 무렵의 일이었다.

그렇다면 교우촌이 주로 형성된 지역은 어디일까? 이는 천주교 교세가 확대되는 과정을 이해하는 것과 관련해서도 매우 중요한 문제이다. 박해기에 신자들이 보다 자유로운 신앙생활을 위해 살던 곳을 떠나 다른 지방으로 이주하여 새로운 촌락을 형성하는 경우는 갈수록 늘어갔다. 그 구체적인 사례 중 하나로 충청도 내포 지방의 홍주 사람인 황일광의 경우를 들 수 있다. 그는 충청도 일대에서 활동하던 이존창의 인도로 1798년에 천주교 신앙을 갖게 되었는데, 그 후에 신자들과 더불어 살며 보다 자유롭게 신앙생활을 하기 위해 경상도로 이주하였다.

천주교를 배우자마자 그(황일광)는 기꺼이 받아들였고 천주교를 더 자유롭게 신봉하기 위하여 동생과 함께 고향을 떠나 멀리 경상도로 가서 살았다. 거기서는 외교인들에게 그들의 신분을 숨기고 교우들과 연락하기가 더 쉬웠다(샤를르 달레 : 안응렬·최석우 역주,《한국천주교회사》상, 1980, 473쪽).

달레 신부의 기록을 통해서도 1790년대 이후에 피난을 떠난 신자들이 집단적으로 모여 사는 촌락이 형성되기 시작하였음을 알 수 있다. 또한 교우촌의 분포와 관련하여 신유박해 때 순교한 황사영이 배론에서 작성한 〈백서〉에는 다음과 같이 기록되어 있다.

지방으로 말하면, 서울에는 비록 오가작통법이 있어 교우들이 살고 있는 마을에는 그 법이 몹시 엄하지만, 교우가 살지 않는 곳에서는 오가작통법이 있어도 유명무실하여 모두 마음 놓고 지내게 되니 발을 붙일 수 있습니다. 경로로 말하자면 경기·충청·전라 3도는 본래 교우가 많고, 경상도와 강원도는 근년에 피난 간 사람이 더러 살고 있는 까닭에 염탐하는 관리가 이 5도를 두루 다니고 있습니다(〈백서〉 94행).

위의 〈백서〉에서 언급되는 '경상도와 강원도는 근년에 피난 간 사람이 더러 살고 있는'이라는 내용은 1801년 10월 10일에 있었던 황사영과 황심에 대한 공초 기록인 〈사학죄인사영등추안〉(邪學罪人嗣永等推案)에서 구체적인 사례를 찾을 수 있다. 즉 이때 경상도로 간 신자는 서울 북촌에 살던 김 생원과 노씨, 현계흠 등이 동래로 간 것을 말하며, 강원도로 간 신자는 황심과 그의 친구인 춘천 북산 밖에 살던 박씨와 방씨 등을 말한다. 이를 통해 천주

신유박해 당시 생명의 위협과 혹독한 고문 앞에 한때 배교했던 많은 신자들은 참회와 신앙에 대한 갈망 속에서 몰래 기도를 드리고 기도문을 암송하며 신앙을 이어 나갔다. 초기교회 신자들이 암송했을 것으로 보이는 이 한글 〈주님의 기도〉는(사진) 1999년 런던 국립도서관에서 발견된 것으로 한문으로 된 기도문을 우리말로 옮긴 것이다.

교가 일찍 전파된 충청도 서부·전라도 북부·경기도 남부의 산간 지역을 중심으로 교우촌이 형성되었다는 사실과 점차 신자들의 피난이 이어져 경상도(북부)·강원도(남부)·충청도(북부) 등의 지역에까지 교우촌이 확산되었음을 알 수 있다.

결국 신유박해는 조선교회에 커다란 타격을 미쳤지만, 이 박해를 계기로 천주교 신앙은 보다 더 넓은 지역으로 퍼져 나갈 수 있었다. 생명의 위협과 혹독한 고문 앞에 한때 배교했던 많은 신자들은 참회와 신앙에 대한 갈망 속에서 몰래 기도를 드리고 기도문을 암송하며 신앙을 이어 나갔다. 박해를 피한 신자들 역시 두려움에 떨면서도 신앙에 대한 열망은 감출 수 없었다. 이에 신앙생활을 이어 가려는 신자들은 가족과 친척, 또는 다른 신자들과 더불어 보다 안전한 경기도·충청도·강원도·경상도 등의 산간벽지로 숨어들어 갔다. 그곳에서 신자들은 생업을 이어 가며 신앙생활을 계속하였다. 그로 인해 구석진 시골까지 천주 신앙이 전파되는 결과를 낳았다. 이렇게 신자들이 모여 형성된 교우촌이야말로 박해시대에 천주교회가 이어지는 구체적 신앙의 현장이자 터전이 되었다.

교우촌의 형성은 신유박해 이후에 더욱 두드러졌는데, 그 대표적이고도 구체적인 사례는 달레 신부의 《한국천주교회사》에 소개된 신태보(申太甫, 베드로, ?~1839)의 경우를 통해 알 수 있다. 신태보는 박해가 일어나자 고향인 전주를 떠나 경기도 용인·강원도·경상도 등지의 교우촌을 전전하다가 정해박해(丁亥迫害) 때 경상도 상주에서 체포되어 순교한 신자이다. 그는 교우촌의 정황을 다음과 같이 전하고 있다.

박해가 마침내 가라앉기는 하였으나, 우리는 서로 뿔뿔이 헤어져 있었고, 모든 경문책(기도서)을 잃었었다. 어떻게 신자 본분을 지킬 방법이 있겠는가. 나는 우연히 몇몇 순교자 집안의 유족들이 용인 지방에서 산다는 소문을 듣고, 그들을 찾아내려고 갖은 노력을 다한 결과 마침내 그들을 만나게 되었다. 그들은 이미 나이 먹은 여인들과 겨우 아이티가 가신 몇몇 소년들뿐이었는데, 모두 합하여 서로 친척간이 되는 세 집안이었다. 그들은 아무 의지할 것도 아무 재산도 없으며, 외부 사람들과는 감히 말을 건넬 생각도 못하고, 천주교 이야기만 나오면 너무 무서워서 숨이 다 막힐 지경이었다.

그들은 경문책 몇 권과 복음 성경 해설서를 가지고 있기는 하였다. 그러나 모두 깊숙이 감추어 두었다. 내가 그 책을 보자고 청하니, 내 말을 막고 '가만히 있으라'고 손을 내저었다. 나는 더 간청하지 않았다. 그러나 이 가엾은 여인들은 '교우 한 명이 와 있다'는 말을 아이들에게서 듣자 몹시 기뻐하여 예의상 나를 만나 볼 수는 없으나, 적어도 나하고 이야기는 하고 싶어 하였다. 나는 최근에 생긴 일과 교회의 형편과 또 천주를 섬길 수도, 우리 영혼을 구할 수도 없을, 우리의 공통된 처지에 대하여 약간 이야기하여 주었다. 그 여인들은 매우 감동하여 어떤 이들은 눈물을 흘리기까지 하며, '우리가 서로서로 힘이 되기 위하여 자주 연락을 했으면 좋겠다'는 말을 하였다(샤를르 달레 ; 안응렬 · 최석우 역주, 《한국천주교회사》 중, 1980, 11쪽).

박해의 서슬을 간신히 피한 신자들은 일단 다른 신자가 사는 곳을 수소문해서 그곳으로 가려고 하였다. 신자들은 자신이 살던 곳을 떠나 하나 둘씩 다른 신자들이 사는 지역으로 모여들기 시작하였고, 이렇게 신자들끼리만 모여 살게 되면서 자연스럽게 한 동리나 촌을 형성하였다. 처음에는 천주교

이야기만 나와도 모두들 무서워하고 기도서와 교리서 등을 감추었지만 신앙에 대한 갈망은 여전하였다. 신자들은 서로 의지하며 다시 자주 만나기를 소망하였다. 그리하여 어려운 시기에 서로에게 힘이 되어 신앙생활을 지켜가고자 하였다.

> 나(신태보)는 거기에서 40리 되는 곳에 살고 있었는데, 그때부터 8일이나 10일에 한 번씩 서로 찾아다녔다. 오래지 않아 우리는 한집안 식구나 다름없이 서로 깊고 진실한 정이 들게 되었다. 우리는 성서를 다시 읽기 시작하였고, 주일과 축일의 의무를 지키기 시작하였다. 이 사람들은 신부에게서 성사를 받았었다. 그래서 신부와 그의 권고에 대한 자세한 이야기를 들으니, 신부를 직접 보는 듯한 느낌이 들었다. 내 마음 속에는 기쁨과 행복이 번졌다. 그것은 마치 보물을 발견한 거나 진배없었다. 나는 이 교우들을 모두 천사들처럼 사랑하였다 (샤를르 달레 ; 안응렬·최석우 역주,《한국천주교회사》중, 1980, 11~12쪽).

하지만 산간벽지라 하더라도 비신자들과 섞여 사는 경우에는 마음을 놓을 수 없었다. 비신자들의 감시 속에서 신자들끼리 모여 신앙 모임을 갖기가 여의치 않았기 때문이다. 이에 비신자들의 눈을 피해 밤에 몰래 만나기도 하였고, 이사를 할 경우에는 서너 가구가 함께 이주하였다.

> 외교인들의 눈이 사방에서 우리를 끊임없이 감시하고 있었다. 나(신태보)는 저들의 눈을 피하기 위하여 40리 길을 밤에 몰래 걸어야 했다. 얼마 지나지 않아서 외교인들은 내 성명과 사는 곳과 누구와 상종하는지를 알려고 하였다. 이런 것들이 모두 마음에 들지 않아, 우리는 함께 이사를 하여 다른 곳에 가서

외딴 조그마한 마을을 이루어 살 생각을 하게 되었다. 우리 다섯 집을 합치면 40명 이상의 식구가 되었고, 각기 재산이라고는 빚밖에 없었으므로, 집들을 팔아도 빚을 갚고 나면, 여행에 필요한 노비(路費)도 채 되지 못할 것이었다. 왜냐하면 내가 생각하고 있던 곳은 인적이 드문 강원도 산골이었기 때문이다. 그렇기는 하지만, 일이 성사가 되던 말던 이사는 하기로 결정이 되었다(샤를르 달레 : 안응렬·최석우 역주,《한국천주교회사》중, 1980, 12쪽).

신자들은 고향을 떠나 본래부터 교세를 유지했던 경기도·충청도·전라도 지방에서 상대적으로 박해가 드문 다른 지방의 산간벽지로 흩어져 갔다. 이렇게 하여 교우촌은 좀 더 넓은 지역으로 확산되었고, 이에 따라 교세도 조금씩 커졌다.

박해가 강해질수록 신자들의 신앙생활은 각 지역에 형성된 교우촌을 중심으로 이루어질 수밖에 없었다. 교우촌의 형성이 갖는 의미에 대해 달레 신부는 다음과 같이 정리하였다.

하느님의 섭리는 이 귀양살이하는 신자들과 피난 간 신자들을 아마 자기들도 알지 못하는 사이에 전도자가 되게 하였다. 그들의 집들이 한마을을 이루고 그들의 가족이 많고 활발한 신자집단을 이루어, 조선의 가장 궁벽한 구석에까지 복음을 알리었던 것이다(샤를르 달레 : 안응렬·최석우 역주,《한국천주교회사》중, 1980, 15쪽).

교우촌이 형성되면서 조선에서 가장 외진 산간벽지에까지 복음이 속속들이 퍼져 나갔으며, 생명마저 위협받는 혹독한 박해시대였지만, 교우촌을 통해 천주교회는 지속·발전할 수 있었다. 이 일을 두고 달레 신부는, "박해의 폭풍이 오히려 복음의 씨를 더 멀리 날렸다"라는 평가를 내렸다.

2. 교우촌의 확산과 변화

박해시대의 교우촌 중에서 기록이 남아 있거나 주요한 교우촌을 각 교구별로 그 발전과 변화를 대략 알아보면 다음과 같다. 먼저 원주교구의 배론 지역에 천주교 신자들이 살기 시작한 것은 1791년 신해박해 이후부터지만, 구체적인 교회측 기록은 1801년 신유박해 때에야 확인된다. 이곳에 살던 신자들은 주로 옹기점을 운영하며 생계를 유지하였다. 황사영이 신유박해로 여주·원주를 거쳐 배론으로 숨어들었을 때에 옹기점을 운영하던 신자 김귀동은 옹기점 뒤에 토굴을 파고 그에게 은신처를 마련해 주었다. 황사영·김귀동이 체포되고 관련 신자들이 모두 처형되면서 배론 교우촌도 파괴되었다.

하지만 1840년대에 경기도 수원 출신인 장주기(張周基, 요셉, 1803~1866)가 박해를 피해 다니다가 배론에 정착하면서 교우촌은 다시 형성되었다. 그 뒤 메스트르(J.A. Maistre, 李, 1808~1857) 신부가 1855년 '성 요셉 신학교'를 설립하는 등 배론은 한국 교회사에서 주요한 위치를 차지하게 되었다.

수원교구의 용인과 안성 지역 일대에서 가장 먼저 교우촌이 형성된 곳은 미리내, 골배마실을 비롯하여 굴암, 검은정 등의 지역이었다. 이들 대부분은 서로 인접한 산간 지역인데, 박해를 피해 온 충청도 신자들과 경기도 일대에 흩어져 살던 신자들이 함께 모여 살면서 형성되었다. 그 가운데 미리내 교우촌은 충청도에서 피난해 온 신자들로 이루어졌으며, 뒷날 김대건(金

大建, 안드레아, 1821~1846) 신부의 시신을 거두어 이장하는 데에 참여한 이민식(李敏植, 빈첸시오, 1829~1921)의 집안도 조부 때부터 이 지역으로 이주해 와 정착하였다. 이렇게 교우촌이 일찍부터 형성되어 있던 지역이었기에 1846년 10월 26일 김대건 신부의 시신이 새남터에서 이곳으로 이장되는 일도 가능하였다. 박해가 계속되는 동안 미리내는 선교사들이 피신하여 한국말을 배우는 장소이기도 하였으며, 병인박해 무렵 한때 폐허가 되었지만 그 뒤 재건되어 교세가 커졌다.

청주교구의 배티 산골짜기에 교우촌이 형성된 것은 1820~1830년대 무렵이었다. 기록에 따르면, 1839년 기해박해로 최경환(崔京煥, 프란치스코, 1805~1839)이 순교한 뒤 그의 4남인 최우정(崔禹鼎, 바실리오)은 배티 인근에 있는 동골의 친척 집에서 성장하였고, 3남 최선정(崔善鼎, 안드레아)은 목천의 서들골에 있는 백부 최영설(崔榮說)의 집에서 자랐다고 한다. 동골과 서들골은 인접한 지역으로 신자들끼리 왕래가 빈번하던 교우촌이었다. 후에 최양업 신부가 1854년 동골, 1857년 불무골 등에 머무르면서 서한을 작성하기도 하였는데, 이 무렵에는 배티와 절골(백곡면)뿐만 아니라 그 주변의 삼박골(양백리) · 용진골(용덕리) · 정삼이골(용덕리) · 발래기(백곡면 명암리) · 명심이(명암리) · 지구머리(사송리) · 새울(이월면 신계리) · 지장골(진천읍 지암리) · 굴티(문백면 구곡리) 등의 지역에도 신앙 공동체가 형성되어 있었다. 연풍 지역은 이미 그 이전부터 신앙 공동체가 형성되어 있었는데, 신유박해 때 이곳의 신자가 체포 · 유배당한 기록이 나온다.

전주교구가 관할하는 전라북도 지역은 교우촌이 가장 많이 형성된 곳이라 할 수 있다. 1801년 이후 비교적 박해가 누그러진 기회를 이용하여 피난길에 오른 많은 신자들이 전라도로 옮겨와 살았기 때문이다. 특히 많은 순교자의 유해가 묻혀 있는 천호산 기슭에는 일찍부터 교우촌이 만들어졌다. 무등산맥에 속하는 대둔산 기슭의 저구리에는 충청도 서산 출신인 김강이(金鋼伊, 시몬, 1755~1815)와 김창귀(金昌貴, 타대오) 형제가 이사하여 살고 있다가 1795년 이곳을 방문한 주문모 신부를 만나기도 하였다. 충청도 덕산 출신 고성운(高聖云, 요셉, ?~1816)과 성대(高聖大, 베드로, ?~1816) 형제도 이곳에 이사하여 1801년 체포되기 전까지 살았다. 저구리 윗골짜기에 있는 개직이에는 홍주 출신인 이무명과 이여삼(바오로, ?~1812) 형제가 1791년에 피신해 왔다. 또한 되재(升峙) 지역은 험준한 산골짜기인 탓에 비신자 부락과 거의 왕래가 없는 부락이었는데, 여기에 숨어든 신자들은 주로 담배 농사를 지으며 생업을 유지하였다.

배재(秀峙)에도 언제부터 교우촌이 형성되었는지 확실하지는 않지만, 1882년 리우빌(L.N.A. Liouville, 柳達榮, 1855~1893) 신부가 작성한 〈교세통계표〉에 따르면 이곳에 공소가 있었고, 1883년에는 신자가 35명인 것으로 파악되고 있다. 또한 1882년부터 1910년까지의 〈교세통계표〉에 따르면 전라도의 공소는 모두 563개이며 그 가운데 전라북도에만 473개가 집중되었다. 이 공소들은 대부분이 박해시기에 생긴 공소이며, 그 가운데 또 대부분은 박해를 겪은 가족과 그 후손들이 모여 산 교우촌에서 출발한다.

대전교구의 솔뫼는 산에 소나무가 많아서 송산(松山)이라고도 불린 곳이다. 언제 천주교 신앙이 이곳으로 전해졌는지는 확실하지 않다. 하지만 이존창이 살던 곳인 여사울(지금의 충남 예산군 신암면 신종리)에서 9km 정도 떨어진 곳이므로 천주교 신앙이 일찍부터 전래되었으리라 짐작된다. 솔뫼는 김대건 신부의 가문과 관련해서 한국 교회사에 본격적으로 등장하였다. 김대건 신부의 증조부인 김운조(金運祚, 비오, 字는 震厚, 1738~1814)가 솔뫼에서 태어났고, 조부 김한현(金漢鉉, 안드레아, 字는 宗漢, ?~1816)이 솔뫼 사람이며, 김대건 신부도 솔뫼 사람이라고 기록되어 있다. 김운조의 장남 김한현이 천주교 신앙을 받아들인 이후 마을에서는 천주교 입교가 이어져 신앙이 활기를 띠게 되었다.

다락골(또는 다래골)에 복음이 전파된 것은 신해박해 직후라고 추정되고 있다. 최양업 신부의 증조부인 최한일(崔漢馹)이 신앙을 받아들인 뒤 사망하고, 곧이어 박해가 일자 증조모 경주 이씨가 아들인 최인주를 데리고 이곳으로 이주했다고 한다. 다락골에 정착한 최인주는 성장한 뒤 그곳에서 약 700m 더 들어가는 골짜기로 집을 옮겼는데, 여기에 신자들이 모여들면서 교우촌이 형성되었다. 이곳은 새로 이루어진 마을이라는 의미에서 '새터'라고 이름지어졌다. 여기에서 최경환과 그의 아들 최양업 신부가 태어났으며, 그들은 1830년대에 현재 수원교구 관할인 수리산으로 이주하였다. 그 뒤에도 다락골은 계속 신자들의 거주지였으며, 현재 다락골 뒷산에 있는 30여 기의 줄무덤은 무명 순교자들의 묘로 추정되고 있다.

수리치골은 박해기에 새로이 신앙을 받아들인 한 가족이 살던 곳으로 알려진 외딴 지역이다. 그러다가 1846년 제3대 조선 대목구장인 페레올 주교가 이곳에 성모 성심회(聖母聖心會)를 설립하면서부터 점차 교우촌으로 발전하여 신앙 중심지로 확대되었다. 여사울은 이존창과 그가 복음을 전해 준 김광옥(金廣玉, 안드레아, 1741~1801)과 희성(金稀成, 프란치스코, 1765~1816) 부자의 고향이다. 이존창이 신앙을 받아들인 뒤 이곳 고향으로 내려와 신앙을 전파하면서 복음이 알려지기 시작하였다. 1984년에는 이존창 생가 터를 찾아 발굴한 끝에 십자고상·성모상·성패 등이 발견되기도 하였다. 이처럼 여사울 역시 내포 지역, 더 넓게는 충청도 지역의 신앙 중심지로서 교우들이 모여 살았던 지역이다.

안동교구의 노래산(해발 743m) 기슭에 신자들이 언제부터 거주하기 시작했는지는 정확하지 않다. 하지만 이곳에서 체포된 순교자들의 행적을 보면 신유박해를 전후한 시기에 충청도 내포 지역의 신자들이 숨기에 적당한 이곳으로 피난 와서 교우촌을 형성했으리라 짐작된다. 이곳의 지도자격이었던 고성대와 성운 형제는 본래 충남 덕산의 별암 출신이지만 전라도 고산의 저구리로 이주하여 살던 중 신유박해를 만났다. 전주 감옥에 체포되었다가 석방된 뒤 그들은 이곳으로 이주해 왔다. 교우촌이 형성된 뒤에는 경상도 지역에서 새로 신앙을 받아들인 신자들이 많이 이주해 오면서 본격적인 교우촌으로 발전해 나갔다. 노래산은 박해시대 교우촌의 전형적인 특성을 지닌 곳으로 신자들이 힘을 모아 노력하여 흉년이 들어도 큰 곤란을 겪지 않고 지낼 수 있던 곳이었다. 그러나 1814년에 큰 흉년이 일어나 경상도 지역의 교우촌을 다니며 구걸을 하던 전지수라는 배교자가 신자들이 가진 것을 보다 많이 얻을 작정으로 밀고하여, 1815년 2월 22일에 포졸과 함께 교우촌을 습격하였다. 이에 노래산 교우촌에 이어 부근의 여러 교우촌 신자들이 체포되는 을해박해가 일어났다.

대구대교구의 신나무골 역시 언세 교우촌이 형성되었는지 정확하지 않다. 그러나 경상도에 복음이 전해진 것은 대략 1790년대 후반부터라 추정하고 있다. 박해를 피해 경상도로 간 신자들이 청송·진보·영양·안동·상주·순흥 등 북부 지방을 중심으로 생활하였고, 1830년대부터는 언양 등 남부 지방에까지 교우촌이 형성되었다고 여겨진다. 1815년 을해박해로 청송·진보·영양 등에서 체포된 신자들이 대구로 압송되자, 그 가족과 다른 신자들이 피신지로 알려진 신나무골로 이주하였을 것으로 추정하고 있다.

전국에 흩어져 있는 교우촌은 현재 각 교구별로 성지로 조성되어 있으며, 교회사의 현장을 찾아 신앙 선조들의 숨결을 느끼려는 순례객들의 발길이 끊이지 않는다.

1. 수원교구 미리내 성지(김대건 신부 경당).
2. 수원교구 골배마실.
3. 전주교구 천호성지.
4. 청주교구 배론 성지(황사영 순교 현양탑).
5. 청주교구 배티 성지(최양업 신부상과 초가 사제관).
6. 청주교구 옹진골(용덕리).

7. 대전교구 솔뫼(김대건 신부상).
8. 대전교구 수리치골.
9. 대전교구 다락골(무명 순교자들의 줄무덤).
10. 대전교구 여사울.
11. 마산교구 진목정(윤봉문 순교 기념비).
12. 청주교구 연풍성지(옛 동헌).

13. 안동교구 머루산.
14. 대구대교구 신나무골.
15. 안동교구 여우목.
16. 광주대교구 곡성 성당(옥사 터).
17. 부산교구 살티.

그 뒤 신나무골은 박해시기에 꾸준히 신앙 공동체를 형성해 나갔다. 한편 한티에 교우촌이 형성된 것은 기해박해 이후로 추정된다. 김현상(요아킴) 가족이 1837년 서울에서 신나무골로 이주해 살다가, 1838~1839년 무렵부터는 한티에 정착하였다. 그 뒤 신자들이 박해를 피해 계속 이곳으로 찾아들어, 옹기와 사기 그리고 숯을 굽고 화전을 경작하면서 생계를 유지하고 신앙을 이어 나갔다.

마산교구의 진목정은 경남 거제시 옥포동에 소재해 있다. 이 지역은 원래 바다 가운데 있는 섬이었으며, 조선시대에 지방 관제개정으로 군(郡)이 되었다. 여기에도 병인박해 이전부터 천주교가 전파되었다. 병인박해가 한창이던 무렵에 윤사우(尹仕佑, 스타니슬라오, 1827~1883)가 이곳 진목정으로 이주해 와서 활발한 선교를 하였다. 진목정 교우촌의 형성 시기를 정확히 알 수는 없지만 이 점에서 볼 때 이곳도 교우들의 집단 거주지가 형성되었던 지역으로 보인다.

부산교구의 살티는 경상북도 청도군, 경상남도 밀양시, 울주군의 경계에 자리한 가지산 중턱에 있는 첩첩산중의 지역이다. '살티'라는 이름은 병인박해가 일어났을 때 신자들이 피난 와서 살 수 있는 곳이라 해서 붙여졌다는 해석도 있다. 병인박해 당시 포졸들이 산월·신필 등의 여러 교우촌을 덮쳤고, 신자들은 모두 경북 자인의 큰골과 청도의 구령 등지로 흩어졌다. 박해가 조금 누그러지면서 다시 고향 부근인 안살티로 신자들이 모여들어 교우촌을 이루며 살기 시작하였다.

3. 교우촌의 분포

교우촌은 신유박해 이후 더욱 두드러지게 형성되었다. 이는 지역적으로는 경기도·충청도·전라도에서 강원도와 경상도 지방으로 확산되었으며 지형적으로는 더욱 깊고 험준한 산간 지방으로 퍼져 나갔다. 뒷날 1815년에 을해박해(乙亥迫害)가 경상도와 강원도의 신자들에게 미쳤던 것도 이러한 교우촌의 분포와 일정한 연관이 있다. 신자들은 극심한 굶주림과 고난을 감수하면서 박해의 손길이 미치기 어려운 동남쪽으로 태백산맥의 줄기를 따라서 신앙의 자유를 찾아 이주하여 하나 둘씩 산골짜기로 모여들었다. 이처럼 순교의 터전이요, 그 지역 교회의 중심지였으며, 성직자들에게는 피난처이자 활동 근거지였던 교우촌은 신앙의 자유를 얻게 되면서 대부분 공소로 발전하였고 본당으로 설정되기도 하였으며, 점차 교회의 주목을 받아 사적지로 조성되기도 하였다. 그러한 교우촌 가운데 현재까지 이름이 전해 오거나 교회 사적지로 조성된 주요 교우촌을 정리해 보면 〈표 1〉과 같다.

앞서거니 뒤서거니하며 형성된 교우촌은 1830년대 이후에는 선교사의 방문을 받으면서부터 공소로 발전하였고, 그 가운데에는 신부의 거처가 마련된 곳도 있었다. 1850년 제3대 조선 대목구장 페레올(J.J. Ferréol, 高, 1808~1853) 주교는 사목 보고서에서 전국에 공소가 185개소 이상 있다고 하였는데, 교우촌은 이보다 더 많았을 것이다. 뒷날 신앙의 자유를 갖게 된 뒤에는 이들 공소가 각 본당의 중심지로 성장하기도 하였다. 1861년 제4대 조선 대목구장 베르뇌(S.F. Berneux, 張敬一, 1814~1866) 주교가 전국을 8개 지역으로 나누어 각각 선교사를 임명하였을 때, 그 중심지로 설정된 곳들이 모두 이러한 교우촌이었다. 그 뒤 박해가 끝난 후에도 교우촌의 신자들은 좀

〈표 1〉 박해시대의 주요 교우촌

교구	교우촌	현재의 지명
원주교구	배론(舟論)	충북 제천시 봉양읍 구학리
수원교구	미리내(美山里) 수리산(修理山) 구산(龜山) 손골(遜谷) 골배마실 왕림(旺林) 단내(端川) 하우현(下牛峴) 사리티	경기 안성시 양성면 미산리 안양시 만안구 안양9동 하남시 망월동 용인시 수지구 동천동 용인시 처인구 양지면 남곡리 화성시 봉담읍 왕림리 이천시 호법면 단천리 의왕시 청계동 용인시 처인구 이동면 서리
청주교구	배티(梨峙) 연풍(延豊)	충북 진천군 백곡면 양백리 괴산군 연풍면 삼풍리
전주교구	천호(千呼) 수청리(水淸里) 되재(升峙) 어두재 배재(秀峙) 성지동(聖智洞) 넓은바위 대성리(大勝里)	전북 완주군 비봉면 내월리 정읍시 칠보면 수청리 완주군 화산면 승치리 완주군 고산면 양야리 완주군 운주면 구제리 완주군 소양면 화심리 완주군 동상면 대아리 완주군 소양면 신원리
대전교구	솔뫼(松山) 배나드리·주례 다락골(樓谷) 신리(新里) 여사울(餘村) 원머리 수리치골·둠벙 소학골(巢鶴洞) 진밭들	충남 당진시 우강면 송산리 예산군 삽교읍 용동리 청양군 화성면 농암리 당진군 합덕읍 신리 예산군 신암면 신종리 당진군 신평면 한정리 공주시 신풍면 조평리 천안시 동남구 북면 납안리 금산군 진산면 두지리
광주대교구	승법리(承法里)	전남 곡성군 오곡면 승법리
안동교구	마원(馬院) 여우목 노래산(老萊山) 머루산	경북 문경시 문경읍 마원리 문경시 문경읍 중평리 청송군 안덕면 노래리 영양군 석보면 포산리
대구대교구	신나무골 한티	경북 칠곡군 지천면 연화리 칠곡군 동명면 득명리
마산교구	진목정(眞木亭)	경남 거제시 옥포동
부산교구	살티 간월·대재(竹嶺)	울산 울주군 상북면 덕현리 울주군 상북면 등억리

※《한국가톨릭대사전》제1권, 한국교회사연구소, 2003, 625쪽을 참조하여 재작성하였다.

더 살기 좋은 곳을 찾아 다른 지역으로 이주하여 새로운 곳에 교우촌을 세우는 등 이러한 이동은 꾸준히 이어졌다.

4. 교우촌에서의 신앙생활

박해시대의 교우촌은 그 지역 신앙활동의 중심지였으며, 성직자들의 피난처요 활동 근거지였고, 순교의 터전이기도 했다. 신앙의 자유를 찾아 그 어려운 고행길을 자처한 사람들인 만큼 교우촌 신자들은 다시 신앙생활을 이어 가기를 원하였다. 앞에서 본 신태보의 기록에도 "박해가 마침내 가라앉기는 하였으나, 우리는 서로 뿔뿔이 헤어져 있었고, 모든 교회 서적을 잃은 상황에서 어떻게 하면 신자의 본분을 지킬 수 있을까 고심하였다"라고 되어 있다. 이들은 성직자를 만날 기회를 갖기도 불가능한 상황이었다. 이러한 상황에서 신앙생활의 바탕이 된 것은 다음과 같은 몇 가지였다.

첫째는 교회 서적이었다. 신자들은 성경을 읽고, 기도서와 한역서학서 등을 바탕으로 신앙을 이어 나갔다. 신태보는 갖은 어려움 속에서 순교자 집안의 유족을 찾아내 만났는데, 그들은 기도서 몇 권과 복음 성경 해설서를 갖고는 있었지만 모두 깊숙이 감추어 두었다고 하였다. 하지만 신태보는 그 책들을 보자고 청하였고, 마침내 "우리는 성서를 다시 읽기 시작하였으며, 주일과 축일의 의무를 지키기 시작하였다"라고 전하였다. 이처럼 성경을 비롯한 교회 서적들은 신앙을 지키고 전하는 주요 수단이었다. 박해 때 신자들은 교회 서적을 신앙의 상징으로 중히 여겨 자신들의 목숨보다도 더 아꼈다. 교회 서적이야말로 신앙의 터전이고 수단이 되었기에, 고문 앞에서도 책이 있는 곳을 관가에 알리느니 순교를 택할 정도였다.

둘째, 구전(口傳)에 의한 교리의 학습과 실천이었다. 주로 외진 산간벽지에 자리한 교우촌에서 교회 서적을 접하기란 대단히 어려운 일이었다. 그래서 감추어 두었던 책을 다시 꺼내어 신앙생활을 하는 경우도 있었겠지만, 입에서 입으로 전해지는 교리를 배우고 익히며 신앙생활을 이어 가는 경우가 더 많았다. 교회사 기록에 나타나는 '교리강습'(敎理講習), '모전여습'(母傳女習), '부전자습'(父傳子習), 또는 '가족전습'(家族傳習) 등의 표현은 이러한 상황을 말해 준다. 신태보도 교우촌에서 만난 신자들과 신앙생활을 다시 시작하면서, "이 사람들은 신부에게서 성사를 받았었다. 그래서 신부와 그의 권고에 대한 자세한 이야기를 들으니, 신부를 직접 보는 듯한 느낌이 들었다. 내 마음 속에는 기쁨과 행복이 번졌다"라고 하였다. 서적이 있으면 다행이었고, 그것이 부족하면 구전으로라도 교리를 학습하며 신앙생활을 이어 갔던 것이다. 상황이 이렇다 보니 교우촌의 신앙생활은 철저했지만, 신자들의 교리 이해는 미흡한 경향이 있었다.

셋째, 성화와 성물이었다. 대표적인 성물로는 묵주와 십자고상이나 성모상 등을 들 수 있다. 순교자 관련 기록들을 보면 포졸에게 묵주를 보이며 자수하기도 했고, 형장으로 끌려가면서도 묵주기도를 그치지 않았다는 내용도 있다. 묵주는 최근까지도 옛 교우촌에서 종종 발견될 정도로 신자들이 많이 지니고 있었다. 성화는 초기부터 신자들 사이에 널리 전파되었다고는 하지만, 현재 전해지는 실물이 없어 자세히 알 수는 없다. 그러나 성모 마리아, 여러 성인들, 예수 그리스도 등이 그려져 있었다는 기록이 남아 있는 것으로 보아, 성화도 신앙생활을 유지하는 데 주요한 매개체가 되었을 것이다.

넷째, 드문 경우이지만 순교자의 자취를 간직하는 것이었다. 순교자 유해의 일부나 두발 등을 간직하기도 하였고, 그들이 남긴 성물, 서적, 목침 등

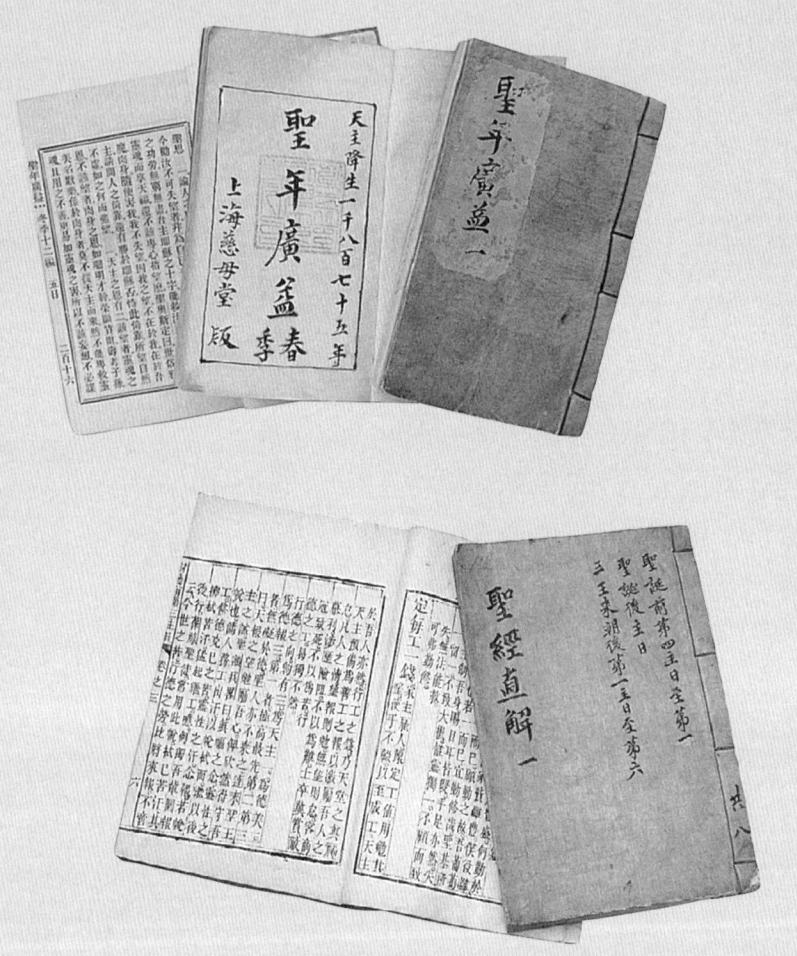

박해 시기에 성직자를 만날 수 없는 상황에서 당시 신자들이 신앙생활을 지켜 나가는 데 바탕이 된 교회 서적은 《성경직해》, 《성경광익》 등을 비롯한 축일용 서적과 신심 서적들이다.

도 중요하게 보존하였다. 그것을 간직함으로써 순교자의 신심을 본받으려 노력하고 영혼의 구원에 대한 소망을 이어 나갔다.

다섯째, 공동체였다. 이들의 신앙생활은 교우촌에서 공동체를 형성하며 지내는 가운데 유지·발전될 수 있었다. 교우촌은 보다 자유로운 신앙생활을 위해, 서로 의지할 신자를 찾아서 들어간 곳이었다. 물론 어려움과 갈등도 있었지만 이러한 공동체 생활은 신앙생활을 지속시키는 데 큰 힘이 되었다. 신태보의 경우도 교우촌을 찾아들어 신자들과 만나 공통된 처지를 서로 이야기 나누는 가운데 매우 감동하여 눈물을 흘리기까지 한 여인들이 있었다고 하였다. 또한 그들은 "우리가 서로 힘이 되기 위하여 자주 연락을 했으면 좋겠다"라는 말을 나누고, 그때부터 서로 찾아다니며 만나고, 오래지 않아 한집안 식구나 다름없이 서로 깊고 진실한 정이 들게 되었다고 하였다. 이처럼 교우촌에서의 신앙 공동체·생활 공동체 생활은 박해시대 신앙생활의 큰 바탕이었다.

박해를 피해 이리저리 흩어져 또 다른 고난의 삶을 살게 된 신자들의 상황에 대해 달레 신부는 다음과 같이 기술하였다.

> 산과 숲을 찾아 피난하여 갔던 신자들은 거의가 이러한 처지에 놓여 있었고, 나라의 동북쪽으로 간 사람들은 특히 고생이 더하였다. 똑같은 피로와 똑같은 곤궁을 겪었으나, 곧 덧붙여 말해야 될 것은 똑같이 하느님의 보호를 받았다는 사실이다. 귀양 간 사람들의 처지는 더 참혹하였으니, 그들은 자유를 박탈당하고, 의심 많은 관헌의 감시를 받고 있었으며, 심지어 어떤 때는 귀양살이의 괴로움을 좀 덜어 주려고, 그들을 따라왔던 일가친척들과도 무지막지하게 이별을 강요당하는 일까지 있었다.

그런데 하느님의 섭리는 이 귀양살이하는 신자들과 피난 간 신자들을 아마 자기들도 알지 못하는 사이에 전도자가 되게 하였다. 그들의 집들이 한마을을 이루고 그들의 가족이 많고 활발한 신자집단을 이루어 조선의 가장 궁벽한 구석에까지 복음을 알리었던 것이다(샤를르 달레 ; 안응렬 · 최석우 역주,《한국천주교회사》중, 1980, 14~15쪽).

여기에서도 드러나듯이 신자들은 모든 것을 잃고 감시와 위협 속에서 귀양살이와도 같이 어려운 삶을 이어 갔지만, 그러는 동안 자신도 모르게 하느님의 말씀을 전하는 선교사가 되었다. 그들의 집이 마을을 이루어 조선의 구석구석까지 복음을 알렸던 것이다. 하지만 신자들이 번번히 이주하여 여러 사람을 만났다고 해서 선교사가 된 것은 아니었다. 이는 신앙을 지켜 갈 뿐만 아니라 신앙의 모범을 통해 선교사로서의 역할을 수행해야 가능한 일이었다. 그런 까닭에 신자들이 교우촌에서 어떻게 신앙을 실천했는지 그려 볼 필요가 있다.

신태보에 관한 앞의 기록을 보면, 신자들은 처음에 "천주교 이야기만 나오면 너무 무서워서 숨이 다 막힐 지경이었다"라고 할 정도로 신앙 모임은커녕 서로 말을 나누기조차 두려워하였다. 그러다가 다시 신자로서의 신앙생활을 시작하게 된 계기에 대해 그는 다음과 같이 밝히고 있다.

그들은 서로 위로하고 자기들이 목격한 무서운 광경이나 교훈되는 행적을 이야기함으로써 서로 도와가며 성서 몇 권이나 성물 몇 가지를 찾아내고, 서로서로 격려하여 전에 지키던 신자의 본분을 새로운 열심으로 다시 지키게 되었다(샤를르 달레 ; 안응렬 · 최석우 역주,《한국천주교회사》중, 1980, 16쪽).

묵주나 십자고상, 그리고 성모상은 성사의 은총을 받을 수 없는 신자들에게는 커다란 힘이 되었다. 특히 묵주는 최근까지도 옛 교우촌에서 종종 발견될 정도로 신자들이 많이 지니고 있었다.

당시 교우촌의 신자들이 미사에 참여하는 것은 거의 접하기 힘든 특별한 기회였다. 대개 교우촌의 신자들은 주일과 대축일이면 공동으로 바치는 공소 예절과 같은 전례에 참여하였다. 신태보가 "성서를 다시 읽기 시작하였고 주일과 축일의 의무를 지키기 시작하였다"라고 한 점에서 알 수 있듯이, 신자들 스스로 비밀리에 신앙 모임을 가지며 신앙심을 지켜 나갔다.

내포 지방의 교우촌 다락골에는 최선덕(미오로)이라는 사람이 있었는데, 어느 정도 학식도 있고 매우 열심한 신자이며 굳은 의지도 있었다고 한다. 그는 여러 마을 신자들이 다시 연결되도록 주선하고, 더 나아가 모든 사람들이 교리를 배우게 할 방안을 마련하려고 자기 손으로 교회 서적을 많이 베꼈다고 한다. 그는 그 누구보다도 신자 집단을 재건하는 데 이바지하였다 (샤를르 달레 ; 안응렬·최석우 역주, 《한국천주교회사》 중, 1980, 17쪽).

이렇게 신자들은 공동체 생활 속에서 구전으로 교리를 전하고 배우며, 부족하나마 교회 서적으로 교리를 익히고, 성화나 성물 등으로 신심을 북돋우며 신앙생활을 하였다. 이와 같이 신자들이 다시 신앙생활을 시작하고 활동하게 되면서 배교했던 많은 사람들이 돌아오고, 복음 전파도 활발하게 이루어져 비신자들이 신앙을 받아들이는 경우들이 나타났다. 그로 인해 박해로 말미암아 생겼던 공백은 오래지 않아 채우고도 남게 되었다. 이 모든 결과는 교우촌에 모인 신자들의 열심한 신앙생활 덕분에 거둔 수확이었다.

5. 교우촌의 일상생활

교우촌의 생활은 신앙만이 아니라 일상생활까지 대부분 회장이 중심이 되어 공동으로 이루어졌다. 그리고 일상생활에 필요한 일들을 위해 서로 도왔다. 교우촌 신자들은 숨어 사는 피난생활이었기에 생활 형편은 가난할 수밖에 없었고, 더러는 그들이 가진 그나마의 재물을 노린 사람들의 밀고와 약탈로 어려움을 당하기도 하였다. 또 어떤 지역은 핍박 때문에 간신히 마련한 삶의 터전인 교우촌을 버리고 모두 이주하기까지 하였다.

신자들은 움막조차 마련하기 힘든 험난한 산골짜기에서 산나물이나 산과일 등으로 간신히 연명하며 짐승으로부터의 공포에도 시달렸다. 남아 있는 교우촌을 보아도 충청도 공주나 진천 일대, 강원도 · 경기도 · 경상도 · 전라도의 산간 지대 교우촌들은 지금도 길에서는 보이지도 않을 정도로 외진 곳에 자리하고 있다. 험한 산골짜기에 의지하여 간신히 생활을 이어 가며 언제든지 포졸의 습격을 피해 다시 도망가기 위해 이처럼 궁벽한 지역에 자리 잡았던 것이다. 따라서 교우촌에 관한 구체적인 자료나 기록을 찾기도 어렵고, 신자들의 이동과 더불어 수많은 교우촌이 흔적이나 이름조차 남지 않은 채 사라져 버렸다.

　교우촌의 상황이 이렇다 보니 생업을 유지하는 일도 지속적인 계획 아래 이루어지기 힘들었다. 자연히 화전을 일구어 밭농사를 주로 하였다. 여기에서 조, 밀, 채소 등을 재배하거나 담배 농사 등도 지었다. 그나마의 공간도 없는 산간 지대에서는 분업을 필요로 하는 옹기점, 숯막 운영 등이 생활 수단이 되었다. 교우촌이 있던 지역에서 지금도 가끔 옹기점 흔적이 발견되는 것은 이 때문이다. 가파른 곳은 화전을 일구고, 비교적 덜 가파른 곳은 다랑논을 쳤으며, 조금이라도 평지가 있으면 밭을 일구었다. 이들의 생업 가운데 가장 대표적인 것은 옹기점과 사기점이었다. 흔히 '천주학쟁이'하면 옹기장이를 연상할 정도로 옹기점은 천주교 신자들과 긴밀한 관계를 맺고 있었다. 현재 그 당시의 사기점이나 옹기점의 분포 현황을 파악하기는 어렵다. 하지만 그러한 곳의 지역적 특징은 대개 경상도·전라도·경상도 지역의 큰 산 기슭에 위치하였고, 연료·점토·물을 함께 구할 수 있으며, 완성된 옹기를 내다 팔기에 교통이 조금이라도 덜 불편한 장소였다.

　천주교 신자들이 옹기점을 비교적 많이 선택한 까닭은 먼저 자신의 신분을 숨기기 쉬웠기 때문이다. 옹기장이는 사회적으로 천대받는 직업이었기 때문에 사람들의 관심 밖에 있는 부류였다. 그러므로 교우촌의 천주교 신자들은 별도의 토지나 작물을 갖고 있지 못한 상태에서 생업의 수단도 마련하고 신분도 감추기에 비교적 용이한 옹기 굽는 일을 택하였다. 그리고 옹기를 팔기 위하여 이곳저곳을 다니다 보면, 다른 신자나 흩어진 가족을 수소문하여 만나기에도 적당하였다. 신자들 사이의 연락을 도모하기도 적합하였으며, 그 과정에서 선교사들의 은신처를 찾거나 소식을 접할 수도 있었을 것이다. 옹기장사는 큰 밑천이 필요 없고, 이익이 많이 남는다는 이점도 있

최경환 성인은 1830년대 초에 충청도에서 경기도로 이주한 뒤 수리산에 교우촌을 일구어 신자들을 이끌어 나갔다. 후에 모방 신부는 그를 교우촌 회장으로 임명하였다(수리산 담배골).

었다. 옹기는 보통 4~5배의 이윤을 남길 수 있었다. 내려오는 말에 따르면 흔히 사기는 4배, 유기는 6배, 옹기는 5배가 남는다고 하여, 잘 구워 만들기만 하면 쉽게 이윤을 창출할 수 있는 일이었다. 날씨나 다른 어려움이 있어도 옹기만 가지고 나가면 일정한 이윤을 얻을 수 있었던 것이다. 땅은 적고 상대적으로 노동력은 많은 교우촌에서 공동 노동을 통해 생업을 이어 갈 수 있는 비교적 수월했던 생활 수단이 옹기장사였다.

때로 일부 신자들은 빗, 담뱃대, 미선(尾扇), 그리고 문방사우(文房四友) 등의 잡화를 가지고 다니며 행상을 하였다. 그러면서 다른 교우촌을 방문해 교회 소식이나 돌아가는 상황에 관한 소식을 주고받았고, 교리나 노래를 가르치기도 하였다. 옹기점 운영이나 화전 생활은 교우촌 생활의 주된 수단이었기에, 박해가 끝난 뒤에도 신자들은 여전히 함께 옹기점을 운영하고 화전을 일구었다. 이 때문에 산간 지방에 흉년이 들면 교우촌 전체의 생활이 극히 궁핍해지거나, 옹기점에서 사용할 흙이 부족해지면 교우촌 전체가 무너져 버리는 어려움도 있었다.

　교우촌의 생활을 통해 신자들에게는 공동체 정신이 피어났다. 신앙을 위해 모여든 교우촌에서는 신분, 재산, 그리고 학식 등은 문제되지 않았다. 생활을 영위하기 위해서는 동등한 위치에서 서로 힘을 모아야만 했기 때문이다. 새 신자 가족이 교우촌으로 들어오면 그들에게 삶의 터전을 마련해 주었고, 공동 작업과 공동 분배의 방식을 취하면서 더불어 살아가는 공동체가 되었다. 교우촌이 지닌 이러한 성격으로 말미암아 가진 것을 모두 잃어버린 과부와 고아 등도 교우촌을 찾아다니며 살아갈 수 있었다. 그뿐만 아니라 교우촌 신자들은 서로간에 혼인을 맺었다. 신자들끼리 결혼해야 하는 상황이었으므로 선택의 폭이 좁아 겹사돈을 맺기도 하였다. 이렇게 되다 보니 교우촌을 통해 사람들 사이에서는 계층 사이의 구별이 자연히 흐려졌고, 천주교 교리에 입각한 평등 의식을 한층 실천하고 의식하게 되었다

6. 교우촌과 회장

　교우촌을 중심으로 한 소공동체적 신앙생활에서는 회장을 중심으로 한 평신도의 역할이 큰 몫을 담당하였디. 특히 교우촌 회장들은 어려움 속에서도 한국 천주교회가 이어 갈 수 있게 발 벗고 나서 헌신한 사람들이었다. 교우촌의 생활은 대부분 회장이 중심이 되어 공동으로 이루어졌다. 회장들은 신자들을 보호하고 그들의 일상생활과 신앙생활을 이끌어 나갔다. 회장의 인도 아래 교우촌의 신자들은 다시 힘을 얻고 다른 교우촌과 연락을 주고받거나 교회의 일들을 서로 돕곤 하였다. 특히 성직자가 없는 상황에서 회장들은 중요한 역할을 하였다. 이들의 노력은 교회의 저변이 확대되고, 신앙

의 바탕이 이어져 나가는 원동력이 되었다. 실제로 최경환 성인도 1830년대 초에 충청도에서 경기도로 이주한 뒤 수리산의 교우촌인 담배촌을 일구어 신자들을 이끌어 나갔었다.

본래 박해시대의 회장은 신부가 임명하였다. 박해시기에 회장의 존재는 매우 중요했기에 공소를 순방하면서 선교사들은 가는 곳마다 회장을 임명하거나 승인하였다. 1784년 북경에서 세례를 받은 뒤 복음을 전하기 시작한 이승훈은 사람들에게 세례를 주고 신자 공동체를 발족시켰다. 이어 박해가 일어나자 이승훈은 회장 2명을 따로 임명하여 그들에게 수세권(授洗權)을 부여하였는데, 그 수세권을 받은 사람 가운데 한 명인 최인길이 한국교회 최초의 회장으로 확인된다. 이어 주문모 신부가 입국하면서 회장은 증가했는데 주 신부는 정약종을 명도회장으로, 강완숙을 여회장으로 임명했으며, 황사영·손경윤 등도 회장으로 불렀다.

주문모 신부가 순교한 후, 회장들은 목자 없는 교회를 이끌어 가면서 한편으로는 성직자 영입운동을 벌였고, 다른 한편으로는 신자들과 예비 신자들을 가르치며 교회를 지켜 나갔다. 특히 교우촌이라는 척박한 생활환경에서 박해를 피해 모여든 신자들에게 회장의 역할은 매우 중요하였다. 교우촌의 회장은 선교사에게 직접 임명받은 것은 아닐지라도, 실질적으로 회장이 하는 역할을 수행해 나갔다.

한국교회에서 특히 어려운 박해시기에 선교사를 돕거나 때로 그들을 대신했던 회장의 역할은 다음 몇 가지로 정리할 수 있다. 첫째, 회장은 선교사의 협력자였다. 선교사를 대신하여 공소의 모든 일을 관리하고, 선교사가 공소를 순방하며 성사를 집전할 때 이와 관련된 모든 준비와 진행을 맡아서 처리하였다. 둘째, 회장은 선교사와 신자 사이의 중개자였다. 그는 선교사의 지시 사항이나 가르침 등을 신자들에게 전했다. 선교사들이 정한 어린이 대세·혼인·장례·주일과 축일의 기도 모임·소송의 판단 등에 관한 규칙 등에 따라 신자를 지도하였다. 셋째, 회장은 신자들의 대표로서 혼인·종부(병자)·판공 등 여러 가지 성사에 대한 신자들의 요청을 선교사에게 알렸다. 넷째, 회장은 성직자를 대신해 예절과 성사를 주관하였다. 주일과 축일에 예절을 주관하고 유아에게 대세를 주며 혼인에 입회하는 등의 활동을 폈다. 다섯째, 회장은 교리교사이자 교사이기도 하였다. 그래서 신자들에게 교리를 가르치고, 이를 위해 한글도 가르쳤다. 여섯째, 회장은 교회에서 운영하는 여러 사업의 실질적인 운영 책임자였다.

이처럼 박해시대의 회장은 막중한 역할을 수행했는데, 그 내용이 《회장규조》(會長規條)에 자세하게 정리되어 있다. 이에 따르면 회장은 신자들의 영혼 구원을 위해 노력하고, 비신자들에게 복음을 전하며, 병든 사람을 보살피고, 갓난아이들에게 대세(代洗)를 주는 일 등을 하였다. 특히 지방의 경우에는 신부가 사목 순방을 하면 회장들이 이와 관련된 모든 준비를 하였고, 평상시에는 신부를 대신하여 공소의 모든 일을 맡아 이끌었다.

《사학징의》에 의하면 언급된 인물 146명 가운데 약 34%인 49명만이 주문모 신부를 직접 만난 경험이 있다고 하였다. 이러한 사정을 고려하면 박해시대에 신자들을 이끈 회장들은 목자가 없던 시절이나, 선교사가 있을지라도 턱없이 부족한 시절에도 그 공백을 헌신적인 활동으로 이어 간 사람들이었다. 이러한 회장의 역할은 오랜 박해시기를 겪으면서도 한국교회가 지속되고 발전하는 데 주요한 원동력이었다. 특히 박해시기를 버텨 낸 교우촌에서 회장과 같은 지도자들의 역할은 척박한 환경에서 신앙을 지키기 위해 모여든 사람들의 공동체가 유지·발전될 수 있는 바탕이었다.

제2절 교회의 재건과 성직자 청원

1801년에 일어난 신유박해는 조선교회에 엄청난 시련을 안겨 주었다. 국내에서 활동하던 유일한 성직자인 주문모 신부가 순교하였으며, 정약종·최창현·강완숙·이존창·유항검 등을 비롯하여 조선교회의 지도급 인물들도 대부분 목숨을 잃었다. 이처럼 성직자를 비롯하여 지도급 인사들이 순교한 것과 더불어 신유박해는 조선교회의 신자 구성에서도 큰 변화를 유발하였다. 즉 신해박해(1791)에서 신유박해에 이르는 10년 동안 조선교회에서 양반층 신자들이 대거 이탈한 것이다. 이것은 조상 제사를 금지하는 북경교회의 명령, 좀 더 정확하게 말하자면 북경 교구장 구베아 주교의 명령이 시달되면서 벌어진 일이다. 윤지충과 권상연을 비롯하여 교회의 가르침을 준수하고 조상 제사를 폐지한 경우도 있었지만, 많은 양반층 신자들은 교회가 제사를 금지하는 까닭을 납득하지 못했던 것이다. 이에 따라서 평민층 신자들과 일부 잔류 양반층 신자들이 교회의 중심을 이루게 되었다.

1. 신자들의 교회 재건

박해가 끝난 1802년부터 교회에 평화가 찾아왔다. 하지만 단순히 평화나 자유라는 말로 표현하기에는 적절하지 않은 상황이었다. 단지 약간 숨을 돌릴 수 있을 정도였다고 말하는 편이 나을 것이다. 하지만 1801년에 벌어졌던 격심한 박해는 다소 누그러졌으며, 천주교 신자들을 색출하는 일에 혈안이 되어 있던 관헌들도 행동을 자제하였다. 문제는 외적인 박해의 강력함이 아니었다. 새로 교회에 들어온 신자들에게 교리를 가르치고 신앙의 길을 이끌어 줄 수 있는 능력을 갖춘 사람들이 모조리 처형되거나 유배되었기 때문에, 교회는 내부적으로 대단히 어수선하고 비참했으며 붕괴 직전의 상태에 처해 있었다. 게다가 박해의 광풍에서 용하게도 살아남아 지방의 각지로 흩어진 신자들은 천주교를 적대시하는 비신자들의 틈바구니에서 생존 자체를 위협받고 있었다. 그렇기에 온전히 신앙생활을 유지한다는 것은 사실상 불가능한 일이었다.

하지만 귀양을 갔던 신자들 중에는 유배지에서 새로운 복음의 씨앗을 뿌린 사람들도 있었으며, 관헌들에게 체포되지 않고 지방으로 피신했던 신자들은 비신자들의 감시와 경계를 벗어나서 궁벽한 산골로 이주하여 새로운 삶을 모색하였다. 앞 절에서 보았듯이 인적이 드문 강원도 산골에서 교우촌을 건설한 신태보와 같은 인물이 그 대표적인 사례이다. 신자 가족들로만 구성된 교우촌에서 신자들은 생활에 안정을 찾고 어느 정도 자유롭게 신앙을 실천할 수 있었다. 그러므로 신유박해는 조선교회의 목자와 지도급 인사들을 앗아 갔지만, 반대로 천주교의 복음이 한양과 일부 지방 도시를 넘어서 조선 사회 전역으로 파급되는 예기치 않은 결과를 가져왔던 것이다.

신유박해가 있은 뒤로 3년 여의 세월이 흘렀다. 경향 각지로 뿔뿔이 흩어졌던 신자들은 1805년 무렵부터 서서히 서로 연락을 취하기 시작하였다. 오랫동안 그들은 한군데에 모여서 신앙모임을 가지기는커녕, 마을에서 길을 가다가 서로 마주쳐도 제대로 알은체할 수도 없는 형편이었다. 그러다가 이제 다시 만나서 서로의 안부를 묻고, 살아남은 사람들의 수를 헤아리며, 죽거나 귀양 간 줄로 생각했던 교우들과도 해후를 나누게 되었다. 그들은 서로를 위로하고, 자기들이 목격한 순교 장면이나 교훈적인 행적들을 이야기로 구술하여 기억하기 시작하였다. 또한 감추어 두었던 교리서나 성물들을 찾아내고, 예전에 지켰던 신자생활의 의무 사항들을 다시 지키게 되었다.

박해를 이겨낸 신자들은 신앙적인 면에서뿐만 아니라 교회생활에서도 탁월한 모범을 보였다. 모든 사람들이 가난한 형편이었음에도 자기보다 더 궁핍한 신자들을 위하여 무언가 작은 도움이라도 베풀고자 하였으며, 과부와 고아들을 거두어 보호하였다. 그래서 이 불행한 시절에 오히려 교우들 사이의 우애가 더 깊었으며, 참으로 모든 재산이 공동으로 사용되었다고 한다. 학식이 좀 더 높은 신자들은 자기 집안이나 이웃에 있는 신입 교우들에게 기도문과 천주교의 교리를 가르치는 일을 당연하게 여겼다.

신자 가운데 남보다 더 헌신적인 열의를 지녔던 몇몇 인물들은 자신들의 지식이나 명성을 바탕으로 하여 교회를 재조직하는 일에 착수하였다. 그들은 개인의 신앙생활을 열심히 하는 일이나 경우에 따라서 주변의 신자들을 돌보는 일만으로 만족하지 않았다. 그래서 각지를 다니면서 신자들을 격려하고, 그들의 냉담한 마음을 녹여서 다시 신앙으로 나아가도록 도왔다. 또한 많은 신자들이 교리를 배울 수 있도록 교회 서적을 베껴서 배포하는가 하면, 신자들 사이의 내왕을 좀 더 체계적으로 조직하는 일도 떠맡았다.

이러한 재건운동에 활발하게 참여한 신자로는 신태보와 그의 사촌 이여진(요한, ?~1833), 권철신의 조카 권기인(요한, ?~1814), 홍낙민의 아들 홍우송 등이 있었다. 이들의 노력에 힘입어 신자들은 다시 정기적으로 모이게 되었으며, 많은 수의 배교자들이 다시 교회로 돌아왔다. 아울러 복음 전파에도 힘을 쏟은 결과, 비신자들이 교회로 다시 찾아 들어오기 시작하여 박해의 상처도 어느덧 아물게 되었다.

이 시기의 교회사에 관한 기록을 남긴 다블뤼 주교, 그리고 다블뤼 주교

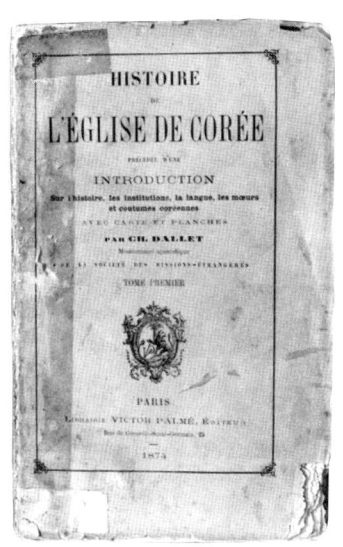

*Histoire de l'Église de Corée*의 표지(1874). 이 책을 쓴 달레 신부는 신유박해 이후에 전개된 교회 재건 활동에 다산 정약용도 동참하였다고 하였다. 그러나 신유박해 당시에 유배형을 받은 다산이 다시 교회로 돌아왔는지, 천주교 신앙을 유지하였는지에 관해서는 아직 분명한 결론이 내려지지 않은 상태이다.

의 기록을 바탕으로 《한국천주교회사》(*Histoire de l'Église de Corée*, 1874)를 쓴 달레 신부는 신유박해 이후에 전개된 교회 재건활동에 정약용도 동참하였다고 전한다. 말하자면 정약용이 박해 중에 마음이 약해져서 배교를 했었지만, 뉘우치는 마음이 생겨서 교회의 일에 헌신하여 자신의 죄를 속죄하려고 노력하였다는 것이다. 하지만 신유박해 당시에 유배형을 받은 정약용이 다시 교회로 돌아왔는지, 천주교 신앙을 유지하였는지에 관해서는 아직 분명한 결론이 내려지지 않은 상태이다. 왜냐하면 정약용의 저술 어디에도 자신의 배교 행위를 철회하고 천주교로 복귀하였다는 진술이 남아 있지 않기 때문이다. 그뿐만 아니라 유배지인 강진에서 생활할 때에도, 그리고 유배지에서 돌아와 고향인 마재에 칩거한 시절에도 정약용의 주변에는 천주교 신자라고 할 만한 인물들이 하나도 없었다.

아무튼 새로이 재건되기 시작한 조선교회는 가장 큰 숙제를 눈앞에 두고 있었다. 아무리 신자 각자가 신앙을 회복하고, 또 정기적으로 모임을 가진 다고 해도, 그리고 학식이 있는 신자가 새로 들어온 신자들에게 교리를 가르친다고 해도, 결코 해결할 수 없는 문제가 남아 있었던 것이다. 이미 조선의 신자들은 각자의 영혼이 구원의 은총을 입으려면, 그리고 지금 현재 겪는 온갖 종류의 현세적인 어려움을 견뎌내는 힘과 위로를 얻으려면, 반드시 성사를 받아야 한다는 사실을 알고 있었다. 그리고 이 성사는 오로지 성직자만이 줄 수 있다는 것도 알고 있었다. 그러니 교회 재건의 최종적인 도달점은 새로운 목자를 모시는 것이었다. 모든 신자들의 가장 큰 생각과 가장 중요한 소망이 바로 이것이었다. 그리하여 예전에 윤유일, 최인길, 지황 등을 북경으로 보내어 성직자의 조선 입국을 청원하였던 경험을 되살려, 새로운 성직자 영입운동을 추진하게 되었다.

2. 1811년의 성직자 영입 시도

1) 이여진의 활동

조선교회가 새로운 목자를 맞아들이려는 계획을 수립하자, 이여진이 북경으로 가는 밀사로 자원하고 나섰다. 그는 신태보의 사촌으로서 1790년대 초에 신태보와 함께 신앙을 받아들였는데, 한양에서 140리 정도 떨어진 곳에서 살았다고 한다. 주문모 신부가 조선으로 들어왔다는 소식을 듣고는 신부를 만나 성사를 받고 싶다는 열망이 강했으나, 매번 기회를 놓쳤다. 신유박해 이후에도 신앙생활을 계속하였으며, 1805년에 어느 신자의 밀고로 체포되었다가 신태보가 손을 써서 석방되기도 하였다. 조선교회의 밀사로서 북경에 가게 된 이여진은 조정에서 보내는 사신 행차에 섞여서 따라가기로 작정하였다. 양반 신분을 숨기고 상인과 하인들 틈바구니에 끼어서 몰래 가려는 것이었다.

이렇게 북경으로 밀사를 보내는 계획은 다 세워졌으나, 막상 추진하려고 하니 자금이 문제가 되었다. 장사에 밑천을 대어 필요한 여비를 벌고자 하였지만 그 장사가 실패하는 바람에 투자한 돈마저 잃고 말았다. 하는 수 없이 한양과 지방의 여러 신자들에게 호소하여 1811년에야 필요한 준비를 마칠 수 있었다. 이 일에 협력한 신자들은 신태보와 권기인, 홍우송 등이었으며, 그 외에도 귀양살이하면서도 도움을 주었던 조동섬, 내포 지방 사람으로서 비교적 많은 물질적 지원을 하였던 한 토마스 등이 있었다.

이여진을 북경으로 보낼 준비가 끝나자, 조선교회의 지도자들은 두 통의 서한을 작성하였다. 하나는 교황에게 올리는 것이고, 다른 하나는 북경 주교에게 보고하는 것이었다. 이 두 서한은 1811(신미)년에 쓰였겼기 때문에 흔히 〈신미년(辛未年) 서한〉이라고 불린다. 교황 비오 7세(1800~1823)에게 올린 서한의 원본은 현재 교황청 포교성성(지금의 인류복음화성)의 고문서고에 소장되어 있다. 하지만 북경 주교에게 보낸 서한의 원본은 아직 발견되지 않았고, 그 필사본과 이탈리아어 번역본만이 전해질 뿐이다.

이여진은 두 통의 편지를 몸에 지니고 이름이 알려지지 않은 또 한 명의 신자와 함께 사신 행차를 따라서 북경으로 갔다. 막상 북경에 도착하였으나 이여진은 어디로 가야 천주교 신자들을 만날 수 있는지, 또 선교사들이 거주하고 있는 곳이 어디인지 알 수가 없었다. 그러다가 선교사들이 담배 제

조법을 중국에 도입하였고, 또 처음에 천주교 신자들이 담배 장사를 하였다는 사실을 기억해 낸 이여진은 무작정 담배 파는 곳을 찾아갔다. 문에 부적이 붙어 있지 않은 가게를 발견하고 들어갔는데, 우연의 일치로 그 상인이 천주교 신자였다. 크게 안도한 이여진은 자기도 신자라는 사실을 밝히고 주교에게 안내해 달라고 요청하였다.

한편 1796년 이래로 중국은 청나라 황제 가경제(嘉慶帝, 1796~1820)가 통치하고 있었는데, 1805년에서 1811년 사이에 크고 작은 박해들이 있었다. 먼저 1805년에 이른바 '지도 사건'이 터졌다. 북경의 서당(西堂)에 주재하고 있던 이탈리아 맨발의 아우구스티노회(Order of Discalced Augustinians)의 선교사 아데오다토(Adeodato di Sant' Agostino, 德天賜, 1760~1821) 신부가 마카오로 보내는 편지 속에 지도 한 장을 동봉하였는데, 이것이 발각되어 전국적인 박해를 유발한 것이다. 원래 이 지도는 이탈리아와 포르투갈 두 나라가 중국의 선교 지역 분할에 관해서 의견 일치를 보지 못하자, 교황청에 해결을 요청하기 위하여 산동성에서 하북성에 이르는 일대를 그린 것이었다.

가경제는 이 지도를 보고 크게 놀랐다고 한다. 왜냐하면 이미 중국에서는 영국의 세력이 점점 확대되고 있었기에, 그 지도를 영국 군함에 보내는 것으로 이해했기 때문이었다. 결국 아데오다토 신부는 유배형에 처해졌으며, 사건에 연루된 중국인 신자 30여 명을 비롯하여 중국 전역에서 약 1천 명의 신자들이 처벌을 받았다. 그리고 북경에서 일어난 박해는 아니었지만 1810년 중국 사천성의 거현(渠縣)에서는 사천성 총독이 박해를 일으켜서 수많은 천주교 신자들이 구타, 약탈, 방화 등으로 고통을 당한 일도 있었다. 이러한 사건들이 벌어질 당시에 중국 내 교구들의 상황 역시 좋지 않았다. 중국 내의 정식 교구는 북경·남경·마카오, 이렇게 3개밖에 없었으며, 나머지는 모두 대목구나 지목구와 같은 준교구였다.

1789년 가성직제도의 의문점을 묻는 이승훈의 편지를 휴대하고 북경으로 찾아간 조선인 신자 윤유일에게 조상 제사 금지령을 하달했던 북경 교구장은 포르투갈의 에보라(Evora) 교구 출신으로 프란치스코회 제3회 소속이었던 구베아 주교였다. 하지만 이여진이 북경을 찾았을 때 구베아 주교는 이미 1808년 7월 6일에 사망한 뒤였다. 그리고 그 몇 해 전인 1804년에 역시 포르투갈 출신에 라자로회 소속이었던 수자 사라이바(J. de Souza-Saraiva) 주교가 교구장 계승권을 지닌 부주교(Episcopus Coadiutor)로 임명되었다. 그러므로 구베아 주교가 사망하게 되면, 수자 사라이바 주교가 자동적으로 북경 교구장의 직책을 이어받도록 되어 있었다. 그러나 그는 1805년의 사건 때문에 북경으로 부임하지 못한 채 계속 마카오에 있던 포교성성 대표부에 머물고 있었으며, 결국 1818년 마카오에서 사망하였다. 그런 탓에 교구장이 착좌하지 못한 북경교구는 북경에서 활동하고 있던 라자로회 소속의 포르투갈 선교사 리베이로 누네스(J. Ribeiro-Nunes, 李拱震, ?~1826) 신부가 총대리(Vicarius Generalis)의 자격으로 관리하고 있었다. 리베이로 누네스 신부는 구베아 주교가 사망하여 주교좌가 공석이 되자, 즉시 북경의 동당(東堂)을 떠나서 주교좌 성당인 남당(南堂)으로 거처를 옮겼다.

그렇다면 당시 북경에는 주교가 한 명도 없었는가? 그렇지도 않다. 북경에서 활동하던 포르투갈 출신의 라자로회원 피레스 페레이라(G. Pirés-Pereira, 畢學源, 1769~1838) 신부가 남경 교구장에 임명되어 1806년 구베아 주교로부터 주교 서품을 받았다. 하지만 피레스 페레이라 주교 역시 마찬가지의 박해 때문에 남경으로 가지 못하고 북경에 발이 묶여 있었다. 그러므로 북경교구는 리베이로 누네스 총대리 신부가 관리하였으며, 주교만이 집전할 수 있는 전례를 거행해야 할 때에는 피레스 페레이라 주교가 도움을 주었다. 리베이로 누네스 총대리 신부는 1826년에 사망하였는데, 이듬해인 1827년에 피레스 페레이라 주교가 북경 교구장의 권한도 위임받았다. 그리하여 피레스 페레이라 주교는 1827년부터 1838년까지 약 11년 동안 북경교구와 남경교구 모두의 재치권을 행사하였다.

북경으로 간 이여진이 주교 면담을 요청하였을 때 만났던 사람은 누구였을까? 달레 신부는 이여진이 피레스 페레이라 주교를 만나서 서한을 전달하였다고 말하지만, 당시 실제로 북경교구를 관리하고 있었던 것은 리베이로 누네스 신부와 그의 동료 선교사들이었다. 그리고 나중에 마카오에서 조선 교우들의 서한을 받아서 로마의 포교성성으로 보냈던 북경 교구장 수자 사라이바 주교는 북경의 선교사들이 서한을 접수하여 자신에게 보냈다고 하였다. 그러므로 아마도 이여진은 조선 사신들이 머물던 옥하관(玉河館)에서 가까운 남당에 거주하던 리베이로 누네스 신부 혹은 그의 동료 선교사들 가운데 한 사람을 만나서 서한을 전달하였던 것 같다.

2) 1811년의 서한

교황에게 보내는 조선 교우들의 서한 원문을 보면 10월 24일(양력 12월 9일)에 쓴 것으로 되어 있다. 그리고 북경 주교에게 보낸 서한의 번역문에는 11월 3일(양력 12월 18일)로 작성 일자가 적혀 있다. 이것으로 미루어 보건대, 조선 교우들은 조선교회의 사정을 자세하게 알리고 성직자의 파견을 요청하기 위한 서한을 구상하면서, 교회의 위계를 생각하여 교황에게 보내는 서한을 먼저 작성하고, 그런 다음에 북경 주교에게 보내는 서한을 나중에 조선교회의 지도자들이 교황 비오 7세에게 보낸 〈신미년(辛未年) 서한〉의 원본은 현재 교황청 인류복음화성 고문서고에 소장되어 있다. 10월 24일(양력 12월 9일)에 작성한 이 서한에는 조선교회의 독특한 탄생에 대한 신자들의 자의식이 담겨 있다.

작성한 것 같다. 하지만 내용으로 보면 북경 주교에게 보내는 서한이 훨씬 더 자세하고, 교황에게 보낸 서한은 이에 비해서 대체적으로 소략하다.

조선인 신자들이 지상 교회의 으뜸인 교황에게 신앙을 고백하고 목자의 파견을 간청하는 서한을 직접 보낸 것은 〈신미년 서한〉이 처음이었다. 이 서한에서 조선의 교우들은 교황에게 최대의 경의를 표하면서, 조선교회의 시작과 박해에 대한 대략적인 진술과 더불어 선교사를 입국시킬 수 있는 방도와 조선에 천주교를 공식적으로 전파할 수 있는 방법 등을 자세하게 제안하고 있다. 그런데 교황에게 보낸 서한에서 주목하게 되는 것은 조선교회의 독특한 탄생에 대한 자의식이다.

> 저희들은 아주 작은 나라에 사는 사람들인데, 처음에는 책을 통하여 거룩한 교리를 배움[書籍開敎]으로써, 그리고 그로부터 10년 후에는 처음으로 칠성사의 은혜를 받음으로써 천만다행으로 성화될 수 있는 행복을 누리게 되었습니다. 그러나 그로부터 다시 7년 뒤에 큰 박해가 일어나 신부님과 수많은 교우들이 목숨을 잃고 말았습니다. 살아남은 교우들도 이루 말할 수 없는 슬픔과 두려움에 사로잡힌 나머지 하나 둘씩 뿔뿔이 흩어져 버리고 말았으며, 한자리에 모여 모임을 갖지 못한 채 각자 숨어 살면서, 오직 지극히 높으신 하느님께서 그 크신 자비를 베풀어 주시기만을 간절히 바라고 있습니다. …그런데 성교회가 온 천하에 전파되기는 하였지만, 이렇듯 사제에 의해서가 아니라[不由司鐸傳敎] 다만 책을 통하여 성교회의 도리를 찾아 구한 것[只憑文書訪道]은 오직 우리나라뿐[唯有我東國]이옵니다(〈교황께 올리는 조선인 신자들의 서한〉, 윤민구 역주, 《한국 초기 교회에 관한 교황청 자료 모음집》, 가톨릭출판사, 2000).

이와 같이 이미 초기 신자들부터 조선교회의 시작이 전 세계 천주교의 선교 역사에서 유례가 없는 일이라는 사실을 잘 알고 있었으며, 또 이를 조선교회의 자랑스러운 전통으로 생각하고 있었음을 여실히 볼 수 있다. 또한 교황에게 보낸 서한에는 해로를 통하여 입국하는 것이 선교사의 입국 방법 중 가장 적합하다는 의견을 담고 있다. 이 방법은 신유박해 당시 처형당한 유항검의 동생 유관검 등이 진술하였던 대박청래의 방법론과도 유사하다. 즉 유관검 등 일부 전라도 신자들은 조선의 남쪽 해안으로 서양 선교사들이 서양의 큰 배를 몰고 와서 무력으로 시위를 벌여 조선 조정이 천주교를 받아들이도록 하는 방법을 제안한 바 있었다. 아울러 훗날 프랑스 선교사들이 본격적으로 입국할 때에도 주로 서해안을 통한 해로 입국의 방법을 선택하였다. 다음은 교황에게 보낸 〈신미년 서한〉에서 조선 신자들이 제안한 선교사 입국 방법이다.

> 우리나라에서는 출국과 입국을 지극히 엄격하게 금지하고 있는데, 박해 이후에는 백 배나 더 철저하게 출입국을 통제하고 있사옵니다. 그래서 국경 일대에 조금도 틈이 보이지 않을 정도이옵니다. 그런데 북경에도 박해가 일어났다는 소식을 들었사옵니다. 그리고 중국 정부가 일을 매우 부당하게 처리하였다는 소식도 들었사옵니다. 저희들은 이러한 소식들을 들은 후로는 망설여져서 더 이상 북경과 어떠한 소식도 주고받지 못하였사옵니다. 사정이 이러하오니, 만일 저희들의 영혼을 구하러 오시려고 한다면, 배를 타고 바다로 오시는 길밖에 없을 것 같사옵니다. 왜냐하면 우리나라는 북쪽 끝만 육지와 통할 뿐, 삼면이 모두 바다로 둘러싸여 있기 때문이옵니다.
> 우리나라 서해안에서 중국의 산동(山東)까지는 천 리도 안 되기 때문에 바람

결에 닭 우는 소리가 어렴풋이 들려올 정도이옵니다. 그리고 남쪽 해안에서 중국의 남경(南京)까지는 수천 리에 지나지 않사옵니다. 또한 이렇게 따져볼 때 성교회가 널리 퍼져 있는 마카오까지는 불과 삼, 사천 리밖에 안 되나이다. 그러므로 마카오에서 배를 타고 왼쪽에 있는 남경과 오른쪽에 있는 유구(琉球) 섬을 지나 북쪽으로 계속 항해하다 보면, 며칠 안 가서 우리나라 남해안에 닿게 될 것이옵니다.

남해안에서 서울까지는 천여 리에 지나지 않사옵니다. 하지만 이 방법은 서해안을 통해서 들어오는 것만 못하옵니다. 왜냐하면 서해안에서 서울까지는 백 리도 채 안 되기 때문이옵니다. 비록 수심이 얕아 큰 배가 들어오는 데는 어려움이 있으나, 작은 배로 오면 얼마든지 들어올 수가 있사옵니다.

그러므로 이렇듯 쉽게 올 수 있는 수로를 택하지 아니하고 굳이 저 고약하고도 위험스러운 북쪽의 육로를 뚫고 오려고 하는 것은 전혀 옳지도 않을 뿐만 아니라 그럴 필요도 없는 것이옵니다. 그러므로 이렇게 엎드려 간절히 청하오니, 어서 빨리 조치를 취해 주시어, 때가 되었을 때 저희들한테 알려 주시기를 바라옵나이다(〈교황께 올리는 조선인 신자들의 서한〉).

위의 인용문을 보면 북경에서 박해가 일어났다는 소식이 조선에도 전해졌던 모양이다. 그러므로 1811년에 조선교회의 신자들도 북경의 천주교회와 연락하는 일에 신중할 수밖에 없는 처지였을 것이다. 한편 조선인 신자들은 교황께 올린 서한에서 선교사들이 조선으로 들어올 수 있는 통로로 뱃길만을 제시한 것은 아니었다. 이와 더불어 밀입국이 아니라 조선 정부에 공식적으로 천주교 선교를 요청하여 당당하고 합법적인 입국이 되도록 해 줄 것을 청원하였다. 하지만 그 방법은 과거에 유관검이나 황사영 등이 생각한 것처럼 무력을 동원한 강제적인 개방이 아니라, 아래에 제시된 것처럼 외교적인 방법으로 설득을 통하여 자발적으로 천주교를 받아들이도록 하는 것이었다.

> 저희에게 배를 보내실 때는 반드시 한문에 능통하고 상황 파악을 잘하며, 우리나라의 법령을 잘 이해할 수 있는 사람이 함께 와서 의사소통을 할 수 있도록 해야 할 것이옵니다. 그리고 교황님과 여러 나라의 임금님들이 우리나라 임금님께 선물을 푸짐하게 보내 주시고, 아울러 예를 다하여 정중하게 편지를 써서 보내 주시기를 바라옵니다.
> 그런데 편지를 쓰실 때에는 우리나라에 온 목적이, 사람들이 하나이신 주님을 흠숭할 수 있도록 하고 성교회를 전함으로써, 사람들을 구원하고 이 나라를 보존하며 모든 사람들이 평화를 누릴 수 있도록 하는 데 있다는 것을 밝혀 주시기 바라옵니다. 뿐만 아니라 성교회의 도리를 분명하게 설명하신 다음, 이 나라에 온 것이 결코 나라를 빼앗기 위해서가 아니라 오로지 자비와 사랑으로 사람들을 교화시키기 위해서라는 것을 자세하게 설명하는 것이 좋을 것 같사옵니다. 그렇게 하신다면, 아마도 우리나라 백성들의 마음이 자연히 열려서 배가 온 이유를 알게 될 것이옵니다(〈교황께 올리는 조선인 신자들의 서한〉).

서한의 후반부에 가서 조선 신자들은 선교사의 파견을 간청하였다. 즉 과거 주문모 신부에게 들었음 직한 이야기를 토대로 하여 조선교회에 신부와 주교가 필요하다는 사실을 고하였다. 그리고 조선의 모든 교우들이 영혼 구원을 위하여 신부가 조선으로 건너오기를 간절히 바라고 있음을 다음과 같이 표현하였다.

저희들도 성교회의 전교 사례에 대해 들었는데, 거기에 따르면, 교우가 천 명이 넘으면 신부님을 한 분 보내 주시고, 만 명이 넘는 곳에는 주교님을 보내 주신다고 하였습니다. 저희 교우들은 경문을 외우는 것이라든가 재를 지키는 것만을 할 줄 알 뿐, 교리를 제대로 배우지 못하여 천주님을 어떻게 사랑하고 영혼을 어떻게 갈고 닦느냐와 같은 깊고도 오묘한 문제까지는 이해하지 못하고 있사옵니다. 그러니 신자라고 부르기에는 부족한 면이 많이 있사옵니다. 참으로 가슴 아프고 가여운 일이 아닐 수 없사옵니다.

하지만 저희들은 천주님을 마음으로 받아들인 사람이 만 명도 넘습니다. 그런데도 아직까지 착한 목자의 지도를 받지 못하고 있사옵니다. 저희들은 참으로 비통한 마음을 가눌 길이 없어, 저희의 소원이 어서 빨리 이루어지기만을 간절히 빌고 있사옵니다. 저희들이 이렇게 예수님의 인자하신 마음과 교황님의 공덕에 의지하여 간절히 청하오니, 하루빨리 신부님을 보내 주시어 저희 교우들의 영혼을 구원하여 주시옵소서(〈교황께 올리는 조선인 신자들의 서한〉).

3) 시도의 결과

1812년 초에 조선 교우들의 서한들을 받은 북경의 선교사들은 마카오에 머물고 있던 북경 교구장 수자 사라이바 주교에게 이를 보냈다. 수자 사라이바 주교는 중국인 통역들의 도움을 받아서 한문으로 되어 있던 서한들을 모두 포르투갈어로 옮긴 다음 한문 원본과 함께 교황청으로 발송하였다. 이 서한들은 1814년 8월 리스본에 도착하였고, 이어서 로마의 포교성성으로 전달되었다. 특히 교황께 올리는 서한은 유럽으로 건너가서 교황의 손에까지 전달되었다.

교황령 문제로 나폴레옹과 갈등을 겪던 교황 비오 7세는 나폴레옹에 의해 납치되어 오랜 연금생활을 하다가 1814년 반프랑스 연합군이 파리를 점령한 이후 풀려나 로마로 돌아왔다. 로마 시민들이 교황을 환영하는 가운데 당시 귀족 가문의 청년 30명이 성 베드로 광장에서 교황이 탄 마차를 끌었다고 한다.

그러나 당시 유럽의 교회는 내단히 어려운 상황이었다. 즉 1801년 교황청과 프랑스가 정교협약을 체결하였지만, 교황령 문제로 인하여 계속 신경전을 벌이고 있었다. 그러다가 1808년 나폴레옹(Napoléon Bonaparte, 1769~1821)이 로마와 교황청을 점령하는 일이 벌어지자, 교황 비오 7세는 즉각 나폴레옹을 파문하고 교황령 포기를 거부하였다. 이에 나폴레옹은 교황을 강제로 납치하였고, 1812년부터는 파리 부근에 위치한 퐁텐블로(Fontainebleau) 성에 감금하였다.

1814년 반프랑스 연합군이 파리를 점령하자 교황 비오 7세는 연금 상태에서 풀려나 로마로 돌아올 수 있었다. 그런 탓에 교황이 조선 교우들의 서한을 받은 것은 아마도 로마로 귀환한 직후였을 것이다. 하지만 나폴레옹 군대에 시달리고 있던 교황과 교황청은 당시 조선교회를 돕기 위한 어떤 실질적인 조치를 취하기에는 너무나 미약한 형편이었다. 이는 1789년 프랑스 대혁명 이래로 유럽의 전반적인 상황과 관련되어 있는 일이었다. 프랑스 대혁명 이후 반교회(反敎會)·반성직주의(反聖職主義) 분위기로 인하여, 성직자 성소가 격감하고, 선교사 자원자의 수도 크게 줄었다. 게다가 유럽 각국들이 교구·수도회·선교회의 재산들을 몰수하여 국유화하는 조치를 단행하면서, 선교사 파견을 위한 재정 지원이 절대적으로 부족한 상황이었다. 이러한 상황 아래에서 유럽 교회와 교황청은 조선교회를 위하여 어떠한 조치도 취하기 어려운 형편이었다.

하지만 교황청에서는 포교성성 마카오 대표부의 마르키니(Marchini) 신부에게 선교사 파견을 주선해 보라고 명령하였다. 그러나 선교사를 선발하는 데 실패하고, 당시 유럽의 정치적 상황이 극도로 불안정하여 선교 지원금도 중단된 형편이었던데다가 중국 내의 박해 상황도 가중되어 조선으로 선교사를 파견하는 계획은 무산되고 말았다. 하지만 이여진의 북경 방문이 전혀 헛된 것은 아니었다. 중국교회와의 연락망이 다시 복원되었다는 점에서 장래의 계획을 위해서 중요한 진전을 이루었던 것이다. 아울러 이런 성과는 조선교회에 새로운 용기와 희망을 불어넣었다. 그리하여 조선교회는 다시 한 번 북경으로 가서 성직자 파견을 청원하기로 하였다. 이번에도 역시 이여진이 임무를 맡아서 1812년 혹은 1813년 말에 북경으로 갔다. 하지만 북경의 상황은 그다지 나아지지 않았기 때문에 북경교회는 당장 성직자를 조

1789년 7월 14일 군인들과 파리 시민들이 왕의 폭정을 상징하는 바스티유 감옥을 함락시키면서 프랑스 대혁명이 촉발되었다. 대혁명 이후 유럽에 반교회·반성직주의 분위기가 사회 전반에 퍼짐으로써 성직자 성소가 격감하고, 선교사 자원자도 크게 줄었다.

선으로 파견할 수 없었으며, 나중에라도 파견하겠다는 약속 역시 할 수 없었다. 그러나 마카오에 있던 수자 사라이바 주교는 조선 신자들이 또다시 북경을 방문하여 성직자의 파견을 청원하고 있다는 사실을 들었으며, 그들의 소원을 들어주기 위하여 어떤 방법이 가능할지 모색하고 있었다.

한편 고통스러운 북경 여행을 두 차례나 감행했던 이여진은 북경교회와의 연락망을 다시 구축하는 일로 조선교회에 크게 이바지하였으나, 그 뒤로 두드러진 발자취를 남기지는 않았던 것 같다. 오직 신앙적인 모범으로 다른

> **1833년**
> 이여진의 사망 연도에 관해서는 이견이 존재한다. 먼저 달레 신부의 《한국천주교회사》 중권 46쪽을 보면 1830년에 사망하였다고 되어 있다. 하지만 달레 신부가 한국 교회사를 저술하면서 거의 절대적으로 의지한 다블뤼 주교의 《비망기》 필사본 226번째 폴리오(folio)에는 이여진이 1833년에 사망하였다고 나와 있다. 본문에서는 다블뤼 주교의 《비망기》 필사본을 신뢰하여 1833년을 선택하였다.

신자들의 신앙을 북돋아 주었다고 한다. 이여진은 1815년에 어머니, 아내, 동생, 계수, 조카를 차례로 잃는 시련을 겪었으며, 1833년 양지 고을 부근에서 조용히 생애를 마쳤다.

그뿐만 아니라 이여진과 더불어 성직자 영입에 앞장섰던 권기인 역시 결실을 보지 못하고 안타깝게 세상을 떠났다. 권기인은 이여진보다 훨씬 앞서 1814년 3월(음)에 47세로 사망하였다. 다블뤼 주교의 기록에 따르면 권기인은 자신이 죽은 뒤에 보면 가슴에 구멍이 있을 것이라는 말을 남겼는데, 과연 임종 당시에 이미 구멍이 한 개 생기고 죽은 뒤에 또 다섯 개의 구멍이 생겼다는 이야기가 전한다. 평소에 권기인은 자기에게 죄가 많아서 천주께서 성직자 영입의 소원을 들어주시지 않았다는 말을 자주 하였다. 그래서 아마도 자신의 회한을 구멍 뚫린 가슴으로 표현하였던 것으로 짐작된다.

3. 1824년의 성직자 영입 시도

이여진과 권기인 등이 추진한 성직자 영입의 시도가 성과를 거두지는 못하였으나, 조선 내에서는 계속해서 교회가 재건되고 있었다. 특히 경상도와 강원도 지역에 복음이 뿌리를 내리면서 새 신자들이 생겨났다. 그러나 1815년에 을해박해가 터져 대구와 원주 지역의 많은 신자들이 탄압을 받았으며, 대구와 경주의 감영에서 여러 명의 순교자가 탄생하였다. 이처럼 박해의 불안과 위협이 조금도 줄어들지 않은 상황에서도 조선의 신자들은 오히려 성직자를 모셔야 한다는 필요성을 더욱더 절감하였고, 이러한 목적을 달성하기 위하여 여러 가지 수단을 강구하였다. 그리하여 1816년 말에 다시 성직자 영입을 새롭게 시도하게 되었다. 이번의 시도는 결코 헛된 것이 아니었으니, 그 결과로 조선 대목구가 설립되고 조선교회는 안정적으로 목자를 가지게 되었던 것이다. 또한 이 일은 한국교회의 역사에서 대표적인 평신도 지도자로 추앙받는 정하상(丁夏祥, 바오로, 1795~1839)의 업적과 뗄 수 없는 관계를 지닌 것이었다.

1) 정하상의 활동

신유박해 순교자 정약종의 아들이자 기해박해 순교자 유 체칠리아(柳, 1761~1839) 성녀의 아들, 그리고 정철상(丁哲祥, 가롤로, ?~1801)의 아우이며 정정혜(丁情惠, 엘리사벳, 1797~1839) 성녀의 오라버니. 이런 혈연관계는 정하상 성인의 뒤에 늘 따라다니는 이름들이다. 그만큼 이들 정약종 가족의 순교자들은 한국교회의 초창기 역사에서 뛰어난 업적을 자랑한다. 이 때문에 한국교회는 103위 복자의 시성을 추진할 당시에 한국 순교성인 대축일의 정식 명칭에 정하상 바오로 성인의 이름이 반드시 들어가도록 특별한 노력을 기울였을 정도다.

1801년 신유박해 당시 정하상의 나이는 만 여섯 살에 불과하였다. 그래서 어머니 유 체칠리아와 함께 옥에 갇혔다가 석방되었다. 그러나 재산을 몰수당하고 살던 집마저 파괴당했기 때문에, 거처할 곳이 없었다. 그래서 유 체칠리아는 정하상과 정정혜 남매를 데리고 정철상의 남은 가족들과 함

정약종 가족의 순교자들은 한국교회의 초창기 역사에서 큰 몫을 담당하였다. 왼쪽부터 성녀 정정혜(엘리사벳)와 유 체칠리아 그리고 정하상(바오로) 성인의 모습. 특히 정하상 성인은 1816년부터 1835년까지 19년 동안 무려 16차례나 북경을 왕래하였다고 한다.

께 남편 정약종의 고향인 마재로 가서 생활하였다. 마재에는 천주교에 적대적인 친척들만 남아 있었기 때문에, 정하상의 가족들은 말할 수 없는 냉대와 멸시를 받으며 살아야 했다. 하지만 그러한 과정에서도 결코 좌절하거나 천주교를 멀리하지 않았으니, 어린 정하상은 어머니가 들려주는 교리를 들으면서 신앙을 키워 갔다.

친척들의 핍박이 심해지자 정하상은 마재를 떠나 신자들의 집을 전전하면서 생활하였다. 그러던 중에 좀 더 깊이 있게 교리와 한문을 배울 작정으로 신유박해 당시 함경도 무산으로 유배되어 살고 있던 조동섬을 찾아갔다. 정하상은 조동섬에게서 교리를 배우면서 조선교회를 재건할 방도를 모색하였다. 결국 그가 생각해 낸 재건 방책은 무엇보다도 새로운 성직자를 조선으로 모셔 오는 일이었다. 함경도에서 돌아온 정하상은 각지의 신자들과 접촉하여, 북경을 왕래하면서 성직자 영입운동을 전개하는 데 필요한 비용을 모으기 시작하였다. 정하상이 처음 북경에 간 것은 그의 나이 21세 때인 1816년의 일이었다.

정하상은 1816년 말 동지사 일행을 따라서 북경으로 가서 북경교회와 접촉을 시도하였다. 당시 정하상과 만난 사람은 남당 주교좌 성당에서 수자 사라이바 주교 대신 총대리 역할을 하던 리베이로 누네스 신부였다. 1811년부터 1813년 사이에 이여진이 몇 차례 북경을 왕래한 이후 조선교회의 소식이 전무하였던 터라, 리베이로 누네스 신부는 정하상의 방문을 받고 크게 놀라면서 기뻐하였다. 그는 정하상에게 성사를 베풀었으며, 조선 교우들이 찾아와 선교사 파견을 요청하였다는 소식을 마카오에 알렸다.

마카오에 머물고 있던 북경 교구장 수자 사라이바 주교는 조선 교우들의 정성에 감탄하면서, 마침내 북경교구 차원에서 2명의 중국인 신부를 파견하기로 결정하였다. 수자 사라이바 주교는 로마 포교성성으로 보낸 1817년 1월 23일 보고서에서 이 소식을 기록하였다. 즉 남경 출신의 플로리아노(Florianus Xin Vellozo, 당시 43세) 신부와 요한(Joannes Vam, 당시 29세) 신부를 조선으로 보내기로 하였다는 것이다. 이들은 1817년 1월 남경에서 조선으로 출발하였다. 그들의 여행에 관해서는 자세한 자료가 남아 있지 않다.

아마 국경 지대에서 조선인 신자들과 만나지 못하였던 것 같다. 리베이로 누네스 신부가 1824년 무렵에 쓴 편지에 따르면, 플로리아노 신부는 국경 지대에서 병사하였으며, 요한 신부는 안내자도 없고 자신의 존재를 조선에 알릴 방도도 없었기 때문에 남경으로 돌아갔다고 한다. 이리하여 북경교구에서 파견한 중국인 신부들의 조선 입국은 실패로 돌아갔다.

한편 리베이로 누네스 신부에게 성사를 받음으로써 자신의 결심을 더욱 확고하게 굳힌 정하상은 첫 번째 북경 여행의 노선을 세밀하게 검토하여, 같은 모험을 여러 번 반복할 수 있는 지혜와 용기를 얻게 되었다. 그리하여 정하상은 1816년 이후 북경으로 가는 사신 행차가 있을 때마다 거의 거르지 않고 따라가서 선교사 파견을 청원하였다. 기록상으로만 보면 1816년부터 1835년까지 19년 동안 북경을 무려 16차례나 왕래하였다고 한다. 그러나 이것이 과연 가능한 일이었는지에 대해서는 의문이 든다. 왜냐하면 매년 북경을 오고 간다는 것은 그만큼 엄청난 체력과 정신력, 여기에 금전적인 여유까지 필요한 일이었기 때문이다. 어쨌든 이 사실을 부정할 만한 다른 기록이 존재하지 않는 한 지금으로서는 그렇게 믿을 수밖에 없다.

이 과정에서 특히 1823년은 성직자 영입운동에서 새로운 전기를 맞은 해이다. 즉 유진길(劉進吉, 아우구스티노, 1791~1839)이 천주교 신앙을 받아들이게 된 것이다. 유진길은 역관이었기 때문에 훨씬 수월하게 북경을 오갈 수 있었다. 뿐만 아니라 중국어에 능숙했기 때문에 북경에서 선교사들과 교섭을 벌일 때에도 적극적으로 일을 도모할 수가 있었다. 여기에 더하여 1826년에는 하급 마부 출신의 조신철(趙信喆, 가롤로, 1796~1839)이 합류하면서 성직자 영입운동은 더욱 활기를 띠게 되었다.

2) 유진길의 청원 서한

1824년 유진길은 역관의 자격으로 사신 행차에 동행하여 정하상과 함께 북경을 방문하였다. 이해, 혹은 그 이듬해인 1825년에 유진길은 '조선교회의 암브로시오와 그 동료들'의 이름으로 로마에 있는 교황께 직접 성직자 파견을 청원하는 서한을 작성하여 북경교회에 제출하였다. 조선 대목구 설정에 결정적인 역할을 한 이 서한은 마카오의 포교성성 대표부 책임자(1823~1835)인 움피에레스(R. Umpierres) 신부에게 전달되었다. 움피에레스 신부는 1811년의 신미년 서한에 이어서 조선 교우들이 교황에게 두 번째로 쓴 서한을 라틴어로 번역하여 로마로 보냈다. 현재 이 역사적인 서한의 한문 원본은 발견되지 않았다. 다만 그 필사본은 발견되었으며, 라틴어 번역문도 포교성성 고문서고에 보관되어 있다. 번역문에는 마카오에서 번역이 이루어진 날짜만 1826년 11월 29일(tertio Kalendas Decembris, Anno Domini 1826)이라고 적혀 있어서, 유진길 등이 처음 서한을 작성한 시기가 언제였는지는 정확히 알 수 없다. 다만 전후 사정을 고려할 때 1824년 연말이 아니면 1825년 연말에 썼을 것으로 추정하고 있다.

서한에 실린 내용들은 1811년에 교황에게 보냈던 신미년 서한과 거의 동일하다. 즉 선교사들의 파견을 청원하였으며, 선교사들의 입국 방법에 관해서도 다시 한 번 유럽의 선박을 이용하되 조선의 국왕에게 보내는 사절단과 동행할 것을 주장하였다. 그리고 서한의 후기에 주의 사항을 붙여서 입국을 위해서 준비할 배의 운용 방법, 조선 국내의 정세 등등 세세한 내용들을 적었다. 그런데 유의할 것은 서한의 본문에서 안정적이고도 지속적으로 선교사들을 파견할 수 있는 방안을 강구해 달라고 요청한 점이다.

즉 당장 굶어 죽게 생긴 사람에게 한 달 뒤에 올 식량은 의미가 없으며, 또 지금 당장 식량이 있더라도 다음 달에 먹을 것이 없다면 결국은 굶어 죽을 것이라는 말로 조선 교우들의 절박함을 호소하였다. 이 말의 뜻은 조선교회는 지금 당장 성직자가 와서 영혼을 구원해 주기를 바라며, 아울러 선교사들이 지속적으로 조선으로 와서 장기적으로 조선의 신자들을 돌보아 주십사 하고 간청하고 있는 것이다.

이처럼 일회적인 선교사 파견을 넘어서 조선교회의 안정적인 사목을 위한 방책을 세워 달라는 조선교회의 요청은 이 문제를 북경교구에 맡겨 놓아서는 안 될 것이라는 인식을 불러일으켰으리라 짐작된다. 사실 전임 북경교구장 구베아 주교가 조선교회에 관심을 가지고 주문모 신부를 파견하였지만, 조선교회에 대한 재치권은 교황청이 구베아 주교 개인에게 부여한 권한이었다. 그러므로 구베아 주교의 사망과 함께 그 권한도 소멸한 것이다. 이렇게 본다면 북경교구가 조선교회를 책임질 의무도 없었으며, 재치권을 주장할 아무런 근거도 없었다. 다만 후임 교구장이었던 수자 사라이바 주교는 조선교회에 관해서 교황청이 어떤 결정을 내리기 전까지 가능한 대로 조선 교우들을 도와줄 목적으로 이런저런 방책들을 강구하였을 뿐이다. 그렇지만 이는 어디까지나 잠정적인 것들이었으며, 궁극적으로 조선교회를 어디에 귀속시킬 것인지는 교황청의 판단에 달린 문제였다. 이 문제를 해결하기 위한 복잡한 과정에서 첫 단추를 끼운 사람은 움피에레스 신부였다.

조선 신자들이 교황에게 보낸 서한을 라틴어로 번역한 움피에레스 신부는 마침 북경에서 추방당하여 마카오에 체류하던 라자로회 소속의 프랑스 선교사 라미오(L. Lamiot, 南彌德) 신부에게 번역문 검토를 부탁하였다. 이에 대해 라미오 신부는 유려한 한문 전체를 라틴어로 잘 옮기는 일은 원래 어려운 일인데, 움피에레스 신부의 번역문은 한문 구절들을 그대로 옮긴 것이 아니어서, 대체로 썩 정확하지는 않지만 본질적인 내용은 담고 있다고 보았다. 그래서 그 번역문을 그대로 로마로 보내도 될 것 같으며, 여기에 움피에레스 신부 자신이 숙고한 내용도 첨부하라고 권하였다. 아울러 라미오 신부는 자신이 생각하는 바를 다음과 같이 덧붙였다.

> 조선에 관하여 제가 생각하는 바는 이렇습니다. 요셉 신부와 빈첸시오 신부를 함께 보내십시오. 중국인 신부들은 들어가기가 더 쉬울 것이며, 시작 단계에서는 더 빨리 갈 수 있을 것이기 때문입니다. 제 생각에 포르투갈 사람들은 적어도 현재로서는 아무것도 할 수 없습니다. 저는 그들 가운데 적임자가 있을지, 또한 그렇게 하고자 하는 열망이 있는지 의심스럽습니다. 게다가 한두 명의 중국인을 타타르를 통하여 보내려고 해도 많은 비용이 필요합니다. 돈만 있으면 아주 쉬운 일이지요. …따라서 제가 보기에는, 교황 성하께서 이 착한 교우들을 위로하고, 그들에게 활력을 불어넣어 주기 위하여 서한을 보내실 수 있지 않을까 합니다. 또한 이렇게 덧붙일 수도 있겠지요. 즉 조선인들이 말하는 본당(그들은 북경의 포르투갈 교회를 이렇게 부르더군요)이 그들의 구원을 위해서 배려하지 않는다면, 이를 위하여 다른 수도회를 보내겠다고 말입니다…(〈라미오 신부가 움피에레스 신부에게 보낸 1827년 1월 1일 서한〉,《중국과 동인도 주변국들의 사건들을 다룬 포교성성 특별회의 회의록(Acta C.P.) 제21권(1828)》, ff. 560~560v).

라미오 신부는 조선교회가 계속 북경교구에 소속되어 있는 것이 조선인 신자들의 영적 구원을 위하여 바람직하지 않다는 의견을 가지고 있었던 것이다. 그래서 조선교회를 위하여 다른 수도회 내지 선교회를 보내는 것이 어떻겠는가 하는 생각을 움피에레스 신부에게 넌지시 내비쳤다고 하겠다. 이 문제에 관해서 움피에레스 신부 역시 같은 의견을 가지고 있었다. 움피에레스 신부는 라틴어 번역문을 로마로 보낼 때 자신의 의견서를 다음과 같이 첨부하였다.

조선을 위해 필요한 것은 그 나라를 위하여 전심할 수 있는 어떤 수도회일 것입니다. 조선을 중국인 사제들에게 맡긴다면 결국 파멸하게 될 것입니다. 또한 조선을 북경교구에서 분리시키는 것이 좋을 것입니다. 이탈리아나 프랑스 예수회 회원들이 조선을 맡으려 한다면 처음에는 산서 대목구장이나 마카오 대표부의 도움을 받을 수 있을 것입니다. 최종적으로는 예수회 회원을 지목(知牧)으로 임명하는 것도 생각해야 할 것입니다(《움피에레스 신부가 포교성성 장관에게 보낸 1827년 2월 7일 서한》,《중국과 주변국들에서 포교성성 주간 회의에 보고한 원자료(S.C. Cina e Regni adiacenti) 제6권(1825~1828)》, ff. 409~410v).

유진길 등이 작성하고, 움피에레스 신부가 의견서를 첨부한 조선 교우들의 서한이 로마에 도착하여 구체적으로 효력을 발휘한 것은 1827년 9월의 일이었다. 한편 이 무렵에 조선교회에는 정해박해라고 불리는 또 한 번의 박해가 일어났다.

제3절 정해박해

1. 박해의 원인

신유박해의 폭풍이 몰아친 뒤 조선 정부는 사학인 천주교가 저절로 멸망할 것으로 여겨 더 이상 적극적으로 박해를 끌고 나가지 않았지만, 지방관의 과잉 색출이나 밀고 등에 의한 박해는 각 지역에서 크고 작게 벌어지고 있었다. 이러한 상황에서 한편으로는 정하상 등을 중심으로 교회 재건과 성직자 영입운동이 시작되었으며, 다른 한편으로는 신자들이 불안과 긴장 속에서도 조심스럽게 새로이 공동체를 이루어 신앙과 생활을 이어 나갔다. 그러던 가운데 정해박해는 예상하지 못한 사건으로 그 불길이 크게 번지게 되었다. 1827년 2월 곡성의 한 교우촌에서 사소한 다툼이 일어난 끝에 곡성 현감에게 천주교 신자를 고발하는 사건이 일어났고, 이를 빌미로 천주교 신자들에 대한 박해가 다시 벌어져 '정해박해'로 확대되었다.

전라도 곡성군 덕실(지금의 전남 곡성군 오곡면 승법리) 마을에 천주교 신자들이 일꾼으로 있는 옹기점이 있었는데, 전씨 성을 가진 것으로 알려진 새 신자가 동네 사람들을 위해 주막을 차려 놓았다. 1827년(순조 27) 2월 어느 날, 여느 때와 마찬가지로 신자들은 옹기가마에서 그릇을 꺼냈고, 하나 둘씩 사람들이 모여들어 자리를 함께하였다. 이 마을에는 유명한 순교자 한 토마스의 아들인 한백겸이라는 사람이 살고 있었는데, 성격이 거칠고 행실이 좋지 못해 사람들이 뒤에서 수군거리곤 하는 사람이었다. 평소부터 술주정이 심하던 한백겸은 마침 그날도 주막집에서 술을 마시고 주인 전씨의 부인에게 행패를 부렸다. 사건이 벌어지자 주막집 전씨는 화가 나서 천주교

정해박해(1827)의 시발점이 되었던 전남 곡성군 오곡면 승법리 주막터. 정해박해로 인해 전라도·경상도·충청도 등에서 20여 명이 순교하였으며, 전라도 지방의 천주교회는 거의 궤멸 상태에 빠지게 되었다.

서적을 가지고 곡성 현감을 찾아가 한백겸을 비롯하여 별로 관계가 좋지 않았던 신자들을 고발하였다.

신유박해를 마무리하기 위해 전국에 내린 〈척사윤음〉이 여전히 천주교를 박해할 수 있는 법적인 근거가 되었으므로, 곡성 현감은 지체 없이 천주교 신자들을 잡아 오라고 명령하였다. 신자들은 남녀노소를 가릴 것 없이 체포되었고, 재산은 몰수되었다. 박해의 불길은 다시 곡성·장성·순창·임실·용담·금산·고산·전주로 번져 나가 전라도는 박해의 소용돌이에 휩싸였다.

이런 와중인 4월 중순 무렵에 전주 진영에는 다시 몇몇 신자에 대한 밀고가 들어왔다. 밀고된 사람 중에는 다른 도(道)에 살고 있는 사람도 여러 명 있었다. 밀고가 들어오자 전주에서는 포졸들을 경상도와 서울로 파견하여 여러 신자를 잡아 오게 하였다. 한 번 일어난 박해의 불길은 이곳저곳으로 번지기 시작하였는데, 이러한 상황을 다블뤼 주교는 〈비망기〉에 다음과 같이 기록하였다.

2월부터 4월까지 전라도에서만 체포가 있었다. 이때 거의 즉시 석방된 겁 많은 사람들과 여러 고을에 갇혀 있던 사람들을 제외하고 전주에 갇혀 있는 교

정해박해 당시 신자들이 모여 살던 곡성 사기막골 터(사진 왼쪽)와 그들이 잡혀 갔던 당고개 고갯길. 정해박해 순교자들은 신앙 서적을 베껴 보급하는 등 서적을 통해 신앙을 전하는 활동을 한 사람들이 많았는데, 그중 이성삼은 신자의 우두머리로 간주될 정도로 천주교 서적을 베껴 신자들에게 보급하였다.

> **수부**
> 조선시대 각 도(道)의 감영(監營)이 있던 곳.

우만도 240명이 넘었다(그 중에는 여자도 많았다)는 사실을 생각할 때, 이 지방 교회가 겪은 맹렬한 충격을 상상할 수 있을 것이다. … 밧줄로 목과 다리가 결박된 채 여럿이 함께 묶여 있었다. 이 큰 수부(首府)로서는 놀랍고 무서운 광경이었다(샤를르 달레 ; 안응렬·최석우 역주, 《한국천주교회사》 중, 1980, 112쪽 각주 79).

다블뤼 주교는 "맹렬한 충격"이라고 하였고, 달레 신부는 "전라도 일대가 모두 박해의 도가니 속에 빠져들고 말았다"라고 할 정도로 전주 옥에만 수백 명이 수감되는 등 박해의 불길은 커져 갔다. 이때 금산(錦山)에 강씨 성을 가진 신자는 고문을 당하다가 배교하지나 않을까 겁을 먹고 전주로 압송되던 중 자살하는 일도 있었다. 교우촌이 여럿 있던 고산 지방에서도 많은 신자가 체포되었다.

2. 박해의 전개

전라도 곡성에서 시작된 천주교 신자들에 대한 체포는 전라도 전 지역으로 파급되었고, 수백 명의 신자들이 전주 감영에 갇히게 되었다. 신자들을 심문하다 보니 다른 신자들의 이름이 드러났고, 그들 중에는 이미 다른 지역으로 이주한 신자들도 있어 결과적으로 박해는 다른 지방까지 번져 나갔다. 이 무렵 신태보는 경상도 상주의 잣골에 가서 다른 신자들과 별로 접촉하지 않은 채 살고 있었다. 박해가 일어났다는 소식을 듣고 그가 미처 몸을 피하기 전인 4월 22일에 포졸들이 들이닥쳤다. 신태보는 전주 포졸들에게 인도되었고, 4일째 되던 날 전주 땅으로 들어가게 되었다. 상주에서 신태보를 체포한 무렵에 밀고를 받은 다른 포졸들이 부근의 앵무당이라는 마을을 덮쳤다. 여기에서는 안군심 등이 체포되었으나, 다른 대다수의 신자들은 이미 피난하여 화를 면했다. 상주 지역의 박해 상황을 정확하게 알기는 어렵지만 4월 무렵에 신자들이 많이 모여 사는 마을들이 포졸들의 엄습을 받았다. 피난한 사람도 있지만, 붙잡혀 상주 감옥에 갇힌 사람도 있었으며, 그 가운데는 배교자도 있지만 신앙을 지켜 간 사람들도 있었다. 많은 사람들이 전주 감영에 끌려왔는데, 신태보는 체포되어 끌려가는 길에 자기 손으로 베낀 교회 서적을 가진 혐의로 체포된 신자들을 만나기도 하였다.

또한 이경언(李景彦, 바오로, 1792~1827)은 책과 상본 등을 여러 곳에 전파한 사실이 알려져 고발되었다. 4월 초에 전주 포졸들은 서울로 몰려가 그를 체포하였다. 상본을 그리는 등 천주교를 믿은 사실을 확인한 포장(捕將)은 그에게 배교를 유도하였다. 이를 거부한 이경언은 포졸 6명이 호위하는 가운데 다른 신자와 더불어 하루에 백리 길 이상을 걸어 전주에 도착하여 수감되었다.

충청도 단양에서는 경상도에서 박해를 피하여 이곳 신자의 집으로 숨어 들었던 신자들이 체포되어 충주로 압송되었다. 이렇게 하여 전라도 · 경상도 · 서울 · 충청도 등지에서 2~5월까지 넉 달 사이에 5백여 명의 천주교인들이 체포되었다. 당시 전라 감사 이광문(李光文, 1778~1838)은 이들의 처리를 놓고 형조에 장계를 올렸다.

이경언(이윤하의 아들)은 그 형 이경도와 그 스승 조숙(趙淑, 베드로, 1787~1819)이 처형당했으므로 그가 마땅히 마음 아프게 두려워할 줄을 알아야 하겠거늘, 변장하면서 떠벌리고 다니며 사교의 학설을 강습하고 정학(正學)을 배반하면서 형벌을 달게 받으려 합니다. 김대권·이유정·이유진 등 일곱 명을 살려 둘 것인지 죽일 것인지는 감히 갑자기 가볍게 의논할 일이 아니오나, 김지성 등 여덟 명은 오랜 감옥살이 끝에 회개하였으니 마땅히 사형을 면하여 섬 지방으로 정배하는 법을 시행하시고, 그 밖의 죄인 142명은 모두 실토하였으니 사교에 점차 물드는 데에, 오래되고 오래되지 않은 것을 분별하여 처리하심이 심문을 극진히 하는 도리에 합당할까 하옵니다(《벽위편》, 丁亥三道治邪).

이 장계에 따라 형조에서는 다음과 같이 보고하였다.

형조에서 아뢰기를, "어미새를 잡아먹는 올빼미와 아비를 잡아먹는 짐승과도 같은 배은망덕하고 흉악한 무리들이 호남과 영남 사이에 몰래 숨어들어 요사한 책을 번역해 베끼고 추악한 형상을 본떠서 그리며 은밀히 강습하여 어리석은 백성들을 유혹하니 그 무리가 실로 번성하여 백여 명에 이르게 되었고 흉악한 흔적이 드러난 것만도 거의 한 수레에 가깝습니다. 이들을 벌하려 해도 다 벌을 내릴 수 없어서 관대한 법을 따른다면 실로 점점 더 없는 곳이 없게 되어 덩굴처럼 가득 불어나는 근심에 이를 것입니다. 이경언·김대권·이유정·이태권·이일언·신태보·정태봉 등 일곱 죄인들은 손과 다리가 다 드러나고 실상의 자취가 의심할 바가 없으니 감사에게 명하여 격식을 갖추어 결안을 받고 아뢰어 처리토록 하십시오. …"라고 하니, 허락하였다(《일성록》 534, 순조 27년 윤 5월 2일).

조정에서는 전라 감사가 논의하여 정해 줄 것을 청한 7명은 사형에 처하고, 다른 죄인들은 죄에 따라 처리하도록 명령하였다. 그런데 정해박해 당시의 전라 감사 이광문은 신자들이 언도받은 형을 적극적으로 집행하지 않았다. 감사는 되도록 사형을 피하였고, 사형 선고가 내려진 경우에도 직접 시행하지 않은 채 신자들을 무한정 옥에 가두어 두었다. 이에 이성지와 안군심은 9년 옥살이 끝에 병사하였고, 김사건·신태보·김대권·이재행·이일언·이태권,·정태봉 등은 사형 선고를 받은 채로 옥에서 12~13년이나 생활하다가 결국 기해박해 때에 참수되었다. 고문을 당하면서도 다른 신자들의 이름을 대지 않은 신자들은 귀양을 보내는 것으로 처벌을 마무리하였다. 이러다 보니 신자들의 옥살이가 길어지는 과정에서 다른 박해에 비하여 배교자가 많이 나왔다. 이와 같이 주요 신자들이 수감되고 대부분의 신자들은 배교하여 석방되거나 유배되면서 정해박해로 인해 전라도 지방의 천주교회는 거의 궤멸 상태에 빠지게 되었다.

3. 박해의 순교자

1) 순교자의 신앙

정해박해로 말미암아 전라도·경상도·충청도 등의 지역에서는 20여 명이 순교하였다. 그런데 정해박해에 연루된 순교자는 사형 언도는 받았으나 10여 년이 넘도록 옥살이를 한 끝에 기해박해 때 가서야 참수형이 집행된 사람들이 많다는 특징이 있다. 따라서 그들은 기해박해의 순교자가 아니라 정해박해의 순교자로 분류해야 옳을 것이다.

2) 순교자의 특징

정해박해의 순교자들이 가진 특징으로는 다음 몇 가지를 들 수 있다. 첫째, 그들의 출신이다. 이성지·성삼 형제는 대대로 무관을 지낸 양반 집안 출신이었다. 박보록은 충청도 홍주의 부유한 양반 가문 출생이었고, 신태보도 양반 출신이었다. 김세박은 서울 역관 집안 출신이었으므로 중인이었고, 김범우의 친척이기도 하였다. 김사건도 충청도 서산의 부유한 중인 집안 출신이었다. 정태봉은 충청도 덕산의 양인 가문 출생이었다고 한다. 조선 사회에서 일정한 지위를 지녔던 가문 출신이 눈에 많이 띈다.

둘째, 신앙활동의 특징이다. 이들 가운데는 신앙 서적을 베껴 보급하고 상본을 그리는 등 서적을 통해 신앙을 전하는 활동을 한 사람들이 많았다. 김세박, 안군심 등은 교회 서적을 필사해 팔아서 생계를 유지했다고 하고, 이성삼 역시 신자의 우두머리로 간주될 정도로 천주교 서적을 베껴 주기도 하고 팔기도 하며 신자들에게 보급하였다. 특히 신태보에 대해서는 다음과 같이 기록되어 있다.

> 형조에서 … 또 첨부해서 아뢰기를 "사학죄인 신태보는 베껴서 판 책이 1백 권에 이르니 법에 따라 처단하소서"라고 하였다(《승정원일기》 2363, 헌종 5년 4월 12일).

이처럼 신태보는 교회 서적을 많이 베껴 유포하였기 때문에 교회의 주요 인물로 간주되어 더 혹독한 고통을 겪었다. 그는 또한 샤스탕(J.H. Chastan, 鄭牙各伯, 1803~1839) 신부의 요청에 따라 옥중에서 일기를 썼는데, 이는 박해 시대의 상황을 보여 주는 매우 중요한 자료이다. 원문은 전해지지 않지만 달레 신부의 《한국천주교회사》에 그 일부가 수록되어 있다. 본래 몸이 약했다고 전해지는 이경언은 고문을 당하고 최종판결을 기다리면서 옥중 수기를 썼다. 어머니, 형, 형수, 누나, 아내, 자식들, 그리고 함께 선교활동을 하던 명도회원들에게 전하는 편지를 써서 같은 옥에 있던 윤영득에게 맡겼는데, 이 편지는 오늘날까지도 귀중한 자료이며 영적 독서로 읽히고 있다.

셋째, 비신자에게 신앙을 전하는 일에 열심이었다는 점이다.

> **옥중 수기**
> 이경언이 일지 형식으로 써서 넘긴 옥중 수기는 형 이경도, 누이 이순이 루갈다 편지와 함께 묶여 《누갈다 초남이 일기 남매》라는 제목으로 남아 있다.
> 여기에는 이경도가 순교하기 전날 옥중에서 그의 어머니에게 쓴 서한, 이 루갈다가 그의 어머니에게 보낸 서한, 그리고 친언니와 올케언니에게 보낸 3통의 서한과 이경언이 옥사하기까지 기록한 '정해년 이 바오로 일기'가 수록되어 있다.

형조에서 … 또 아뢰기를 "사학죄인 이일언은 법령의 금지를 무시하고 이미 많은 이들을 가르쳤으니 법에 따라 처단하소서"라고 하였다(《승정원일기》 2363, 헌종 5년 4월 12일).

이와 같이 이일언은 죄목으로 천주교를 믿은 것뿐만이 아니라 많은 사람을 가르쳤다고 지목될 정도였다. 경상 감사 이학수(李鶴秀)는 상주·안동·전라 등지에서 천주교 신자들을 압송해 이들을 '사학한 무리'로 지목하며 김세박·이재행·박보록·김사건·최해진·최영손·엄재철·신태보 등의 행적에 대해 보고하였다. 이를 보면 "경상도 상주·안동 지역의 천주교 신자들이 깊은 산골짜기에 모여 배와 창자처럼 서로 결속하여 살면서 글을 모

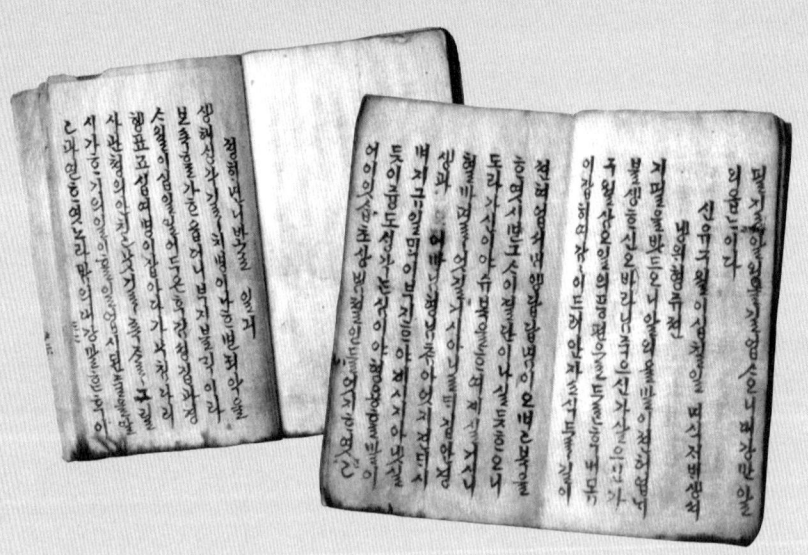

《누갈다 초남이 일기 남매》(첫 번째 사진)는 이경언(바오로)의 형 이경도(가롤로)와 누이 이순이(루갈다)의 편지, 그리고 이경언이 쓴 옥중 수기(사진 아래 왼쪽)를 한데 묶은 책이다. 교회사 연구에 필요한 귀중한 자료이며 오늘까지 영적 독서로 읽혀지고 있다.

르는 무리도 외워서 익히고 전하며[誦習傳] 그 요망한 학설에 미혹되었다"라고 하였다. 이렇게 신자들끼리 의지하여 교리를 익히고 실천할 뿐만 아니라 이웃에게도 전하였다.

> 경상 감사 이학수가 아뢰기를, "… 전라 감영에서 압송해 온 죄인 최해진, 최영손, 엄재철 등은 신태보의 이웃으로 십계를 배우고 외웠습니다"(《일성록》 535, 순조 27년 6월 16일).

이를 통해서 확인되듯이 이일언, 신태보 등 정해박해 순교자들은 주변 사람들에게 적극적으로 천주교 교리를 가르치며 선교한 사람들이었다.

넷째, 신앙생활을 위해 이주한 점이다. 이 안드레아는 고향을 떠나 고산으로 이주해 왔으며, 이성지와 성삼 형제도 고향에서 비신자인 친척들과 더불어 살다 보니 위패를 모시거나 각종 미신적인 풍습에 부딪히자, 보다 자유로운 신앙생활을 하기 위해 이주에 이주를 거듭한 끝에 전라도 고산에 정착하였다. 서울 출생의 김세박도 가족들이 천주교를 배척하자 신자들을 찾아 지방으로 갔으며, 안군심 역시 자유로운 신앙생활을 위해 고향을 떠났다. 이재행도 고향에서는 신앙생활을 할 수 없음을 깨닫고 재물을 버리고 이웃을 떠나 가족과 함께 산골로 이주해 은거하였다. 신태보는 교우촌의 형성과 관련해 그 활동이 매우 주목되는 인물로, 그 역시 신앙의 자유를 위해 여러 지역을 이주하였다. 이와 같은 순교자들의 행적을 살펴볼 때, 신유박해 이후로 많은 신자들이 박해를 피하고 신앙의 자유를 얻기 위해 이리저리 이주하는 일이 많았음을 알 수 있다.

다섯째, 긴 옥살이였다는 점이다. 전라도를 중심으로 일어난 정해박해 때 감사는 사형의 시행을 가능한 피하였고, 사형 선고가 내려져도 무한정 옥에 수감하여 두었다. 이렇다 보니 기나긴 옥살이의 고통으로 많은 배교자가 생겼으며, 순교한 사람들은 대부분 오랫동안 고통의 옥살이를 감내한 사람들이었다. 결국 대부분의 사람들은 옥살이 도중에 병사하거나 기해박해가 몰아닥쳤을 때 순교하였다. 특히 이재행 · 신태보 · 김대권 · 이일언 · 이태권 · 정태봉 등은 10년 넘게 옥에 갇혀 있다가 기해박해 때 순교하였다.

마지막으로, 이들이 체포된 경위가 대개 이웃이나 배교자 등에 의한 밀고 때문이라는 점이다. 이 사실은 사람들 사이에 천주교에 대한 경계심과 공포심이 팽배했음을 알려 주는 동시에 그와 같은 상황에서도 순교를 각오하며 지켜 나갔던 신자들의 신앙심을 드러내 준다.

정해박해 당시에는 천주교 신자들을 샅샅이 찾아내 뿌리를 뽑으려 하기보다는 천주교 전교의 주요 수단인 서적과 성물을 막는 일에 힘을 기울였다. 박해 지역도 전라도를 중심으로 충청도 일부 지역까지 머물렀을 뿐이고, 박해를 주관한 것도 조정이 아니라 지방관이었다. 하지만 그렇다고 해서 박해자들이 천주교에 우호적이거나 천주교를 좌시한 것은 아니었다.

이 무렵 조선에서는 여러 가지 사회적 모순이 드러나고 있는 가운데, 자연재해도 심하였다. 정해박해가 있던 그해에도 박해의 진원지인 전라도에서 커다란 수재가 났다.

전라 감사 이광문이 전주 등 20여 고을에 빠져 죽거나 깔려 죽은 사람이 26명이고 무너진 민가가 466호라고 보고하였다. "근래 수재가 없는 도(道)가 없어서 빠져 죽은 사람이 많고, 무너진 집이 몇백 호나 되니, 무척 놀랍다. 구호품은 비록 이미 나누어 지급하였으나 시체나 유골을 묻어 주고 편안히 살게 하는 방도를 감영과 병영이 있는 마을에서 각별히 돌보아 주도록 하되, 만일 생전의 신포나 환곡이 있으면 모두 탕감해 주도록 하라" 하였다(《순조실록》 29, 순조 27년 7월, 정미).

수해와 같은 자연재해는 하늘이 군주의 부덕함을 꾸짖는 천벌(天罰)로 해석되어 백성을 달래는 여러 가지 구제책과 위무책이 내려졌다. 위 자료에서 보듯 정해박해가 있던 순조 27년에도 수해가 일어났다. 이에 국왕은 죄의 경중과 죄수의 뉘우침을 가려 죄수를 석방하라는 특사령을 내렸다. 정해박해가 일어난 뒤에도 이러한 특사령으로 40~50명의 천주교 신자가 유배에서 풀려났다. 실제로 1832년에 수재를 당하자 7월 11일에 국왕은 각 도에 명을 내려 옥에 갇힌 천주교 신자 가운데 진심으로 뉘우치는 자들을 석방해 주라고 하였다. 이에 죄수의 명단이 많이 올라왔고 죄수들의 석방이 이어졌다. 그 과정에서 황해 감사 김난순의 상소에 따라 황해도에 귀양 중인 노비 두섬(斗暹) 등 9명이 석방되었고, 경상 감사 김양순의 청에 따라 윤석춘(尹碩春) 등 19명이, 강원 감사 이헌위의 상소에 따라 유중덕(柳重德) 등 17명이 석방되는 등 많은 천주교 신자들이 옥살이와 유배에서 풀려났다. 긴 시간을 옥에서 지내면서도 끝까지 신앙에 흔들림이 없던 정해박해 순교자들은 한국 교회의 역사에서 특별히 기억되어야 마땅하다.

〈표 2〉 정해박해의 순교자

성명	세례명	생/순교일	나이	출신 및 가족관계
김대권 金大權	베드로	?~1839. 5. 29		- 1816년 대구에서 순교한 김화준(야고보)의 형 - 충청도 청양 수단이(현 충남 청양군 남양면 신왕리의 水丹) 출생 - 어릴 때 교리를 배웠으나, 양친을 잃고부터 신앙생활
김도명 金道明	안드레아	1783?~1832?	50세?	- 충청도 면천 출신 - 신자 가정에서 어려서부터 신앙생활
김사건 金思健	안드레아	1793?~1839. 5. 28	47세	- 충청도 서산의 부유한 중인 집안 출신 - 을해박해 때 원주 감옥에서 옥사한 김강이 (金綱伊, 시몬)의 조카
김세박 金世博	암브로시오	1761~1828. 12. 3	68세	- 김범우의 친척 - 서울 역관 집안에서 출생 - 교회 창설 직후 입교
신태보 申太甫	베드로	?~1839. 5. 29		- 양반 출신 - 1790년대 초에 신앙을 갖게 되었고 신유박해 뒤 용인(龍仁)에 거주

* 생/순교일은 양력을 기준으로 작성하였다.

신앙활동	순교 경위 및 형태	비고
- 공주의 옹기점으로 이주, 부인과 함께 신앙생활 하며 이웃에 선교 - 전라도 고산(高山)으로 이주해 살던 중 체포, 고산 관아를 거쳐 전주로 압송. 신태보, 이태권, 이일언, 정태봉 등과 옥살이	- 12년 동안 고문과 회유를 견디며 전주 옥에서 신앙을 지킴 - 기해박해 때 전주 장터에서 참수 순교	
- 전라도 순창 지방 신적에서 1827년 2월에 체포 - 전주 감영으로 이송	- 혹형을 견디고 옥에서 고통의 시간을 보냄 - 옥중 병사	
- 부친 김창귀(金昌貴, 타대오)와 백부를 따라 전라도 고산, 경상도 진보 머루산(현 영양군 석포면 葡山洞), 울진 등으로 이주 - 집안 하인의 밀고로 1815년 4월 부친과 함께 체포, 나이가 어리다는 이유로 석방된 후, 신앙을 지키며 선교 - 정해박해 때 체포되어 상주로 압송, 대구와 전주를 거쳐 다시 상주로 투옥	- 12년 동안 옥살이 - 기해박해 때 상주 진영에서 참수 순교	
- 천주교를 배척하는 가족을 떠나 1791년 지방 신자들을 찾아다니며 교회 서적을 필사하면서 생계 유지 - 주문모 신부에게 성사를 받고, 복음을 전하며 신앙생활 - 안동 진영에 자수, 대구 감영으로 이송, 사형 선고	- 대구 감영에서 신앙을 지키며 수감생활 - 옥중 병사	
- 40여 명의 신자들과 강원도로 이주 - 1804년 이전에 다시 서울 근교로 이주 - 사촌 이여진(요한)이 1811, 1813년 밀사로 북경에 갈 때 경비를 마련하는 등 교회 재건을 위해 노력 - 그 뒤 경상도 상주의 잣골(현 상주시 모동면 신흥리)로 은거 - 정해박해 때 많은 교회 서적 유포와 여러 활동 등으로 주요 인물로 지목되어 체포 - 전주로 압송되어 형벌 끝에 사형 선고	- 13년 동안 옥살이 - 기해박해 때 참수 순교	

성명	세례명	생/순교일	나이	출신 및 가족관계
박보록 朴甫祿	바오로	1759~1827. 9. 27	69세	- 기해박해 때 순교한 박사의(朴士儀)의 부친 - 충청도 홍주의 부유한 양반 가문 출생 - 33세인 1792년에 입교
안군심	리카르도	?~1835		- 충청도 보령 출생 - 청년 시절에 입교
유성태 劉性泰	라우렌시오	1789/1794?~ 1827/1828?	35세 혹은 40세	- 충청도 단양의 깁근골(현 단양군 내 대강면 신구리와 어상천면 임현리에 사이에 있는 깊은골이라는 마을의 오기인 듯)에 거주 - 박해가 일자 경상도에 살던 친척과 그 도의 여러 신자가 집으로 피신해 와 함께 거주
이경언 李景彦	바오로	1792~1827. 6. 27	36세	- 모친에게 신앙전습 - 1801년 12월 26일(음) 서울에서 순교한 이경도가 큰형 - 1801년 12월 28일(음) 전주 숲정이에서 참수 순교한 이순이가 둘째 누이
이성삼	요한	1795~1827. 9. 13	33세	- 대대로 무관을 지낸 양반 집안에서 3형제 중 막내로 태어남 - 충청도 덕산의 높은뫼(현 충남 예산군 고덕면 몽곡리)에 살면서 두 형 및 누이 이시임과 함께 입교 - 신앙생활하며 틈틈이 글 공부

신앙활동	순교 경위 및 형태	비고
- 세례 전인 1794년 체포, 배교 약속하고 석방 - 배교를 뉘우치고 열심한 신앙생활을 하고자 아들 박사의와 충청도 단양 산골 '가마기'로 이주하여 신앙생활 - 주문모 신부에게 세례를 받고 복음 전파에 노력 - 박해가 일자 경상도 문경의 멍애목(현 문경시 동로면 명전리)으로 피신 - 1794년 4월 배교자의 밀고로 체포 - 상주에서 대구 감영으로 이송, 사형 선고	- 혹형과 고문 속에 옥살이 - 옥중 병사	
- 신앙생활을 위해 고향을 떠나 1827년 이전에 상주 앵무당으로 이주 - 교회 서적을 베껴 팔면서 선교 - 1827년 4월 말 앵무당에서 상주 포졸에게 체포 - 상주 진영으로 압송, 신앙을 증거하다 사형 선고	- 9년 동안 옥살이 - 대구 감영에서 병사	
- 5월에 비신자인 친구의 밀고로 모여 있던 친척과 신자 20여 명과 함께 체포 - 뜻을 갖고 배교하여 석방된 뒤 풀려난 사람들을 안전한 곳으로 가도록 하고 단양 관아를 찾아가 배교를 취소한 후 체포 - 충주 진영으로 이송되었다가 다시 배교하자 함경북도 무산으로 유배	- 유배지에서 신앙생활 하며 선교하다가 관장에게 미움을 사 연금당한 채 음식이 끊어져 숨을 거둠	
- 성경을 베끼고 상본을 그려 팔거나 나누어 주며 북경 밀사 경비 마련 - 체포된 신자들이 이경언이 교회 서적과 상본을 만들었다고 실토 - 4월 21일 배교한 김성집의 안내로 포졸에게 체포, 28일 전주 진영에 도착 - 윤 5월 2일 사형 판결	- 옥중 병사	
- 신앙생활을 위해 큰형 이성지와 여러 번 이주 끝에 전라도 고산 고을에 정착 - 천주교 서적을 베껴 주고 팔기도 하며 가난한 교우들을 가르침 - 박해 때 큰형 이성지와 온 집안 식구 13명이 함께 체포당함 - 다른 신자들이 천주교 서적을 베껴 주었다고 고발	- 신자의 우두머리로 간주되어 혹독하게 고문받음 - 옥사	이유정(李儒定)과 동일인으로 추정

성명	세례명	생/순교일	나이	출신 및 가족관계
이성지	요한	1778~1835. 4. 11	58세	- 본관은 함평 - 대대로 무관을 지낸 양반 집안에서 3형제 중 장남으로 태어남 - 충청도 덕산의 높은뫼(현 충남 예산군 고덕면 몽곡리)에 살면서 24세(1801년)에 천주교 교리를 배워 두 아우 및 누이 이시임과 신앙생활
이일언 (李日彦) 또는 태문 (太文)	요셉	1766~1839. 5. 29	73세	- 충청도 홍주 대벌이라는 마을 출생 - 아버지 이점손(李占孫)에게 천주교를 배워 신앙생활
이태권 李太權	베드로	1781~1839. 5. 29	58세	- 충청도 홍주 배울 출생의 양인 - 부친 이무명에게 교리를 배움
이 ──	안드레아	?~1827	63세	- 충청도 덕산 고산면 출신 - 조부 때 입교
이재행 李在行	안드레아	1775~1839. 5. 26	63세	- 충청도 홍주 출신 - 20세 이후 입교 - 신앙의 자유를 위해 모든 것을 버리고 가족과 산골에 은거, 여러 곳을 전전
정태봉 鄭太奉	바오로	1796~1839. 5. 29	44세	- 충청도 덕산의 양인 가문 출생 - 1799년 덕산에서 참수 순교한 정산필(鄭山弼, 베드로) 회장의 사촌 - 어려서 부모를 잃고 오촌 당숙 집에서 시련 속에 성장 - 1824년 전라도 용담 고을로 이주 정착, 열심히 신앙생활

신앙활동	순교 경위 및 형태	비고
-위패(位牌)와 여러 미신적 관습 등에 부딪히자 자유로운 신앙생활을 위해 고향을 떠나 산중으로 이주 -굶주림과 추위 등으로 고생하며 옮겨 다니다 전라도 고산에 정착 -1827년 3월 23일(음) 전주 포졸에게 체포 -두 아우와 온 집안 식구 13명도 함께 체포	-9년 동안 옥살이 -옥중 병사	이유진(李儒震)과 동일인으로 추정
-신유박해 때 체포되어 안의로 귀양 -귀양지에서 관헌의 미움을 받아 10년간 어려운 옥살이 뒤 개인 집에 연금 -석방되어 전라도 임실군 대판이로 가서 살던 중 정해박해 때 전주 포졸에게 체포, 사형 선고	-13년 동안 옥살이 -기해박해 때 전주 숲정이에서 참수 순교	
-1791년 체포되었다가 배교 후 석방 -신유박해 때 체포되어 공주 감영에 수감되었다 석방 -공주 산중에 숨었다는 이여삼을 찾아갔다가 다시 체포 -공주로 압송된 후 배교 후 석방 -1827년 다시 체포 -전주 감영에 투옥, 사형 선고	-13년 동안 신앙을 지키며 옥살이 -기해박해 때 참수 순교	
-고향을 떠나 경상도 산골짜기에서 살다 고산으로 이주 -박해 때 체포됨	-전주에서 치명	아들은 1839년에, 증손자는 1879년에 순교
-경상도 순흥 고을 곰직이(현 경북 봉화군 물야면 오전리 추정)에 정착하던 중 포졸에게 체포, 안동 진영에서 대구 감영으로 이송 -고문을 견디며 천주교가 사교가 아님을 강변, 사형 선고	-13년 동안 옥살이 -기해박해 때 참수 순교	
-박해 소식을 듣고 피신했지만 밀고자 고발로 들이닥친 포졸을 따라 용담 관아에서 전주로 압송 -고문 속에서도 신앙을 지킴, 이일언·김대권 등과 함께 옥살이	-전주에서 13년 동안 옥살이 -기해박해 때 전주 숲정이에서 참수 순교	아내와 아이들은 처형장에 못 오도록 옥졸에게 부탁

참고문헌

1. 연구서

Claude Charles Dallet, *Histoire de L'Église de Corée*, 1874 ; 안응렬·최석우,《한국천주교회사》중, 한국교회사연구소, 1980.

Thomas, A., *Histoire de la Mission de Pékin*, Tome II, Paris: Louis Michaud, 1925.

Hubrecht, Alphonse, *La Mission de Pékin et les Lazaristes*, Pékin: Imprimerie des Lazaristes, 1939.

Choi, Andreas, *L'Erection du Premier Vicariat Apostolique et les Origines du Catholicisme en Corée 1592~1837*, Schöneck-Beckenried/Suisse: Nouvelle Revue de Science Missionnaire, 1961.

최석우,《한국 교회사의 탐구》I, II, III, 한국교회사연구소, 1982, 1991, 2000.

───,《한국 천주교회사의 역사》, 한국교회사연구소, 1982.

한국교회사연구소,《순교자와 증거자들》, 한국교회사연구소, 1982.

김옥희,《박해시대의 교우촌》, 빅벨출판사, 1984.

이만채 편, 김시준 역주,《천주교전교박해사(벽위편)》, 국제고전교육협회, 1984.

이원순,《한국 천주교회사 연구》, 한국교회사연구소, 1986.

김진소,《신바람 사는 보람─김진소 신부, 그 믿음의 발자취》, 한국교회사연구소, 1987.

조 광,《조선후기 천주교사 연구》, 고려대학교 민족문화연구소, 1988.

김진소,《천주교 전주교구사》I, 천주교 전주교구, 1998.

마백락,《경상도 교회와 순교자들》, 대건출판사, 1989.

한국교회사연구소 편,《만남과 믿음의 길목에서》, 한국교회사연구소, 1989.

여진천 역주,《누가 저희를 위로해 주겠습니까》, 기쁜소식, 1999.

윤민구 역주,《윤유일 바오로와 동료 순교자들의 시복 자료집》4 · 5, 천주교 수원교구 시복 시성 추진 위원회, 1999~2000.

윤민구 엮음,《한국 초기 교회에 관한 교황청 자료 모음집》, 가톨릭출판사, 2000.

《사학징의》(邪學懲義) ; 조광 역주,《사학징의》I, 한국순교자현양위원회, 2001.

윤민구,《한국 천주교회의 기원》, 국학자료원, 2002.

한국가톨릭대사전 편찬위원회 편,《한국가톨릭대사전》, 한국교회사연구소, 2006.

서양자,《중국 천주교 순교사》, 순교의 맥, 2008.

이영춘,《한국 천주교회의 창설과 조선대목구 설정》, 기쁜소식, 2008.

한국천주교주교회의 시복시성 주교특별위원회,《하느님의 종 윤지충 바오로와 동료 123위 시복 자료집》5, 2008.

2. 논문

최석우, 〈《사학징의》를 통해서 본 초기천주교회〉, 《교회사연구》 2, 한국교회사연구소, 1979.

김한규, 〈《사학징의》를 통해서 본 초기 한국천주교회의 몇 가지 문제〉, 《교회사연구》 2, 1979.

윤광선, 〈대구교구의 요람지 신나무골〉, 《교회와 역사》 109, 한국교회사연구소, 1984.

─── , 〈험준한 太白줄기…한티 마을〉, 《교회와 역사》 110, 1984.

마백락, 〈한티와 원당 공소〉, 《교회와 역사》 136, 1986.

차기진, 〈조선후기 천주교의 지방 전파와 그 성격─영남지방을 중심으로─〉, 《교회사연구》 6, 1988.

─── , 〈박해기 천주교 신자들의 신앙과 생활〉, 《교회와 역사》 164, 1989.

최석우, 〈대구본당의 설립과 정착과정〉, 《신부 전달출 회장 화갑기념 논총》, 매일신문사, 1992.

차기진, 〈교우촌의 형성과 신앙생활〉, 《교회와 역사》 246, 1995.

윤민구, 〈조선 신자들의 대박청래운동에 대한 해외의 인식〉, 《교회사연구》 13, 1998.

차기진, 〈조선 후기 천주교 신자들의 성직자영입과 양박청래에 대한 연구〉, 《교회사연구》 13, 1998.

─── , 〈경상도 일대의 성지와 사적지〉, 《사목》 252, 한국천주교중앙협의회, 2000.

최석우, 〈한국 교회 회장의 위치와 역할〉, 《한국 교회사의 탐구》Ⅲ, 한국교회사연구소, 2000.

방상근, 〈한국 교회의 회장〉, 《회장―한국 교회사 연구 자료 제26집》, 한국교회사연구소, 2006.

제3장 조선 대목구 설정과 선교사의 입국

제1절 조선 대목구의 설정

조선에서 천주교회가 설립된 것은 1784년의 일이었다. 그러나 교황을 중심으로 하는 보편 교회의 일원으로서 자격을 갖추기 위해서는 제도적인 차원에서 정식 교계 제도가 설정되거나 준교구로 선포되어야 했다. 이런 측면에서 보자면 이제 갓 생겨난 조선 신자들의 신앙 공동체가 교황청의 공인을 받아서 포교성성 관할 아래에 있는 지역 교회로 변모하는 과정은 또 한 번의 재탄생이라고까지 부를 만큼 의미심장한 일이었다. 그렇다면 조선교회는 어떤 과정을 거쳐서 교구 설정의 전(前) 단계라고 할 수 있는 대목구로 발전하였을까? 사실 조선 대목구의 설정은 상당한 우여곡절을 겪으면서 이루어진 일이었다. 게다가 당시 조선 사회로서는 무척이나 낯선 먼 유럽 땅 프랑스에서 주교와 사제들이 조선 대목구를 담당하는 선교사로 오게 된 까닭 역시 세인의 궁금증을 부채질할 것이다. 지금부터 조선교회와 프랑스 선교사의 만남을 추적해 보겠다.

1. 조선교회에 대한 교황청의 관심

유진길 등이 교황께 올린 1824년 혹은 1825년 서한은 마카오의 포교성성 대표부를 경유하여 로마로 전달되었다. 포교성성 마카오 대표부의 책임자 움피에레스 신부는 이 서한에 조선교회를 북경교구에서 독립시켜야 한다는 내용의 의견서를 첨부하였다. 이 서한들은 1827년 로마의 교황청에 도착하였다. 당시 유럽에서는 1814년 나폴레옹이 실각하면서 전쟁이 종식되고 오랜만에 평화가 회복된 시기였다. 그래서 교황청과 유럽 여러 나라의 교회들도 한숨 돌리며 교회 재건에 분주하였다. 사제직을 지망하는 성소도 증가하였으며, 이에 따라 먼 이교 지역으로 가서 선교 활동에 종사하겠다는 지원자들의 수도 늘어났다.

게다가 정교협약 이후 교회가 세속 정부로부터 지원을 받을 수 없게 된 대신 평신도들이 자발적으로 선교사들을 후원하는 단체들이 생겨났다. 그 대표적인 조직이 바로 1822년 5월 3일에 설립된 '전교회'(L' Association de la Propagation de la Foi)였다. 자리코(Marie-Pauline Jaricot)라는 여성이 프랑스 리용(Lyon)에서 시작한 이 단체의 회원들은 매일 주모경(主母經)을 바쳤는데, 이때 "성 프란치스코 하비에르여, 저희를 위하여 빌어 주소서"라는 기도문도 아울러 바쳤다. 그리고 회원들은 매주 5상팀(centimes)의 기부금을 내도록 회칙에 규정되어 있었고, 이 금액을 모아서 각종 선교 단체에 희사하였다. 전교회는 1825년에 선교 활동에 관한 소식들을 모아서 《전교회 연보》(Annales de la Propagation de la Foi)를 발간하기 시작하였는데, 이 선교 잡지를 읽고 감동하여 선교사가 되기로 결심하거나 선교 후원금을 내게 된 사람들이 크게 증가하였다. 실제로 파리 외방전교회와 라자로회 등 프랑스의 선교 단체에 입회하는 지원자들 가운데는 선교 잡지를 읽고 선교사가 되기로 결심하는 경우가 많았다. 그리고 전교회는 1826년부터는 교황청 포교성성과 정규적인 관계를 형성하고 많은 원조를 하였으며, 설립 100주년이 되던 1922년에는 교황청립 기구로 승격되었다.

이렇게 교황청 내에서 해외 선교에 대한 새로운 열기가 고양되고 있던 시점에 조선 교우들의 서한이 전달되면서, 이 서한은 포교성성에서 활동하던 관련 성직자들의 심금을 크게 울렸을 것이다. 하지만 교황청이 나서서 조선 교회의 문제를 해결하기 위해서는 먼저 넘어야 할 난관들이 많았다. 우선 지금까지 조선교회에 재치권을 행사하고 있던 북경교구가 계속되는 청나라 황실의 탄압으로 어려운 상황에 처해 있었기 때문에 모든 방안을 북경교구에 위임할 수 없는 입장이었다. 게다가 교황청과 북경교구 사이에는 미묘한 기류가 형성되어 있었다. 이 일은 천주교의 해외 선교 역사에서 상당히 오랜 내력을 지닌 것이었다. 1494년 토르데시야스(Tratado de Tordesillas) 조약 이후 아시아 지역의 선교 활동은 포르투갈 국왕의 보호권 관할 아래에 놓여 있었다. 포르투갈어로 파드로아도(Padroado)라 불리는 이 보호권은 교황청이 해당 지역에서 포르투갈의 식민 지배권을 인정해 주는 동시에 복음 전파를 위한 사명을 부여한 것이었다. 이에 따라서 포르투갈 국왕은 선교사를 파견하여 이교도 지역에서 교구를 설립할 의무와 함께 교구장 후보를 추천할 권한, 십일조를 징수할 권한 등을 가졌다.

하지만 16세기 이후가 되면서 포르투갈이 아시아 지역에서 패권을 상실하였음에도 불구하고 보호권에 규정된 권한들을 내세워 자기 나라의 이익을 추구하는 일이 많았다. 게다가 선교 지역의 교구 운영에서 포르투갈 계통의 선교사들이 전횡을 일삼는 경우도 적지 않았다. 그러자 교황청으로서는 선교 활동의 순수성을 보장하고 선교 정책의 일관성을 유지하기 위하여 보호권을 제한하는 조치들을 강구하게 되었다. 교황 그레고리오 15세(1621~1623)가 1622년에 포교성성을 설치한 것이나, 프랑스에서 파리 외방전교회(Société des Missions Etrangères de Paris)와 같은 선교 단체들이 설립된 것은 포르투갈이 남용하던 보호권을 축소시키기 위한 조치였던 것이다.

특히 1658년에 생겨난 파리 외방전교회의 설립 취지는 보호권과 충돌하지 않는 범위 내에서 교황의 특별한 위임에 따라 자유롭게 활동할 수 있는 주교들, 즉 교황 대리 감목(敎皇代理監牧, Vicarius Apostolicus)을 육성하여 아시아 지역에 파견하는 것이었다. 이는 이들 주교가 선교 지역에 신학교를 세워 신학생들을 양성하고 자격을 갖춘 인물들을 사제품에 올린다면, 지역 교회가 자체적으로 성장하여 보편 교회의 일원이 될 수 있으리라는 복안이었다. 그렇게만 된다면 유럽인 선교사들이 아시아 지역에서 선교 활동을 벌이면서 겪게 되는 인종적·언어적 장애들을 피할 수 있고, 또한 현지인들이 주도적으로 지역 교회를 설립하도록 돕는다는 포교성성의 궁극적인 목적도 달성할 수 있을 터였다.

교황 대리 감목은 줄여서 흔히 '대목'(代牧)이라고 부르며, 이들은 교구장 주교와 동일한 권한을 누렸다. 또한 그들에게 할당된 구역은 대목구(代牧區, Vicariatus Apostolicus)라고 하는데, 정식 교구는 아니지만 준교구였다. 대목구 주교들에게는 정식 교구의 주교들과 다른

대목구 주교들
이들은 자신들이 활동하는 지역의 명칭을 자신의 고유한 명의로 사용할 수 없었다. 왜냐하면 선교 지역에 정식 교구를 설치하거나 주교를 파견하려면 보호권 조약에 따라서 포르투갈 국왕의 동의를 얻어야 했기 때문이다. 그래서 포교성성에서는 포르투갈과의 갈등을 피하기 위하여, 과거에 교계 제도가 있었으나 현재는 사라진 지역의 명칭을 가져와서 대목구의 주교들에게 그 명의를 부여하였다. 이런 이유로 당시 대목구 주교들에게는 '○○○ 명의의 주교 겸 ○○○ 대목구장'과 같은 복잡한 명칭이 붙여졌던 것이다.

점이 한 가지 있었다. 즉 이들은 자신들이 활동하는 지역의 명칭을 자신의 고유한 명의(名義, titulus)로 사용할 수 없었다. 이러한 사정 때문에 교황청이 조선교회의 문제를 해결하려면 무엇보다 먼저 포르투갈의 보호권에 토대를 두고 설립된 북경교구의 권리를 침해하지 않으면서 조선교회를 포교성성 관할 아래에 두는 방안을 강구해야만 하였다. 이를 위해서 포교성성에서는 조선교회를 독자적으로 담당할 선교 단체를 물색하기 시작하였다. 특정한 선교 단체가 조선교회를 맡겠다고 나서기만 하면, 조선 지역을 대목구로 선포하고, 선교회의 회원 가운데 한 명을 뽑아서 조선 대목으로 임명할 수 있기 때문이었다.

2. 교황청과 파리 외방전교회의 교섭

유진길의 서한과 라틴어 번역문 및 움피에레스 신부의 의견서 등이 교황청에 도착할 당시 포교성성 장관은 후에 교황 그레고리오 16세(1831~1846)가 되는 카펠라리(Bartolomeo Alberto Cappellari, 1765~1846) 추기경이었다. 1765년 이탈리아 북부 지역에 위치한 벨루노(Belluno)에서 태어난 그는 18세에 카말돌리(Camaldoli) 수도회에 입회하였고, 1787년 21세로 사제품을 받았다. 1795년부터 로마에서 체류하였으며, 1826년 10월 1일 61세의 나이로 교황 레오 12세(1823~1829)에 의해 포교성성 장관에 임명되었다.

카펠라리 추기경은 유진길의 서한을 접수하면서 움피에레스 신부의 의견에 십분 공감하였다. 그래서 유럽에 있는 선교회들 가운데 조선 선교를 단독으로 감당할 곳을 찾아보기로 하였다. 먼저 예수회와 교섭을 벌였지만 이내 실패로 돌아갔다. 선교사가 부족하여 조선 선교를 맡을 수 없다는 회답을 받은 것이다. 사실 예수회는 중국 의례를 둘러싼 선교 논쟁에서 패배한 뒤 여러 가지 이유로 교황청으로부터 1773년 해산 명령을 받았다가, 1814년에 가서야 교황 비오 7세(1800~1823)에 의해서 다시 설립되었기 때문에 당시로서는 조선에까지 선교사를 파견할 여력이 없었다.

카펠라리 추기경은 프랑스에 있던 파리 외방전교회로 눈을 돌렸다. 왜냐하면 파리 외방전교회는 그 출범 자체가 포교성성의 설치와 맥을 같이할 만큼 교황청의 방침에 가장 충실한 선교 단체였기 때문이다. 게다가 당시 프랑스 교회는 1789년 프랑스 대혁명 이후 공화주의 세속 정부에 신학교 재산을 몰수당하고 성직자들이 체포되는 등 온갖 어려움을 겪었으나, 왕정 복고 이후에 서서히 기력을 회복하고 다시 선교 활동에 매진하려는 움직임이 생겨나고 있었다.

아닌 게 아니라 파리 외방전교회는 1805년부터 1815년 사이에 단 2명의 선교사만을 파견하는 데 그쳤으나, 1819년에 4명, 그리고 1820년에 6명, 1824년에 5명 등 파견 인원이 점차 증가하고 있었다. 이처럼 파견 선교사 수가 급격하게 증가하지는 않았으나, 대혁명 이후 25년 동안의 침체에서 벗어나 서서히 회복하는 추세였던 것은 분명하다. 그리하여 1827년에는 대략 48명의 회원들이 파리 신학교, 시암(Siam, 지금의 타이), 통킹(Tonking), 코친차이나(Cochinchina), 인도의 퐁디셰리(Pondicherry), 중국의 사천(四川), 마카오(Macao) 대표부 등지에서 활동하고 있었다.

1827년 9월 1일 카펠라리 추기경은 프랑스의 파리 외방전교회 신학교 장상인 랑글로와(C.F. Langlois, 1767~1851) 신부에게 편지를 보냈다. 그 핵심적인 내용을 간추리자면 이러하다. '중국과 인접한 조선 반도에 살고 있는 신자들이 오래전부터 모든 성사의 위로를 받지 못하고 있는데, 적합한 사제

포교성성 장관 카펠라리 추기경은 유진길의 서한을 받고 조선의 선교를 맡을 선교회를 찾다가 파리 외방전교회에 그 책임을 맡을 의향이 있는지 문의하였다. 그리고 파리 신학교 장상인 랑글로와 신부에게 선교에 필요한 사제들을 보내 달라는 내용을 담은 서한을 보냈다(파리 신학교 전경).

들을 파견하여 영적 선익(善益)으로 자신들을 돌보아 달라고 성좌(聖座)에 탄원하였다. 하지만 현재로서는 북경의 사제들이 조선 선교지를 떠맡아서 조선 교우들이 긴급할 때에 도와주러 가리라고 기대할 수가 없다. 그래서 포교성성은 차라리 이 조선 반도에 유럽인 사제들이 관할하는 새로운 지구를 세워야겠다고 생각하였다. 이에 이러한 문제들에 관해서 랑글로와 신부께 알려 드리는 바이다. 사정을 충분히 심사숙고하여 귀 신학교의 신학생들을 통하여 조선인들의 긴급한 요청들을 신속하게 그리고 영구히 돌볼 수 있을지 알아보라는 뜻이다. 당신의 답장을 기다린다.' 대략 이와 같은 내용이었다.

카펠라리 추기경의 서한을 받은 랑글로와 신부는 1827년 9월 29일 답장을 보냈다. 그는 파리 외방전교회로서는 포교성성의 제안과 관련하여 충분히 검토해야만 하는 네 가지 사항이 있다고 언급하였다. 첫째, 현재 관할하고 있는 선교지들에 손해를 끼치지나 않을까 주의할 필요 없이 새로운 선교지의 필요에 부응하기에 충분한 숫자의 일꾼들을 가지게 되리라고 기대할 수 있는가. 둘째, 먼 거리를 여행하는 비용들과 선교 사업을 시작하는 초기부터 닥치게 될 어려움과 필요를 나누기 위하여 사용할 비용들을 감당할 능력이 있는가. 셋째, 선교사들은 어느 길을 이용하여 조선으로 들어갈 수 있는가, 그리고 그들에게 필요한 도움들이 전달될 수 있는가. 넷째, 우리 전교회의 대목구장들 혹은 마카오 대표부나 페낭 신학교 등 선교지의 여러 기관에서 활동하는 장상들이 새로 감당해야 하는 임무를 받아들이는 데에 동의할 것인가.

이 네 가지 사항에 대해서 조목별로 답변하는 형식으로 랑글로와 신부는 파리 외방전교회가 조선 선교지를 맡는 일에 부정적인 의견을 피력하였다. 결국 랑글로와 신부는 아시아 각지에 흩어져서 활동하고 있는 파리 외방전교회 소속 대목구장들 혹은 대목구 장상들의 동의를 얻지도 못했으며, 조선 입국을 위하여 필요한 정보들을 마카오 대표부로부터 받지도 못한 상태에서 포교성성의 제안을 자신이 임의로 수락할 수가 없다는 것이었다. 아울러 랑글로와 신부는 현재 파리 외방전교회의 회원 숫자나 전교회 희사 금액 등이 새로운 선교지를 감당할 만큼 충분하지 못하다는 점도 강조하였다.

실제로 당시 파리 외방전교회는 총장과 같은 최고 책임자가 따로 있어서 모든 일을 총괄적으로 결정하고 지휘하는 단일 지도체제가 아니었다. 즉 파리에 있는 신학교의 장상, 아시아 각지에 있는 소속 대목구장들 혹은 장상들, 그리고 로마와 마카오 대표부의 대표들이 회의를 개최하거나 의견을 취합하여 다수결로 주요 사안들을 의결하는 방식으로 운영하고 있었던 것이

랑글로와 신부가 조선 선교에 필요한 정보를 제대로 받지 못한 상태에서 포교성성의 제안을 받아들일 수 없다고 하자 카펠라리 추기경은 마카오 포교성성 대표부의 책임자 움피에레스 신부에게 조선과 관련하여 더 많은 정보를 알아보도록 요청했다(파리 외방전교회 극동 대표부 전경).

다. 파리 외방전교회가 단일 총장 체제로 전환한 것은 1921년에 가서야 일어난 일이다. 1918년 교황청은 새로 공포된 비오-베네딕도 교회법전에 맞추어 조직 체계를 변경하도록 명령하였고, 이에 따라서 파리 외방 전교회는 1921년 홍콩에서 총회를 열어 게브리앙(J.-B.-M. Budes de Guébriant, 1860~1935) 주교를 초대 총장으로 선출하였다. 그러니 1827년 당시로서는 랑글로와 신부가 파리에서 독단적으로 결정할 수 없는 일이었다.

랑글로와 신부의 답장을 받은 카펠라리 추기경은 1827년 11월 17일에 다시 편지를 보냈다. 이번에는 조선 선교지를 위하여 초기에 필요한 비용의 일부를 포교성성에서 부담하겠다고 밝혔으며, 조선 입국로에 관한 문제를 해결하기 위하여 관련된 정보들을 풍부하게 담고 있는 유진길의 서한 번역문을 참고 자료로 동봉하였다. 하지만 랑글로와 신부는 12월 4일 회신을 보내면서, 조선의 신자들이 제안하고 있는 입국 방법을 검토해 보았지만 이는

1827년 방콕에 도착한 브뤼기에르 신부는 연로한 플로랑 주교를 도와서 시암 대목구의 선교사로서 열심히 활동하였다. 그로부터 2년이 흐른 뒤에 파리 신학교 지도부가 보낸 공동 서한이 시암 대목구에도 전달되었고, 이 서한은 브뤼기에르 신부의 마음에 새로운 선교 열정을 불러일으켰다.

안전성이 거의 없을뿐더러 실행하는 것 자체가 불가능하다고 하였다. 그러니 포교성성측도 마카오 대표부의 책임자인 움피에레스 신부에게 더 많은 정보를 알아보도록 했으면 좋겠으며, 파리 외방전교회로서도 마카오에 있는 극동 대표부의 바루델(J. Baroudel, 1779~1847) 신부에게 연락하여 조선 입국이 가능한지를 탐색하도록 하겠다고 덧붙였다.

그 뒤 1828년 1월 6일 파리 신학교에서는 아시아 지역의 파리 외방전교회 회원들에게 포교성성의 제안을 알리고 의견을 묻기 위한 공동 서한(lettre commune)을 발송하였다. 여기서 공동 서한이란 특정한 수신자에게만 보내는 것이 아니고, 회원 전체를 대상으로 하여 모두가 공유할 내용들을 적어서 보내는 서한을 의미한다. 때문에 이 서한에 대해서 각 지역의 회원들이 의견을 개진하자면 상당한 시일이 걸릴 것으로 예상되었다. 이렇게 하여 포교성성과 파리 외방전교회 사이의 교섭은 일단 연기되는 듯하였다.

한편 카펠라리 추기경은 1828년 1월 26일에 다시 랑글로와 신부에게 편지를 보냈다. 그는 이 편지에서 랑글로와 신부가 12월 4일에 보낸 서한을 주의 깊게 검토하였다는 말과 함께, 그동안 랑글로와 신부와 그의 동료 신부들이 조선인들의 영적 구원을 위하여 애쓴 것에 감사를 표하였다. 아마 각지가 좀 더 많은 정보들을 수집하고, 파리 외방전교회가 조선 선교지를 담당하는 데에 필요한 조건들을 충족하기 위하여 노력하자는 의향이었을 것이다.

그런데 카펠라리 추기경은 이와 더불어 파리 외방전교회와 관련된 한 가지 사실을 통고하였다. 그것은 다름아니라 시암 대목구에서 선교사로 활동하고 있던 브뤼기에르(B. Bruguière, 蘇, 1792~1835) 신부에 관한 것이었다. 즉 1월 13일에 있었던 교황 알현에서 교황께서 시암 대목구의 사정을 듣고는 포교성성이 제안한 내용에 동의하였다는 것이다. 시암 대목구의 사정이란 파리 외방전교회에서 요청한 사안이었는데, 아마도 대목구장 플로랑(E.-M.-J. Florens, 1762~1834) 주교가 66세의 나이로 연로하여 언제 사망할지 알 수 없으므로 후임자 문제를 해결해 달라는 청원이었을 것으로 추측된다. 이에 따라 카펠라리 추기경은 플로랑 주교에게 대목구장 계승권을 지닌 부주교 (Coadiutor)를 임명할 권한을 부여한다는 것과 만약 대목구장이 사망하였을 경우에 그 권한을 브뤼기에르 신부가 행사하도록 한다는 것, 이 두 가지 내용을 담은 교황의 소칙서가 반포되었음을 랑글로와 신부에게 전하였다.

3. 브뤼기에르 신부의 청원

포교성성 장관 카펠라리 추기경의 제안에 대해서 파리 외방전교회 본부의 랑글로와 신부가 보낸 여러 차례의 답신은 조선 선교지를 맡는 문제와 관련하여 먼저 해결해야 할 조건들을 담고 있지만, 사실상 완곡한 거절의 의사였다고 할 수 있다. 왜냐하면 당시 아시아 지역에서 파리 외방전교회가 담당하고 있던 대목구들의 상황이 그다지 좋지 않은 형편이었기 때문이다. 일례로 시암 대목구에는 플로랑 주교 외에 3명의 선교사들이 있었으나, 방콕에서 주교를 보좌하던 페코(M. Pécot, 1786~1823) 신부는 1823년에 사망하였고, 페낭 신학교에서 신학생들을 가르치던 퓌피에(J. Pupier, 1797~1826) 신부마저 1826년에 사망하였다. 그래서 1827년에 부쇼(J.-B. Boucho, 1797~1871) · 바르브(J. Barbe, 1801~1861) · 브뤼기에르 신부가 파견될 때까지 시암 대목구의 프랑스 선교사로는 방콕에 있던 플로랑 주교, 그리고 페낭 신학교에 있던 롤리비에(M. Lolivier, 1764~1833) 교장 신부뿐이었다. 뿐만 아니라 사천 대목구 역시 청나라 황실과 지방 관헌들의 박해로 위태로운 지경이었고, 통킹과 코친차이나 지역에서도 1825년에 천주교 금지령이 내려져 1830년대에 벌어질 대규모 박해의 암울한 기운이 감돌고 있었다.

이처럼 각 대목구마다 활동하는 선교사 수는 제한되어 있고, 또 해당 국가의 천주교 박해 때문에 애써 건설한 교회마저 파괴될 위험에 처해 있던 처지여서, 파리 외방전교회로서는 선뜻 새로운 선교지를 감당하겠다고 나설 만한 여력이 없었다. 그러니 각 대목구장들과 장상들의 의견을 취합한다고 하더라도 조선 선교지를 받아들이자는 의견이 대세를 점하기는 어려운 상황이었다. 게다가 무엇보다도 파리 신학교의 장상과 지도자들의 의향이 부정적인 방향으로 기울어져 있었다. 그러므로 이런 식으로 계속 시일을 끌다가는 결국에 가서 포교성성과 파리 외방전교회의 교섭은 무산될 가능성이 높았다.

조선교회로서는 한 가닥 실낱 같은 마지막 희망마저 끊어질 위기였다. 이때 파리 신학교 본부에 편지 한 통이 날아들었다. 시암 대목구의 주교좌가 있던 방콕에서 브뤼기에르 신부가 보낸 것이었다. 날짜는 1829년 5월 19일로 되어 있었다. 그러니까 포교성성과 파리 외방전교회의 교섭이 중단된 지 1년이 지난 뒤의 시점이었다. 하지만 브뤼기에르 신부의 이 편지 덕분에 조선교회의 운명은 기사회생의 길을 걷게 되었다.

프랑스 남부에 위치한 카르카손(Carcassone) 교구 출신인 브뤼기에르 신부는 원래 교구 대신학교를 졸업하고 1815년 12월 23일에 사제 서품을 받았다. 대신학교 교수로 생활하던 중 선교사로서의 소명을 느낀 그는 1825년 9월 17일 파리 외방전교회에 입회하였다. 6개월 동안 선교사 교육을 받은 뒤 1826년 3월 보르도(Bordeaux) 항구를 떠나서 1827년 6월 4일 시암 왕국의 수도였던 방콕(Bangkok)에 도착하였다. 브뤼기에르 신부는 플로랑 주교를 보좌해 신학교에서 학생들을 가르치면서 방콕 시내에 사는 교우들에게 성사를 주는 등 사목 활동도 병행하였다. 또한 시암 대목구에서 선교 활동을 활발하게 벌이는 한편, 파리와 고향 마을로 자주 편지를 보내기도 하였다. 이는 《전교회 연보》에 게재하여 선교 후원금을 요청하거나, 고향인 카르카손 교구 신학교의 학생들에게 선교사 자원을 촉구하려는 것이었다.

앞서 말한 대로 파리 신학교에서는 1828년 1월 6일 공동 서한을 회원들에게 보내 조선 선교지 문제를 놓고 포교성성과 파리 외방전교회가 벌인 교섭의 내용을 알렸다. 이 서한이 방콕에 도착한 것은 1829년 초의 일이었다. 이 편지를 받기 전부터 브뤼기에르 신부는 중국과 일본 사이에 있는 조선이라는 왕국에 교회가 생겨났으며, 조선인 신자들이 북경으로 여러 차례 사람을 보내어 성직자를 요청하였다는 사실을 알고 있었다. 아마 방콕으로 오기 전에 들렀던 마카오의 파리 외방전교회 극동 대표부에서 조선교회에 관한 이야기를 들었을 것이다. 브뤼기에르 신부는 마카오를 떠나 방콕으로 가는 도중에 잠시 머물렀던 페낭에서 파리 신학교의 랑글로와 신부에게 보낸 1827년 2월 4일 편지에서 이렇게 썼다.

> 조선으로 보냈던 사제(주문모 신부를 말함)가 순교한 이래로, 조선 왕국의 교우들은 그리스도교의 도움을 받지 못하고 있습니다. 이 열성적인 신입 교우들의 사절이 해마다 북경의 주교를 찾아와서 선교사를 보내 달라고 간청합니다. 하지만 지금 이 순간까지도 북경의 주교는 조선인 교우들의 요구를 들어주지 못하였습니다. 이들은 최근에도 같은 내용으로 로마 교황청에 서한을 보냈습니다. 제가 잘못 알고 있는 것이 아니라면 이번이 두 번째라고 합니다. 사람들

의 말에 따르면 조선 사람들은 중국인들보다는 일본인들을 더 많이 닮았다고 합니다. 일본인들처럼 활발하고 영적이며 호기심도 강합니다. 그리고 일단 그리스도교를 받아들이면 확고한 신앙심을 가지게 됩니다. 중국에서 오는 사람들은 모두 이 점에 동의합니다. 그런데도 어째서 유럽 전체에 이 불운한 사람들을 불쌍히 여기는 사제가 아직 한 명도 없다는 말입니까?(《전교회 연보》〔Annales de Propagation de la Foi〕 제15호(1828년 10월), pp. 239~240)

당시는 아직 브뤼기에르 신부가 자신의 배속지인 방콕에 도착하기 전이었다. 그러니까 조선 선교를 자원하는 문제를 진지하게 생각하였을 것 같지는 않다. 하지만 그의 마음속 한구석에는 조선이라는 나라와 그곳에 사는 열성적인 신자들에 대한 상념이 막연하게나마 자리 잡기 시작하였다. 그리고 누군가는 조선교회를 도우러 가야 하지 않겠는가 하는 생각도 들었을 것이다. 이런 생각들을 뒤로하고 방콕에 도착한 브뤼기에르 신부는 연로한 플로랑 주교를 도와서 시암 대목구의 선교사로서 열심히 활동하였다. 그리고 그로부터 2년이 흐른 뒤에 앞서 말한 파리 신학교 지도부가 보낸 공동 서한이 시암 대목구에도 전달되었다. 이 서한은 브뤼기에르 신부의 마음에 불을 지르고 말았다.

진취적인 기상으로 가득 차 있었던 36세의 브뤼기에르 신부는 공동 서한을 읽으면서 애초부터 조선 선교를 맡는 것을 회피하려는 패배주의와 비관주의가 그 속에 깃들어 있음을 느꼈다. 그러자 가엾은 조선인 신자의 절박한 간청을 외면하는 것은 세상 끝까지 복음을 전파하라는 사명과 정면으로 배치된다는 생각이 그를 사로잡았다. 브뤼기에르 신부는 즉시 이 문제를 놓고 플로랑 주교와 상의하였다. 조선교회를 그대로 내버려 두어서는 안 된다는 점에 대해서는 플로랑 주교도 동의하였다. 포교성성의 요청도 있었거니와 파리 외방전교회의 본래 정신에 비추어 보더라도 조선교회를 위해서 무언가를 해야 한다는 것이었다.

하지만 플로랑 주교는 자신의 뒤를 이어 시암 대목구장이 될 재목으로 의무감이 강하고 활동적인 브뤼기에르 신부를 점찍어 두고 있었다. 그래서 브뤼기에르 신부를 대목구장 계승권을 지닌 부주교로 임명할 수 있게 해 달라고 교황청에 청원도 드렸던 것이었다. 그러므로 브뤼기에르 신부가 조선교회에 대해서 남다른 의욕을 보이자 내심 불안하였을 것이다. 그러나 플로랑 주교는 교구 이기주의에 눈이 먼 인물이 아니었다. 만약 정말로 필요하다면 조선교회를 위하여 브뤼기에르 신부를 양보할 의향도 있었다. 그래서 플로랑 주교는 일단 그를 부주교로 임명해도 좋다는 교황청의 결정 사항을 알려 주고 자신이 직접 브뤼기에르 신부의 주교 성성식을 거행하겠다는 의사를 밝혔다.

브뤼기에르 신부는 설혹 자신이 시암 대목구의 부주교로 임명된다고 하더라도 자신이 생각하고 있는 계획에 방해가 되는 것은 아니라고 생각하였다. 오히려 주교가 된다면 조선 선교사를 자원하여 가더라도 현지인 성직자를 양성하는 데 도움이 되었으면 되었지 나쁠 일은 아니라고 판단한 것이다. 이렇게 결심이 서자 브

1829년 5월 19일 서한
현재 한국교회는 브뤼기에르 신부가 조선 선교를 지원하겠다는 의사를 열정적으로 표명한 이 역사적인 서한의 원본을 가지고 있지 않다. 아마도 파리 외방전교회 고문서고 시암 대목구 관련 문서철 속에 들어 있을 것으로 짐작하지만 확인된 것은 아니다.
달레 신부는 저서 《한국천주교회사》에서 브뤼기에르 신부의 서한에 담긴 내용을 거의 전부 인용하였다. 그리고 브뤼기에르 신부의 서한이 작성된 지 꼭 100년이 되던 1929년에 대구 대목구장 드망즈 주교는 이 서한이 조선 대목구 설정에 미친 영향을 기념하는 의미에서, 당시 홍콩에서 발행되던 《파리 외방전교회 회보》(Bulletin de la Société des Missions Etrangères de Paris) 제89호(1929년 5월)에 달레 신부의 저서에 실렸던 그 부분을 그대로 전재한 적도 있었다.

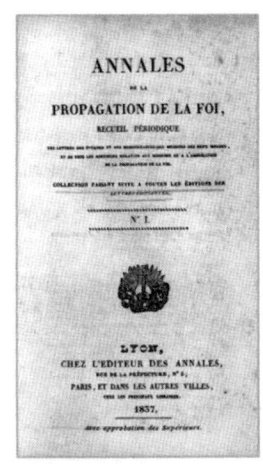

《전교회 연보》 표지(1837). 브뤼기에르 신부는 시암 대목구에서 선교 활동을 활발하게 벌이는 한편, 파리와 고향 마을로 자주 편지를 보냈다. 이는 《전교회 연보》에 자신의 글을 게재하여 선교 후원금을 요청하거나, 고향인 카르카손 교구 신학교 학생들을 북돋아 선교사 자원을 촉구하려는 것이었다.

뤼기에르 주교는 매우 열정적인 어투로 자신의 생각과 결심을 담아서 파리 신학교 장상들과 각지의 회원들에게 보내는 1829년 5월 19일 서한을 작성하였다. 브뤼기에르 신부가 1829년 5월 19일에 파리로 보낸 서한은 상당히 긴 분량으로 되어 있고, 조선 선교 문제에 대한 주장은 그중 일부를 구성하고 있었던 것으로 추측된다. 왜냐하면 앞서 소개한 프랑스의 선교 후원단체 전교회의 기관지 《전교회 연보》 제25호(1831년 7월)에는 작성 일자가 동일한 브뤼기에르 신부의 서한 일부가 실려 있는데, 이 서한에는 시암 대목구의 전반적인 상황을 소개하는 내용들과 인근의 선교 지방으로 선교사들을 파견할 필요가 있다는 주장들이 들어 있기 때문이다. 여하튼 5월 19일 서한에서 브뤼기에르 신부는 파리 신학교 본부가 포교성성 장관 카펠라리 추기경에게 보냈던 변명들을 조목조목 반박하였으며, 궁극적으로 자기 자신이라도 조선 선교사를 자원하겠다고 의사를 표시하였다. 이 서간을 통해 드러나는 브뤼기에르 신부의 열정과 미처 경험하지 못한 조선과 조선의 신자들에 대한 애정은 오늘날에도 깊은 감명을 준다.

친애하는 동료 신부님 여러분,

저는 여러분이 모든 선교지에 보낸 공동 서한을 읽고서, 포교성성에서 조선을 여러분에게 제안하였다는 것과 적어도 현재로서는 여러분이 이 제안을 받아들이기 주저하고 계시다는 것을 알았습니다. 자금이 부족하다는 점, 선교사의 수가 적다는 점, 현재 우리가 맡고 있는 다른 선교지에도 부족한 것들이 많다는 점, 조선으로 들어가는 데 거의 극복할 수 없을 정도로 어려움이 크다는 점, 이 불쌍한 조선의 새 신자들이 선교사들을 받아들이기 위해 알려 준 입국 방법이 불충분하다는 점 때문에 여러분들은 이 일을 더 좋은 시기로 미루려고 하시는 것 같습니다. …

시암 대목구장이신 소조폴리스(Sozopolis) 명의의 플로랑 주교님은 우리 파리 외방전교회가 되도록 빨리 이 새로운 선교지를 맡게 되기를 진심으로 원하십니다. 그래서 여러분께 직접 편지를 보내어 이 문제에 대해서 말씀하실 계획입니다. 물론 이 일이 성공하기를 원하시는 주교님의 열의도 무척 크지만, 저 역시 그분 못지않은 열의를 갖고 있습니다. 이 불행한 신자들에게 도움이 되기를 원하는 간절한 마음이 있기 때문에 저는 그들을 위하여 여러분께 편지를 올립니다.

먼저 저는 여러분이 조선의 신자들에 대해서 최선의 의지를 가지고 있다고 확신합니다. 단지 일을 더 잘 처리하는 것이 불가능하여 어쩔 수 없이 몇 년 정도 더 기다리게 된 것이라고 생각합니다. 이러한 동기들은 칭찬할 만하며 대단히 현명한 것입니다. 그래서 포교성성에서도 거기에 찬성한 듯합니다. 그러나 문제가 그렇게 종결되었기 때문에, 그 문제를 논쟁에 부쳐서 새로 검토하는 것은 불가능할까요? 저는 그렇게 생각하지 않습니다.

저는 감히 실례를 무릅쓰고 위에서 거론된 여러 가지 이유들을 자세하게 상기해 보고, 또 여기에 제 생각들을 몇 가지 첨부하고자 합니다. 여러분께서는 이것을 정밀하게 검토하시고 진지하게 숙고해 보시기를 부탁드립니다. 제가 가소로운 자만심 때문에 이런 말씀을 올리는 것은 절대로 아닙니다. 이 일에 대해서 저보다 더 잘 알고 계시는 분들에 충고를 하자고 이러는 것도 결코 아닙니다. 오직 제 양심에 순종하기 위해서입니다.

1. 우리는 기금이 없다. 그러나 사실상 전교회에서 보내 주는 후원금으로 경비를 충당할 것 아닙니까? 게다가 몇 해 동안은 포교성성에서 보조금을 제공하겠다고 합니다. 물론 여러분은 이런 도움들만으로는 부족할 수 있다고 말씀하셨습니다. 게다가 회원 각자가 원할 때 얼마든지 탈퇴할 수 있는 전교회와 같은 협회에서는 모든 것이 불확실합니다. 이것은 사실입니다.

하지만 전교회는 아주 최근에 출발한 단체입니다. 프랑스 교우들 가운데 겨우 절반 정도만이 전교회를 받아들이고 있습니다. 그러니 선교지들을 후원하려는 열의는 지금 막 생겨났습니다. 때문에 몇 해 동안은 이 열의가 유지될 것입니다. 조금 지나면 아마 이 열의도 식겠지요. 왜냐하면 사람들이 모여서 만든 제도들이 필연적으로 겪게 되는 운명이 바로 그런 것이니까요. 다른 곳보다 프랑스에서는 훨씬 더 그렇습니다. 그러나 그때까지 지혜롭게 절약한다면 뜻밖의 사태를 대비하는 시간이 벌 수 있을 것입니다. 그리고 내일 닥칠 일을 너무 걱정하여 섭리를 모욕하지 말라고 제자들에게 말씀하신 주님께서 새로운 재원(財源)을 마련하여 주실 것입니다.

일찍이 우리 신학교가 불가능한 일이라고 해서 무엇을 거부한 적이 있었습니까? 모든 것이 절망적으로 보였던 시기에 우리가 맡고 있던 선교지들 가운데 하나라도 포기한 적이 있었습니까? 의심할 바 없이 그런 일은 없었습니다. 우리는 하느님을 향해 도움을 간청하였습니다. 우리는 착한 사람들을 악에서 구해내시는 하느님께는 모든 것이 가능하다고 믿었습니다. 우리의 기대는 어긋난 적이 없었습니다. 하느님께서 선교지들을 도와주려고 기적을 베푸셨던 것입니다. 그런데 지금에 와서 우리 하느님의 힘이 약해지셨다는 말입니까? 아니면 우리의 신앙과 확신이 줄어들었다는 말입니까?

2. 우리는 선교사가 없다. 제가 보기에 이것은 우리가 내세울 수 있는 이유 중에서도 가장 설득력이 없는 것입니다. 지금보다 더 많은 수의 젊은 신부들이 선교지로 가기 위해 지원하는 것을 언제 본 적이 있었습니까? 한꺼번에 15명 내지 18명까지 지원자가 생겼다는 구절이 공동 서한에 실려 있더군요. 그리고 여러분은 매일 또 다른 지원자들이 많이 몰려올 것을 기대한다고 하셨습니다. 물론 신학교에 있다가 병 때문에 돌아간 사람들도 몇몇 있었다는 것 역시 사실입니다. 그러나 그들 가운데 아무도 언젠가는 다시 돌아오겠다는 생각을 포기하지 않았다고 여러분은 말씀하셨습니다.

게다가 지금 당장 사람이 부족하다고 잠시 가정해 봅시다. 그렇다면! 여러분이 원하는 만큼의 지원자들을 확보할 수 있는 확실한 방법이 있습니다. 《교훈이 되는 새 서한집》의 '조선' 항목에 들어 있는 기사들을 모두 인쇄하고, 거기에다가 이 열심한 조선의 신자들이 여러 번에 걸쳐서 우리 교황 성하께 올린 편지들을 첨부하십시오. 그 편지들의 필사본은 쉽게 구할 수 있을 것입니다. 그런 다음에 이것을 여러 벌 만들어서 프랑스의 소신학교와 대신학교에 보내십시오. 그리하여 신학교에 있는 모든 젊은 신학생들의 애덕과 열성에 간절히 호소하십시오. 그러면 이내 여러분은 선교사들을 갖게 될 것입니다. 나는 프랑스 사람들을 잘 압니다. 이 험난한 선교지가 보여 주는 온갖 종류의 위험들을 예상하는 일은 그들의 열의를 자극하고 그들에게 새로운 용기를 불어넣어 줄 뿐입니다. 한 명을 구하면 열 명이 달려올 것입니다.

3. 다른 선교지에도 부족한 것들이 많다. 분명 도움을 필요로 하는 일들이 많을 것입니다. 그러나 저 불쌍한 조선 사람들의 경우만큼 절박하지는 않습니다. 애덕의 정신이 사람들에게 요구하는 엄격한 의무는 이렇습니다. 도움이 없이는 그 불쌍한 삶을 조금도 이어 갈 수 없는 불행한 사람을 돕기 위해서는 자기에게 꼭 필요한 것마저도 내놓아야 한다는 것입니다. 그렇다면 이런 의무는 교회로부터 도움을 받기에 마땅한 자격을 갖춘 수많은 열심한 새 신자들에게 도움의 손길을 내미는 경우에 훨씬 더 엄격하게 적용되어야 하지 않겠습니까? 더구나 그들 수천 명의 새 신자들은 아직 신앙이 허약하고, 또 온갖 종류의 유혹에 둘러싸여 있으니 말입니다.

지구의 반대편 끝에 있는 저 불행한 신자들은 여러 해 전부터 신자들의 공통된 아버지이신 교황 성하께 도움을 간청하기 위해 손을 들어 애원하고 있습니다. 모든 교회를 돌보시는 교황 성하께서는 영광스럽게도 우리 파리 외방전교회를 선택하셨습니다. 그리고 두 차례나 우리의 애덕에 호소하셨습니다.* 그런데도 여러분은 아직 기다려야 한다고 생각하시는군요!

조선은 우리의 선교지에 속하지 않으므로 조선에 대해서 아무런 책임이 없다고 말하실 테지요. 저도 그것에 동의합니다. 그러나 자비로운 아버지는 발치에서 죽어 가는 불쌍한 이방인을 도와주기 위해 자신의 자녀들에게 먹일 얼마 되지 않는 음식에서 조금 떼어 주는 것을 의무로 여긴다는 데에는 여러분도 역시 동의하실 것입니다.

우리 선교지 전체를 놓고 본다면 신부 한두 명쯤 줄어든다고 결코 현저한 공백상태가 발생하지는 않습니다. 그러나 완전히 버림받았던 선교지로서는 이 두 명의 신부도 헤아릴 수 없는 은혜가 될 것입니다. 제가 아무리 시암 선교지에 우호적이라고 할지라도 여기에서 선교사 한 명을 빼내어 저 비탄에 잠긴 신자들에게 보내는 것은 조금도 아까워하지 않겠습니다.

4. 그 나라를 뚫고 들어가기가 힘들다. 이 점이야말로 반대하는 이유들 가운데에서 가장 그럴듯하다는 것을 저도 인정합니다. 그러나 결국 어떤 계획이 어렵다고 하여 그것 때문에 불가능한 것은 아닙니다. 또 세속의

---

* 1827년 9월 1일과 11월 17일에 포교성성 장관 카펠라리 추기경이 파리 외방전교회에 조선 선교지 관할 의사를 타진하는 서한을 보낸 것을 말한다.

자식들은 이해 관계가 걸려 있을 때 어렵다고 절대로 물러서지 않습니다. 그렇다면 하느님의 영광과 이웃의 구원이 문제가 되는데도 주저하고 소극적인 것은 빛의 자식들뿐이란 말입니까?

북경에서 출발한 중국인 (주문모) 신부 한 분이 조선에 들어가 박해가 극심했음에도 불구하고 그곳에서 여러 해 동안 성직을 수행하다가 영광스러운 순교로 그의 과업을 완수하였는데, 사천이나 산서에 파견된 유럽인 신부는 그렇게 할 수 없다는 말입니까! 조선 사람들은 몇 해 되지 않는 동안에 편지 여러 장을 로마에까지 보낼 수 있었습니다. 그러니 그들이 신부 한 사람을 그들 나라로 인도하여 들이지 못하겠습니까!

저는 여러분이 하실 대답을 예상하고 있습니다. 그 편지들이 북경을 통하여 전달되었으니, 북경이야말로 유일한 연락점이라고 하시겠지요. 좋습니다! 그렇다면 북경에 편지를 보내서 조선인 신자들에게 알리도록 합시다. 산서나 사천의 이러저러한 마을에서 그들을 기다리는 선교사가 있다는 것을 말입니다. 조선 신자들에게 연락한 다음에는, 조선을 향해서 길을 계속 갈 방법을 알아봅니다. 중국인 연락원들의 인도를 받으면서 만리장성까지 갈 것인지를 검토해 봅니다. 그리고 만날 장소와 암호를 정합니다. 현명함과 통찰력을 겸비하였을 경우에 떠올릴 수 있는 모든 방법들을 사용합니다. 그리하여 마침내는 성공합니다.

그러나 넘을 수 없는 난관이 있어서 그 나라에 뚫고 들어가기가 불가능하다고 가정해 봅시다. 그렇다면! 불가능한 것을 시도해 보아야 합니다.

사람에게는 불가능한 것도 하느님께는 불가능하지 않으니까요. 바다를 통해 조선으로 가는 방법이 제시되었지만, 이 방법은 실행에 옮길 수 없는 것이라고도 합니다. 유럽인이 조선과 전혀 무역을 하지 않기 때문이라든가, 또는 이따금 조선의 연안으로 암거래를 하러 가는 사람들로는 중국인이 유일한데 그들의 선의에 몸을 맡기기에는 너무 위험하기 때문이라는 이유를 대지요.

그러나 저는 묻습니다. 성 프란치스코 하비에르가 이런 생각들 때문에 중국 해적선에 올라타는 것을 포기하였던가요? 그리고 우리의 최초 대목구장들께서도 수많은 여러 왕국들에 흩어져 있으면서 당신들의 보살핌에 맡겨진 신자들을 찾아가야 했을 때 중국인들의 선의를 믿지 않았습니까? 이것이 그다지 믿을 만한 방법이 아님은 저도 인정합니다. 중국인들은 종종 그들의 승객이 돈을 가지고 있다고 짐작되면 목을 베어 죽이기도 하니까요. 그러나 더 나은 방도를 발견할 수 없을 때는 어떻게 하겠습니까?

게다가 현명함이 가져다주는 모든 대비책들을 완비한 다음에, 오로지 하느님의 명령을 실행하겠다는 단 하나의 소망만을 가지고서, 후시라도 발생할 가능성이 있는 위험을 용감하게 무릅쓴다면, 하느님의 좀 더 특별한 섭리를 받을 수 있는 권리를 어느 정도 가질 테지요! 저는 하느님의 명령을 실행한다는 말씀을 드렸습니다. 이 말은 저도 모르게 튀어나온 것입니다. 그러나 저는 이 말을 지워야겠다는 생각도, 아주 조금이라도 고쳐야겠다는 생각도 하지 않습니다. 사실 하느님께서 당신의 모든 사도들과 그들의 계승자들에게, 가서 모든 민족들을 가르치라고 특별히 명령하셨을 때에 조선을 빼놓으셨습니까? 하지만 이 명령은 지금과 같은 상황 속에 놓인 저 훌륭한 신자 공동체를 고려할 때 훨씬 더 엄중한 것이 됩니다.

뭐라고요! 어떤 불쌍한 조선 사람(이승훈)이 복음의 빛이 자기 눈에 비치자마자 신자가 되고 또 즉시 복음을 전파하는 사도로 탈바꿈하여 얼마 안 되는 동안에 수천 명의 동포들을 개종시켰는데, 이 일을 허락하신 하느님께서 결국 이 훌륭한 사업이 더 이상 계속될 수 없도록 내버려 두시겠습니까? 신앙의 빛이 한순간 그들의 눈에서 빛났던 것은 즉시 사라져 버림으로써 그들을 그전보다도 더 짙은 암흑 속에 다시 빠뜨리기 위함이었을 뿐일까요? 이를테면 자기 힘으로 생겨난 이 새로운 교회, 사도들의 시대에 가장 위대하고 가장 훌륭한 것들을 바쳤던 것에 비길 만큼 수많은 용감한 순교자들과 수많은 순결한 동정녀들을 예수 그리스도께 바친 교회, 귀양살이와 종살이를 겪고 재산마저 잃고 난 뒤에도 망나니들의 도끼 아래서 계속 복음을 전하고 새 신자들의 수를 끝없이 늘려 나가는 용감한 증거자들을 아직도 수많이 가지고 있는 이 교회가 그러니까 버림받을 것이라는 말입니까?

뭐라고요! 지극히 자비하신 하느님께서 당신을 알자마자 경배하며 사랑하고 섬겼던 조선 사람들에게 갑자기 엄하고 매정한 하느님이 되셨다는 것입니까? 하느님께서 어려움들을 증가시키고, 뚫을 수 없는 장벽으로 그들의 나라를 둘러싸서 당신의 사제들이 어느 누구도 저들에게 다다를 수 없게 만들고는 즐거워하시겠습니까? 내 머리에 이와 비슷한 생각이 잠시라도 떠오른다면, 저는 섭리를 모독하는 일이라고 생각할 것입니다.

5. 마지막 이유가 남아 있습니다. 그러니까 너무 많은 것을 움켜쥐려고 하면 제대로 잡지 못한다는 것이지요. 하지만 오래된 속담이라고 해서 언제나 논거가 되는 것은 아닙니다. 게다가 이 속담이 지금 상황에 적용될 수 있다는 것을 증명해야 합니다. 저는 우리 파리 외방전교회가 아직도 더 많은 일을 할 수 있고, 또 잘할 수 있다는 것을 위에서 증명하였다고 생각합니다.

저 자신도 이런 말을 여러 번 들었습니다만, 주교님들이 나서서 선교사 성소를 장려하기 위하여 기꺼이 최선을 다하는 교구에는 사제직을 지망하는 사람들이 언제나 훨씬 더 많다고들 합니다. 그러니 이와 유사한 은혜가 우리 파리 외방전교회에, 버림받은 교우 공동체를 지원하기 위하여 용감하게 희생을 하는 단체에 내려질 것이라고 바랄 수는 없을까요? …

여하튼 간에 만약 여러분이 충분히 검토한 뒤에도 여전히 이 문제를 뒤로 미루는 것이 현명하고 또 교회에 이익이 된다고 판단하신다면, 아주 간단한 계획을 하나 제안하겠습니다. 이 계획을 실천에 옮기면 조선의 새 신자들에게 매우 유익할 따름이며, 우리가 현재 맡고 있는 선교지들의 현세적인 이익이건 영적인 이익이건 그 무엇도 위태롭게 하지 않을 것입니다. 포교 성성에는 장래에 관해서 아무런 약속도 하지 말고, 지금 당장으로는 신부

1, 2명 정도를 보내겠다고 제안하십시오.

그들은 이 나라를 뚫고 들어가기 위해 열성적인 태도와 현명한 판단으로 생각해 낸 모든 것들을 시도해 보겠지요. 언젠가 그들이 조선에 들어가는 일에 성공하기만 한다면, 그들은 자기들 스스로의 힘으로든, 새 신자들의 도움을 통해서든, 그들의 뒤를 따를 선교사들을 들어오게 할 방법들을 발견할 것입니다. 유럽에서는 이런 방법들을 잘 알지도 못하며 짐작조차 할 수 없습니다.

그곳에 도착한 신부는 목자(牧者)가 없어서 매 순간마다 영원히 소멸해 버릴지도 모르는 이 선교지를 지탱해 나갈 것입니다. 그러는 동안에 하느님의 섭리는 새로운 도움을 마련해 주실 것입니다. 만일 이 지역에 파견된 첫 번째 신부가 거기에 들어갈 수 없다거나 또는 사형을 당한다고 하더라도, 당사자에게는 승리가 될 것이며, 그렇다고 다른 선교지에 뼈아픈 손실이 되지도 않을 것입니다. 그뿐만 아니라 모든 것을 시도해 보았다는 만족감을 가지게 될 것이고, 자책할 것이라고는 하나도 없을 것입니다.

그러나 이런 위험한 사업을 기꺼이 맡고자 하는 신부가 누구이겠습니까? 제가 하겠습니다. 소조폴리스의 주교님은 아무리 당신의 대목구에 선교사들이 많이 있기를 원하신다 하더라도, 불행한 조선 사람들을 위해서 당신 사제들 가운데 한 명을 기꺼이 내놓으실 것입니다. 저는 이 문제에 대해 이미 주교님께 말씀드렸습니다. 그랬더니 주교님께서도 제가 여러분에게 편지를 쓰는 것을 바란다고 하셨습니다.

주교님은 제 편지를 읽으셨고, 교황 성하께서 저의 청원을 들어주신다면 무슨 일이든지 다 각오하고 계십니다. 사실 제가 이 문제에 대해 교황청에 편지를 보냈다는 것을 여러분에게 숨겨서는 안 되겠지요. 그 편지에서 저는 여러분이 이미 결정을 내렸을 것이라고 생각되는 부분에 대해서는 한마디도 언급하지 않았으며, 오직 저와 관련한 것만을 썼습니다.

지금 저에게 맡겨진 임무 때문에 저의 제안이 거부될 것이라고는 생각하지 않습니다. 주교님께서는 교황 성하로부터 갑사(Capsa) 명의로 부주교를 선택하는 것을 허가한다는 소칙서를 받으시고는, 비록 저는 그렇게 되지 않기를 바라지만, 저를 점찍어 두고 있다는 뜻을 제게 넌지시 알려 주셨습니다. 그러나 제가 무슨 이유를 내세우더라도 주교님께서는 저의 동의를 요구하실 것이라고 짐작합니다만, 부주교로 임명되는 것이 저의 계획에 어떤 방해가 되리라고는 생각하지 않습니다. 주교라고 해서 몸이 덜 튼튼한 것도 아니며 성직을 수행하는 데 덜 적합한 것도 아니겠지요. 오히려 그 반대로 더 많은 은총을 받고, 좋은 일을 할 수 있도록 더 폭넓은 권한을 가지게 되는 것입니다.

이처럼 멀리 떨어진 지역에 파견되는 선교사는 오랫동안 유럽과 연락을 취할 수 없을지도 모르는데, 그가 단지 보통 신부에 지나지 않는다면 대단히 곤란한 일을 당하는 경우가 자주 있을 것입니다. 그러나 주교라면 비록 혼자라 할지라도 어려운 일들을 잘 처리할 수 있고, 또 열심한 새 신자들의 재능과 신심을 확인한 후에 그들에게 사제품을 줄 수 있습니다.

젊은 성직자들을 양성하기 위한 항구적인 시설을 세우는 데 필요한 능력들을 하느님의 섭리가 내려주시길 기다리는 동안에 말이지요. 어떤 주교가 이 선교지에서 다른 선교지로 전임되는 사례도 드물지 않습니다. 그러니까 교황청에서 저의 제안을 들어주도록 여러분이 전폭적으로 지원해 주시기를 간절히 빕니다. 주교님께서도 제 의향들을 아시자 찬성하셨습니다. 만일 시간이 허락한다면 주교님께서 직접 포교성성에 편지를 쓸 작정이십니다.

저는 빈첸시오 아 바오로 성인의 말씀을 여러분께 상기시켜 드리면서 이 글을 끝맺으려 합니다. "자, 부인들이여, 여러분은 동정심과 박애의 정신으로 이 어린아이들을 여러분의 자녀로 맞아들이게 되었습니다. 이 어린이들을 낳은 어머니들은 자식들을 버렸지만, 여러분은 은총에 의해 이들의 어머니가 되었습니다. 이제는 여러분마저 그 어린이들을 버릴 것인지 생각하여 보십시오. 그 어린이들의 어머니이기를 잠시 멈추고 그들의 재판관이 되어 보십시오. 이들의 운명은 여러분의 손에 달려 있습니다. 만일 여러분이 계속해서 자애롭게 보살펴 주면 이들은 살 것입니다. 그와 반대로 여러분이 그들을 저버린다면 틀림없이 그들은 죽고 말 것입니다."

이와 마찬가지로, 저 열심하고 불쌍한 새 신자들의 어머니인 북경교회가 그들을 버리지는 않았지만 그들에게 도움을 주는 것이 완전히 불가능하게 된 이상, 신자들의 공통된 아버지이신 교황 성하께서는 우리 파리 외방 전교회에 그들의 어머니이자 의지처가 되어 달라고 요청하고 계십니다. 그러니 저들의 운명은 말하자면 여러분의 손에 달려 있다 하겠습니다.

여러분이 포교성성의 제안을 받아들이시면 이 훌륭한 신자 공동체가 살 것이고, 어쩌면 거기서부터 달단의 드넓은 지방으로 신앙이 퍼져 나갈지도 모릅니다. 조선이 일본과 인접해 있다는 점, 두 민족이 함께 교역을 한다는 점, 풍속과 성격이 유사하다는 점 등을 비롯하여 모든 것을 고려할 때, 조선의 신자들이 불운한 일본 사람들과 북해도 등지의 주민들에게 의지처가 되고 새로운 사도가 될 것임을 예견해 주는 듯합니다.

그러나 이와 반대로 여러분이 이 선교지를 포기하시면, 저 불쌍한 새 신자들은 아무런 도움도 받지 못하고 위안도 얻지 못한 채 좌절하게 되어, 용기를 잃고 그들의 낡은 미신들 속으로 다시 떨어질 수도 있습니다. 이렇게 되면 예수 그리스도의 왕국을 이 멀리 떨어진 지역으로 확장하려는 희망은 영원히 사라져 버리고 말 것입니다.

지극히 친애하는 동료 신부님 여러분, 저는 여러분의 지극히 보잘것 없고, 지극히 공손한 종입니다.

교황 파견 선교사 브뤼기에르 올림

1829년 5월 19일, 방콕**

** 원문의 출처는 다음과 같다. Charles Dallet, *Histoire de l' Église de Corée*, Tome Second, Paris: Victor Palmé, 1874, pp. 11~17 ; 샤를르 달레, 《한국천주교회사》중, 한국교회사연구소, 1980, 223~231쪽.

4. 조선교회를 위한 브뤼기에르 주교의 노력

브뤼기에르 신부가 조선 선교를 자원하는 편지를 파리 신학교로 보낸 지 9일 뒤인 1829년 5월 28일에 플로랑 주교는 교황청에서 위임한 권한에 따라, 브뤼기에르 신부를 갑사 명의의 주교로 임명하면서 동시에 시암 대목구의 부주교로 임명하였다. 브뤼기에르 신부가 주교로 성성된 것은 성 베드로 사도와 성 바오로 사도 대축일이었던 1829년 6월 29일의 일이었다. 하지만 브뤼기에르 주교는 플로랑 주교로부터 임명장을 받은 다음 날인 5월 29일 당시 마카오에 있던 라미오 신부에게 보내는 편지를 쓰면서 본인을 갑사 명의의 주교라고 지칭하였다.

라미오 신부는 앞서 보았듯이 움피에레스 신부가 유진길의 한문 서한을 라틴어로 번역할 때 의견을 물어보았던 사람이다. 북경에서 오래 체류하였고, 한문에도 해박하였기 때문이다. 브뤼기에르 주교는 방콕으로 오는 도중에 마카오에서 만난 적이 있는 라미오 신부가 조선 사정에 가장 밝으리라고 판단하였다. 그래서 조선 선교를 자원하는 편지를 파리 신학교로 보낸 다음에, 가장 먼저 라미오 신부에게 연락하여 조선으로 입국하는 방법에 관하여 자세한 정보를 물었던 것이다. 로마의 라자로회 고문서고에서 발견된 이 서한의 상단에는 1829년 7월 29일에 수신하였으며, 1830년 1월 26일에 답장을 보냈다고 되어 있다. 그러므로 브뤼기에르 주교는 1830년 봄에야 라미오 신부의 답장을 받았을 것이다.

한편 브뤼기에르 주교는 1829년 6월 9일 로마의 포교성성으로 편지를 보내어 조선 선교사로 가겠다는 자신의 의사를 밝혔다. 즉 이 편지에서 그는 먼저 포교성성의 결정과 교황 레오 12세의 윤허에 따라서 6월 29일에 플로랑 주교의 집전으로 갑사 명의의 주교로 서품될 예정임을 알렸다. 이와 더불어 브뤼기에르 주교는 포교성성이 파리 외방전교회에 조선을 새로운 선교지로 맡아 줄 것을 요청하였다는 소식을 전해 들었다고 하면서, 자신을 조선으로 보내 달라고 간청하였다. 그리고 이 계획은 플로랑 주교의 허락을 얻은 것이며, 아마 플로랑 주교 본인이 직접 포교성성으로 서한을 보내어 입장을 밝힐 것이라고 하였다.

브뤼기에르 주교의 말대로 플로랑 주교는 1829년 6월 20일에 브뤼기에르 주교의 결심을 지지하며 그가 시암 대목구를 떠나 조선으로 가는 것에 동의한다는 내용의 서한을 포교성성으로 보냈다. 즉 파리 외방전교회가 조선 선교지를 맡는 것이 옳다고 생각하며, 또 이 일을 위하여 브뤼기에르 주교가 자원하고 나섰는데, 만약 필요하다면 하느님의 더 큰 영광을 위하여 브뤼기에르 주교를 양보하겠다는 것이었다. 또한 플로랑 주교는 이러한 생각을 파리의 신학교 본부에도 알렸다. 시암 대목구장 후임자를 정해 달라고 해놓고는 이내 다른 선교지로 보낸다니 머리가 돌았다고 생각할지도 모르겠으나, 선교사와 선교지에 보내는 애긍이 지금보다 더 많았던 때가 없었으며, 하느님의 큰 영광에 관계된 일에서 하느님의 섭리가 구원해 주시리라 믿지 않는다면 그것은 곧 하느님을 욕되게 하는 것이라는 말로 플로랑 주교는 자신의 결심을 드러내 보였다.

그 사이에 브뤼기에르 주교는 앞서 포교성성으로 보냈던 6월 9일 서한이 너무 단도직입적으로 조선으로 가겠다는 생각만을 강변한 것은 아니었을까 하는 걱정이 생겼다. 어쩌면 자신의 그러한 요청이 시암 대목구가 마음에 들지 않아서 그랬다거나 아니면 다른 어떤 의도를 지닌 것으로 오해받을 소지가 있다고 판단한 것이다. 그래서 10월 1일에 다시 포교성성으로 자신의

브뤼기에르 주교는 1829년 6월 9일 로마의 포교성성으로 편지를 보냈다. 그는 이 서한에서 자신을 조선으로 보내 달라고 간청하였다.

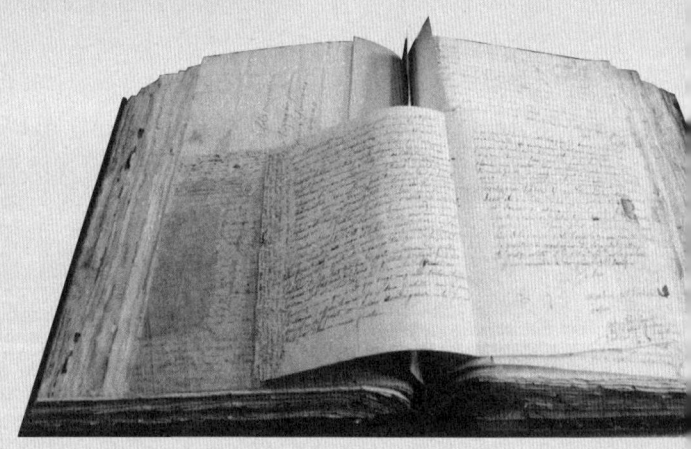

파리 외방전교회 고문서고에 있는 《브뤼기에르 주교 여행기》(*Voyage de Mgr. Barthélémy Bruguière*). 브뤼기에르 주교는 여기에 자신이 조선 선교사를 자원했던 1829년 무렵부터 1835년 10월 5일까지 약 6년 동안의 여행 일정과 사건들을 기록하였다. 한국교회사연구소에서는 2008년에 이 여행기를 원문 대역본으로 간행하였다.

결심을 재확인하는 서한을 보냈다. 그 속에는 다음과 같은 내용이 들어 있었다.

> 교황 성하께 간청하오니, 저의 소명을 검토해 주시옵소서. 성하께서 이에 동의하시면 제가 그토록 중요한 일을 하기 위하여 출발하도록 명을 내려주십시오. 저는 제 뜻대로 처신할 수가 없습니다. 저는 하느님의 뜻을 따르고자 합니다. 하늘의 명령에 복종하며 그것을 수행하겠습니다. 하느님의 뜻이 공표되기를 기다리면서, 저는 제가 속한 선교지(시암 대목구)에서 평생을 머무르게 되어 있는 것처럼 온 힘을 다해 제 임무를 수행할 것이며, 한편으로는 당장이라도 떠나야 하는 사람처럼 언제나 준비하고 있겠습니다(〈브뤼기에르 주교가 포교성성 장관에게 보낸 1829년 10월 1일 서한〉, 《인도와 중국 관계 포교성성 특별회의에 보고된 원자료(SOCP) 제75권》, f. 869).

브뤼기에르 주교는 주교 서품을 받은 이듬해인 1830년에 말레이 반도 서해안에 위치한 페낭 섬으로 파견되었다. 그곳 역시 시암 대목구에 속한 곳이었는데, 파리 외방전교회가 운영하고 있던 신학교가 있었다. 이 신학교는 박해 등의 사정으로 신학교를 설립할 형편이 못 되는 아시아 지역의 대목구들에서 파견한 신학생들을 모아서 교육시키는 기관이었기 때문에 연합 신학교(Collège général)라 불렸다. 원래는 1666년에 시암 왕국의 수도였던 유티아(Juthia)에 세워졌으나, 여러 장소로 이전하다가 1807년 비로소 페낭 섬에 자리 잡게 되었다. 브뤼기에르 주교는 페낭에서 교황청의 결정 소식을 기다리면서 시암 대목구의 부주교로서 자신에게 맡겨진 임무를 충실히 완수하였다. 즉 시암 대목구에 속한 곳이지만 아직 선교사가 상주하지 않은 여러 섬에 선교사 또는 현지인 전교회장을 파견하였으며, 또한 브뤼기에르 주교 본인은 페낭 신학교 인근의 신자들을 대상으로 성무 활동을 하였다.

브뤼기에르 주교는 1830년 1월 31일에 다시 한 번 교황청으로 편지를 보내어 자신을 조선으로 파견해 달라고 간청하였다. 1829년 2월에 페낭 신학교로 부임한 샤스탕 신부도 조선의 불쌍한 신자들에 대해서 관심을 보이고 있었다. 그러나 브뤼기에르 주교의 생각에 동의하지 않는 사람들도 많았다. 마카오에 있던 움피에레스 신부와 파리 신학교의 랑글로와 신부가 대표적인 경우였다. 먼저 움피에레스 신부는 1829년 11월 17일에 로마의 포교성성으로 편지를 보냈다. 그의 주장은 브뤼기에르 주교와 샤스탕 신부에게 결코 우호적이지 않았다. 그는 파리 외방전교회의 프랑스 선교사들이 조선을 담당하는 데에는 매우 큰 어려움들이 있다고 보았다. 북경교구나 남경교구의 포르투갈 선교사들과 갈등이 발생할 소지가 있다는 점 때문이었다. 그러므로 브뤼기에르 주교와 샤스탕 신부를 조선에 보낸다고 하더라도, 이것은 교황청에서 조선 선교지를 돌보는 임무를 다른 수도회에 맡길 때까지 취하는 임시적인 조치여야 한다는 입장이었다.

파리에 있던 랑글로와 신부 역시 1830년 6월 11일에 포교성성으로 서한을 보내면서 브뤼기에르 주교의 제안에 반대하였다. 랑글로와 신부에 따르면, 북경교구를 담당하고 있는 포르투갈 선교사들이 절대로 조선 선교지를 단념하지 않을 것이며, 또 조선과 북경의 관계가 존속되는 편이 바람직하다는 것이었다. 왜냐하면 매년 사신들이 왕래하는 북경에서 조선과 연락을 취하는 일은 가능하지만, 프랑스 선교사들이 담당하고 있는 선교지들은 조선과 너무 멀리 떨어져 있어서 이런 일이 불가능하기 때문이라고 하였다. 그리고 만약 브뤼기에르 주교가 독자적으로 사도적 임무를 수행할 지역을 갖고자 한다면, 조선이 아니라 시암 왕국 부근의 나라들에서 그러한 지역을 쉽게 발견할 수 있다는 것이 랑글로와 신부의 생각이었다. 더욱이 시암 대목구의 형편을 보더라도 브뤼기에르 주교가 계속 남아서 자기 임무를 다하는 것이 대목구의 선익을 위해서 더 필요한 일이라는 것이었다.

브뤼기에르 주교가 조선 선교를 나서겠다고 자원하였고, 또 페낭 신학교의 샤스탕 신부도 브뤼기에르 주교의 뒤를 따르겠다고 나섰다. 하지만 마카오의 포교성성 대표부에서는 이에 대해서 부정적인 의견을 피력하였다. 그리고 브뤼기에르 주교와 샤스탕 신부가 소속된 파리 외방전교회 파리 본부에서도 조선 선교지를 가급적 맡지 않으려는 태도를 취하고 있었다. 이렇게 의견이 양쪽으로 갈린 이상, 이제 선택은 로마에 달려 있었다. 로마의 결정에 따라서 조선교회의 앞날과 브뤼기에르 주교의 운명이 정해질 것이었다. 그 사이에 로마에서 변고가 발생하였다. 성좌에 유고 사태가 발생한 것이다.

5. 조선 대목구의 설정

교황 레오 12세의 뒤를 이어서 1829년 3월 31일 교황으로 선출되었던 교황 비오 8세(1829~1830)는 1년 8개월의 짧은 재임 기간을 끝으로 세상을 떠났다. 늘 건강에 문제가 있었던 교황 비오 8세가 갑자기 병세가 악화되어 1830년 11월 30일에 69세를 일기로 세상을 떠난 것이다. 우여곡절 속에 교황 선거가 열렸으며, 50일 동안 지속된 선거 끝에 1831년 2월 2일 추기경들은 새 교황으로 포교성성 장관인 카펠라리 추기경을 선출하였다.

카펠라리 추기경은 그레고리오 16세라는 이름을 선택하였다. 교황 그레고리오 16세는 포교성성 장관을 역임하였기 때문인지 선교에 관심이 많은 교황이었다. 1827년에 유진길이 작성한 조선 교우들의 탄원서를 받은 것도, 파리 외방전교회 신학교의 랑글로와 신부와 교섭을 벌인 것도, 그리고 브뤼기에르 주교가 조선 선교사를 자원하는 편지를 올린 것도 바로 카펠라리 추기경, 즉 교황 그레고리오 16세였다.

교황은 포교성성 장관 재임기에 파리 외방전교회와 직접 교섭을 벌였던 조선교회의 문제를 시급히 해결하기를 원했다. 왜냐하면 시암 대목구의 부주교였던 브뤼기에르 주교가 조선 선교를 자원하겠다고 보낸 서한이 이미 포교성성에 접수되었으므로 조선교회의 문제를 해결할 수 있는 실마리가 잡혔다고 판단하였기 때문이다. 하지만 파리 외방전교회 본부에서는 조선 선교지를 맡는 문제에 여전히 미온적이었고, 마카오에서도 부정적인 의견이 올라온 상태였다. 결국 1831년 7월 4일 포교성성에서는 새로이 장관이 된 페디치니(Carlo Maria Pedicini, 1769~1843) 추기경이 주재하는 회의가 열렸다. 이 회의는 중국과 인도 지역의 교회에 관련된 안건들을 다루었는데, 북경교구와 관련하여 조선 선교지의 문제도 거론되었다. 이 회의에서 브뤼기에르 주교의 청원과 관련하여 결정된 것은 다음과 같다.

> 첫째, 브뤼기에르 주교의 청원을 허락한다. 그러나 주교가 조선 입국을 실행하는 것은 중국인 신학생이 조선으로 들어가서 주교의 입국이 더 수월하도록 일을 준비할 때까지 연기되어야 한다. 그리고 만일 어떠한 중대한 어려움에 봉착하지 않는다면, 그에게 조선으로 가도록 허락한다. 이는 기회가 주어지는 대로 즉시 착수할 수 있다.
> 둘째, 이와 동시에 시암 대목구장에게는 브뤼기에르 주교가 떠날 경우에 새로운 부주교를 서품할 권한들이 주어진다.

셋째, 북경교구에서 독립된 대목구를 조선에 설정하는 것은 브뤼기에르 주교가 조선으로 들어갈 수 있을 때에 허락한다.

넷째, 새로 설정되는 조선 대목구를 돌보는 일을 파리 외방전교회에 위임할 것인가, 아니면 포교성성의 직할로 남겨둘 것인가의 문제는 브뤼기에르 주교가 조선에서 충분히 안전하게 체류할 수 있게 된 이후로 그 결정을 연기한다 (《중국과 동인도 주변국들의 사건들을 다룬 포교성성 특별회의 회의록(Acta C.P.)》제21권, f. 654).

일단 포교성성은 브뤼기에르 주교가 조선으로 가서 선교 활동을 하는 것은 허락하였다. 하지만 북경교구로부터 독립된 조선 대목구를 설정하는 문제와 조선 대목구의 관할권을 파리 외방전교회에 맡길 것인지 아니면 포교성성 직할 구역으로 존속시킬지를 결정하는 문제는 브뤼기에르 주교가 조선으로 무사히 입국하고 또 충분히 안전하게 체류할 수 있게 된 연후에 결정하기로 하였다. 즉 모든 최종적인 결정은 브뤼기에르 주교가 살아서 무사히 조선으로 입국하고 안전하게 체류할 수 있다는 것이 판명될 때로 연기된 것이다.

게다가 브뤼기에르 주교의 입국과 관련하여 한 가지 단서 조항이 붙어 있었다. 브뤼기에르 주교의 조선 입국을 준비하는 임무를 띤 중국인 신학생을 먼저 파견한다는 것이었다. 여기서 '중국인 신학생'이란 나폴리에 있던 예수 그리스도의 성가정 신학교(Collegio della S. Famiglia di Gesú Cristo)를 졸업한 유 파치피코(余恒德, 1795~1854) 신부를 말한다. 이미 신부가 된 인물을 중국인 신학생(alumnus sinensis)이라고 말하는 이유를 알 수 없지만, 어쩌면 유 파치피코 신부가 신학생이었을 때부터 조선 선교사로 가고자 하는 희망을 보였기 때문에 포교성성에서는 아직 신학생이라고만 생각한 것은 아닌지 모르겠다. 혹은 '나폴리 성가정 신학교 학생이었던 중국인 사제'를 줄여서 말하다 보니 그렇게 된 것일 수도 있다.

  1795년 중국 섬서성(陝西省)에서 태어난 유 파치피코 신부의 본래 이름은 여항덕(余恒德)이었는데, 나중에 조선으로 들어올 때 이름을 유방제(劉方濟)로 바꾸었다고 한다. 그는 1821년 9월 1일 나폴리 성가정 신학교에 입학하였다. 본래 이 신학교는 사제직 수행을 위해 필요한 중국어 교육 문제를 해결하려는 목적에서 포교성성 직할로 1732년에 설립되었다. 중국 내륙에서는 신학생들을 체계적으로 교육하기가 어려웠기 때문에 유럽으로 데리고 와서 안정적인 환경에서 신학 교육을 받을 수 있도록 하는 것이 설립 목적이었다. 유 파치피코 신부는 성가정 신학교에 재학하던 시기에 갈라톨라(Antonio Galatola) 교장 신부를 통하여 조선 선교사로 가고 싶다는 의향을 밝힌 적이 있었다. 갈라톨라 신부는 1828년 8월 23일 서한을 통해서 이 사실을 포교성성 장관에게 보고하였고, 조선 선교지를 맡을 선교회를 물색하고 있던 포교성성으로서는 유 파치피코 신학생이 조선에 선교사로 가고 싶다는 의향을 보였다는 사실을 대단히 희망적인 일로 받아들였다.

  유 파치피코 신부는 1830년 12월 5일 사제 서품을 받았다. 그리고 1831년 1월 27일에 나폴리를 떠나 중국으로 향하였다. 그러므로 위에서 말한 포교성성의 결정이 내려졌을 때에는 이미 유럽을 떠난 뒤였다. 유 파치피코 신부는 1831년 7월 31일 마카오에 도착하여 포교성성 마카오 대표부의 책임자 움피에레스 신부를 만났다. 움피에레스 신부 역시 유 파치피코 신부의 소망을 알고 있었기 때문에, 7월 4일에 열린 포교성성 회의의 결정 사항을 아직 알지는 못한 상태였지만 그를 조선으로 보낼 계획을 세웠던 것 같다.

그래서 유 파치피코 신부는 8월 26일 중국의 광동에 상륙하였으며, 북경을 향해서 진로를 잡았다. 북경에 도착하면 북경 주교로부터 자금과 직무를 제공받고, 조선인 신자들을 만나서 그들의 안내를 받아 조선으로 입국할 생각이었던 것이다.

한편 포교성성 회의에서 조선 선교지에 관한 결정이 내려진 지 2달 뒤, 교황 그레고리오 16세는 9월 9일 로마의 성모 마리아(Santa Maria Maggiore) 대성전에서 두 가지의 소칙서(Breve)를 반포하였다. 두 개의 소칙서 가운데 첫째는 조선 대목구 설정을 명하는 것이었다. 북경교구에서 완전히 독립된 대목구를 조선 왕국에 설치하며, 이 조치는 현재와 미래 모두에 결정적이고 유효하며 효과적인 것으로 전적인 효력을 발휘한다는 것이었다. 둘째는 조선 대목구장으로 브뤼기에르 주교를 임명하는 소칙서였다. 여기에는 시암 대목구장 플로랑 주교의 부주교였던 브뤼기에르 주교가 조선 대목구장으로 임명되었으며, 이에 따라서 브뤼기에르 주교는 중국 내의 여러 지방들과 중국에 인접한 지방들의 대목구장들에게 관례적으로 부여되었던 모든 특전들을 누릴 수 있다는 내용이 들어 있었다. 한편 브뤼기에르 주교의 명의로는 애초에 시암 대목구의 부주교로 임명될 때 받았던 갑사의 명의가 그대로 유지되었다.

> **소칙서**
> 본래 교황의 이름으로 선포되는 문서들은 그 형식적인 면에서 칙서(Bulla)와 소칙서로 나뉜다. 칙서는 매우 중요한 사안을 다루는 문서로서 가장 장중한 형식을 취한다. 그래서 문서의 전면에는 사도 베드로와 바오로의 상을 찍고, 뒷면에는 교황의 이름이 각인된 납이나 금으로 봉인을 하였다. 이에 비해서 소칙서는 칙서보다 짧고 단순한 편지 형식으로 되어 있다. 대개 한 장으로 된 장방형의 종이나 양피지에 붉은 초로 어부 베드로 사도의 인장을 찍는다. 이 인장에는 바다에 떠 있는 배 위에서 그물을 올리는 베드로의 모습과 해당 교황의 이름이 찍혀 있다. 이러한 외형적 특징으로 볼 때 1831년 9월 9일 교황 그레고리오 16세가 반포한 것은 소칙서들이었다.

조선 대목구 설정 소칙서*

이 일을 길이 기억하기 위하여,

하느님의 높으신 섭리로 본인의 어깨에 부과된 사목 직무의 의무에 따라 주님의 모든 양 떼를 책임지고 있는 나 교황 그레고리오 16세는 보편 교회의 통일성에서 중심이 되는 이 사도좌에서 멀리 떨어진 지방에 살고 있는 양들을 특별히 더 부지런히 보살펴야 한다고 생각합니다. 이것은 마땅히 그러해야 하듯이, 그 양들을 찾아내어 사도적인 보살핌으로 진리의 양(羊) 우리 안으로 들어가게 하고, 영원한 목자께서 재림하실 때에 천상의 목장으로 불러서 성공적으로 인도하기 위함입니다.

특히 교황 파견 선교사들이 언젠가는 마침내 조선 왕국에 들어갈 수 있게 되어, 그곳에 사는 신자들의 딱한 사정을 도와주고 주님의 포도밭 가운데 한 부분을 교리 교육과 성사 집전으로 가꿀 수 있으리라는 희망이 적잖게 비치는 듯합니다. 위에 말한 지방의 주민들이 중국의 다른 지방들과 연락을 취하기가 아주 드물고 또한 매우 어려운 일이므로, 본인은 본인의 존경하는 형제들인, 선교 사업을 주관하는 거룩한 로마교회의 추기경들과 의논하여, 지금 당장 조선 왕국을 새로운 대목구로 설정하고, 거기에 북경 주교로부터 완전히 독립한 대목구장을 세우는 것이 알맞다고 판단합니다.

그러므로 본인은 자발적으로, 또 본인의 확실한 지식과 오랜 숙고에 따라, 교황의 충만한 직권과 이 교황 교서의 힘으로 조선 왕국을 지금 당장 새로운 대목구로 설정하는 바이며, 거기에 북경 주교로부터 완전히 독립한 대목구장을 임명한다고 선언하는 바입니다. 그리고 이 성좌에 의해서 임명될 그 대목구장에게는 중국의 여러 지방들이나 중국에 인접한 지방에 있는 대목구장들에게 관례적으로 부여되어 온 특별 권한들을 모두 그리고 낱낱이 전기한 본인의 권한으로 허락하고 부여하는 바입니다.

  본인은 지금 이 교서가 확고하고 유효하고 효력을 지니고 있으며 또 앞으로도 그러할 것이며, 그 완전하고 온전한 효력을 누리고 유지하며, 현재 이 교서와 관련된 이들에게서든 또는 앞으로 관련될 이들에게서든 아주 충만하게 지지를 받고, 모든 사람들이 온전히 지키도록 결정합니다. 이런 문제에 대하여 모든 상임 혹은 위임 재판관, 사도궁의 소송 예심관과 성좌의 사절들과 거룩한 로마교회의 추기경들을 통하여, 그들에게나 그들 가운데 어느 누구에게 제기된 사건을 달리 판단하고 해석하는 어떤 권한과 권위로 재판과 판결을 받는다 하여도, 또 만일 누가 어떤 권위로든, 알고 행하든 모르고 행하든 관계없이 이와 달리 시도하면 무효이고 무의미합니다.

  교황의 법령과 규정이나 특별하고 명시적인 언급으로 마땅히 폐지되어야 할 다른 법령들에서 이와 반대되는 것은 무효입니다.

로마 성모 마리아 대성전에서
어부의 반지를 찍어
교황 재위 제1년, 1831년 9월 9일
교황 그레고리오 16세

국무원장 토마소 베르네티 추기경

* 원문의 출처는 다음과 같다. 《파리 외방전교회 고문서고 소장 한국 관계 문서철 제578권》, f. 88.

조선 대목구장 임명 소칙서*

공경하올 형제, 갑사의 주교 바르톨로메오 브뤼기에르에게

교황 그레고리오 16세가

존경하는 형제여, 인사와 교황 강복을 받으시오.

높은 데에서 본인에게 맡겨진 목자의 직무 가운데, 그리스도를 믿는 사람들을 하느님 계명의 길로 이끌, 그들의 영혼이 영원한 구원을 얻도록 알맞은 수단으로 도와주려고 하느님과 함께 온갖 노력을 기울이는 것보다 본인이 더 염려하는 것은 없습니다.

그러므로 존경하는 형제여! 소조폴리스의 주교인 시암 대목구장의 부주교인 귀하께서 조선인들의 나라로 들어가 조선인 새 신자들을 보살필 책임을 맡도록 허락해 달라고 겸손하게 청원하였을 때, 본인은 조선의 그리스도인들의 절박한 사정을 심사숙고하고, 덧붙여 시암 대목구장이 자신의 부대목으로 선출할 다른 알맞은 신부를 쉽게 찾을 수 있으리라는 이유를 참작하고, 본인의 존경하는 형제들인 거룩한 로마교회의 추기경들과 의논하여 귀하의 간청을 너그러이 받아들이고, 아무런 장애가 없다면 귀하가 새로운 선교지로 떠나 그 선교지에서 참으로 순조롭고 성공적인 출발을 이끌어 나가도록 허락합니다. 또한 본인은 지금 귀하를 본인과 사도좌의 기쁨으로 교황의 권위와 현재 문서의 취지로, 중국의 여러 지방들이나 중국에 인접한 지방들에 통상적으로 수여하는 모든 특별 권한들을 가진, 조선 왕국의 대목구

장으로 선출하고 임명하며 실행하고 확정합니다. 다만 이런 문제에 대한 포교성성 추기경들의 권위는 언제나 존중되어야 할 것입니다.

그러므로 본인은 지금 관련되어 있고 나중에 관련될 모든 이가 각기 이 문제에서 귀하에게 곧바로 복종하고 순종하여야 하며, 구원에 유익한 귀하의 권고와 명령을 겸손하게 받아들이고, 또 효과적으로 이행하도록 힘써야 한다고 명령합니다. 그렇지 아니하고 반항하는 자들에게 귀하가 적법하게 부과하거나 제정할 판결이나 처벌을 본인은 유효하다고 인정하며, 하느님의 보증으로 마땅한 속죄가 온전히 이루어질 때까지 이를 지지할 것입니다.

교황이 발표하였거나 보편 공의회, 지역 공의회, 공의회에서 발표한 일반 또는 특수 법령과 규정뿐만 아니라 교황의 어떠한 서약이나 추인, 또는 어떻게든 확고히 굳어진 법규나 관습, 또한 윤허를 받은 특전과 교황 교서에서 어느 모로든 이와 반대로 수여하고 추인하고 갱신한 것들은 무효입니다.

이에 그러한 모든 내용을 낱낱이 완전하고 충만한 표현으로 낱말 하나하나를 뚜렷이 밝혀, 다른 때에도 그 자체의 효력을 영구히 유지할 것입니다. 이러한 일이 효력을 갖도록 하고자, 본인은 이제 이와 반대되는 다른 모든 것은 무엇이든 예외 없이 낱낱이 또 명시적으로 폐지합니다.

로마 성모 마리아 대성전에서
어부의 반지를 찍어
교황 재위 제1년, 1831년 9월 9일
교황 그레고리오 16세

국무원장 토마소 베르네티 추기경

* 원문의 출처는 다음과 같다. 《파리 외방전교회 고문서고 소장 한국 관계 문서철 제578권》, f. 89.

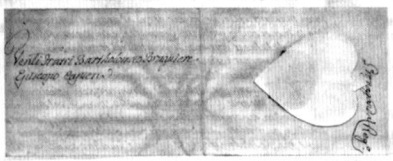

1831년 9월 9일 교황 그레고리오 16세는 두 개의 소칙서를 반포하였다. 하나는 〈조선 대목구 설정 소칙서〉이고(사진 위), 다른 하나는 브뤼기에르 주교의 〈조선 대목구장 임명 소칙서〉였다. 당시 조선 대목구의 설정은 조선 교회뿐만 아니라 아시아 천주교회의 역사에서 중요한 의미를 지니고 있었다. 조선 대목구의 설정을 출발점으로 교황청은 중국을 비롯한 동아시아 지역에서 포르투갈의 보호권을 실질적으로 축소시키는 정책들을 실행해 나갔기 때문이다.

교황청에서 소칙서를 반포하던 1831년 당시에 브뤼기에르 주교는 페낭 신학교에 머물면서 싱가포르 선교지와 관련한 문제를 처리하느라 여념이 없었다. 게다가 파리 신학교에서 온 편지에는 엉뚱한 소문이 실려 있기도 하였다. 포교성성이 브뤼기에르 주교의 청원을 기각하였으며 조선 선교지는 예수회에 맡겨진 것 같다는 소문이었다. 또 마카오의 포교성성 대표부에 조선인 청년이 도착하여 신학 수업을 받고 있다는 잘못된 소식도 들렸다.

이 바람에 브뤼기에르 주교는 조선교회를 돕기 위한 여러 조치들이 이미 착수되었으며, 그것이 자신과는 상관없이 진행되고 있는 것으로 받아들였다. 그래서 브뤼기에르 주교는 교황청에서 조선에 대목구를 설정하였고 그 초대 대목구장으로 자신을 임명하였다는 소식을 듣지 못한 채, 자신의 제안은 수포로 돌아갔다고 생각하였다. 하지만 조선 신자들의 영적 구원만을 생각하던 착한 목자 브뤼기에르 주교는 기쁜 마음으로 파리 신학교의 지도자들에게 다음과 같은 내용의 편지를 보냈다. "조선이 선교사들을 가지게 되었다니 이제 저의 소원은 이루어진 것입니다. 제가 직접 조선 선교사로 나섰던 것은 다만 조선인들에게 선교사들이 없기 때문이었습니다."

6. 조선 대목구 설정의 의의

교황 그레고리오 16세가 조선 대목구를 설정하고 그 대목구장에 브뤼기에르 주교를 임명한다는 소칙서들을 반포하였다고 모든 문제가 해결된 것은 아니었다. 앞서 보았듯이 조선 대목구 설립의 실질적인 유효성은 브뤼기에르 주교의 조선 입국이 성사된 후에야 발휘될 것이었고, 또 조선 대목구를 어느 선교회가 관할할 것인가 하는 문제도 마찬가지로 브뤼기에르 주교의 조선 입국 이후에 결정될 일이었다. 그러므로 브뤼기에르 주교가 무사히 조선으로 입국하여 대목구장으로 착좌해야만 모든 우여곡절이 끝나게 된다. 이 때문에 브뤼기에르 주교는 조선 대목구가 설정되었으며 자신이 대목구장에 임명되었다는 소식을 접한 이후로 무슨 일이 있더라도 조선에 입국하기를 간절히 원하였다. 하지만 그의 앞길에는 상상도 하지 못할 험난한 여정이 펼쳐지게 된다.

그런데 여기서 한 가지 짚고 넘어갈 일은 바로 조선 대목구의 설정이 지니는 의의를 교황청의 선교 정책과 관련하여 정리하는 일이다. 사실 교황청에서 조선 대목구의 설정을 선포하였다는 것 자체가 아시아 천주교회의 역사에서 중요한 의미를 지니고 있었다. 왜냐하면 조선 대목구의 설정을 출발점으로 하여 교황청은 중국을 비롯한 동아시아 지역에서 포르투갈의 보호권을 실질적으로 축소시키는 정책들을 차근차근 실행해 나갔기 때문이다.

조선 대목구가 설정될 무렵 중국 대륙에 설치된 정식 교구는 교황 그레고리오 13세(1572~1585)가 1576년 1월 23일에 반포한 칙서 〈수페르 스페쿨라〉(Super specula)에 따라 설치된 마카오 교구, 그리고 교황 알렉산데르 8세(1689~1691)가 1690년 4월 10일에 설치한 북경교구와 남경교구, 이렇게 세 교구밖에 없었다. 그리고 이들 교구의 교구장은 포르투갈 주교들이었으며, 이 세 교구 모두 포르투갈의 보호권이 적용되는 지역이었다. 그리하여 1690년대 초반 중국대륙 전역은 세 교구의 관할권에 따라 세 지역으로 나뉘어 있었다. 먼저 북베트남의 통킹 지역에서 시작하여 마카오·중국 남부의 광서(廣西)·광동(廣東) 지역은 마카오 교구에서 관할하였고, 황하(黃河) 이남의 사천·운남(雲南)·귀주(貴州)·호북(湖北)·호남(湖南)·강서(江西)·복건(福建)·절강(浙江)·강소(江蘇)·안휘(安徽)·하남(河南)

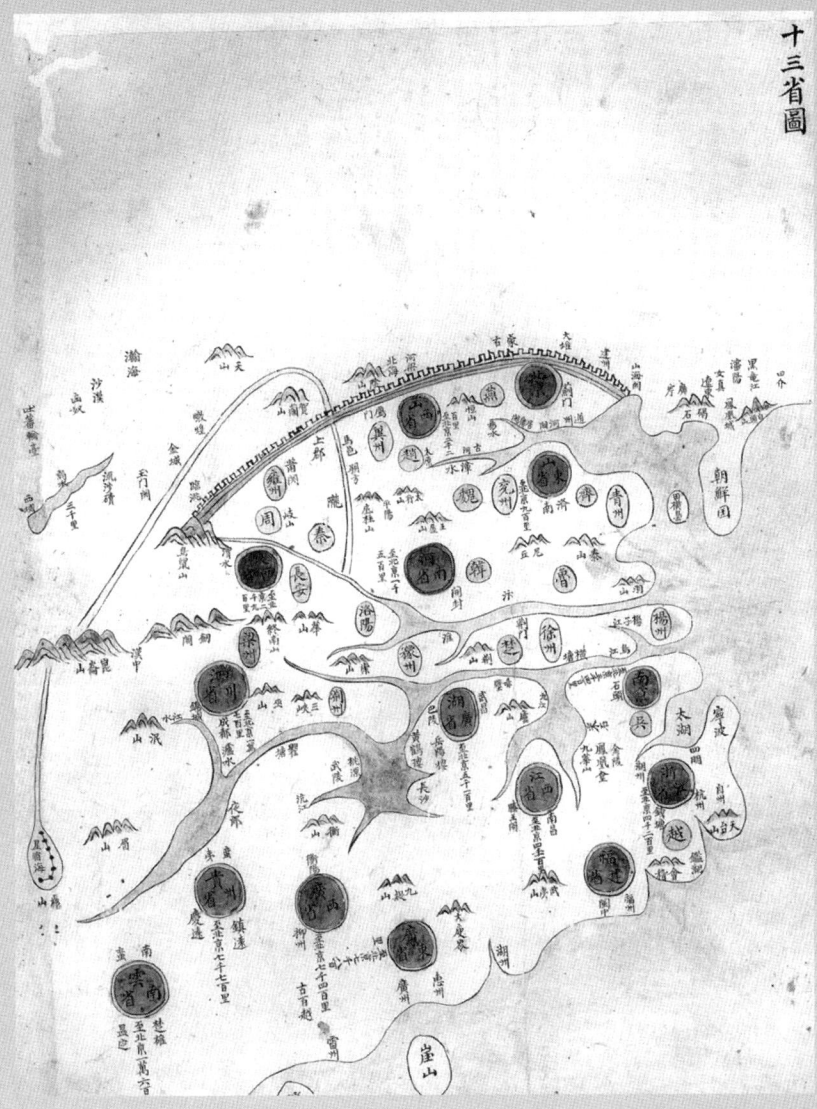

중국의 〈십삼성도〉(十三省圖). 중국의 선교 지역이 재편성되면서 복건 대목구는 처음에는 파리 외방전교회가, 1729년 이후부터는 이탈리아 또는 스페인 국적의 도미니코회 선교사들이 관리하였다. 그리고 산서 대목구는 이탈리아 프란치스코회가, 사천 대목구는 파리 외방전교회가 관할하였다. 이 세 대목구는 브뤼기에르 주교가 조선으로 오는 여정에서 포르투갈 선교사들과의 재치권 갈등으로 어려움을 겪자 동정적이 되어 그를 여러 모로 도와주었다.

의 일부 지역은 남경 교구장의 재치권 아래에 있었다. 그리고 황하 이북 지역, 즉 감숙(甘肅) · 섬서 · 산서(山西) · 하남의 일부 · 북경과 그 인근 지역을 지칭하는 직예(直隷) · 산동(山東) · 동북 지방(요동과 타타르 및 조선)은 북경교구의 관할이었다.

포교성성은 아시아 지역에서 포르투갈의 보호권을 제한할 목적으로 기존 교구의 관할권을 축소하고, 그 대신에 대목구를 신설하려고 시도하였다. 그리하여 1696년 10월 15일에 교황 인노첸시오 12세(1691~1700)는 칙서를 반포하여 중국의 선교 지역을 재편성하였다. 이에 따라 마카오 교구는 통킹을 잃고 마카오 · 광동 · 광서 지역만 담당하였다. 통킹 지역은 1696년 10월 23일에 마카오 교구에서 독립된 대목구로 설정되었다. 그리고 남경교구는 기존 관할 지역의 대부분을 상실하고, 강소와 안휘를 통칭하는 강남, 그리고 하남만을 관할권으로 하였다. 남경교구의 관할권에서 벗어난 지역에는 복건 대목구가 설정되었다. 복건 대목구는 처음에는 파리 외방전교회에서 관할하였지만, 1729년 이후부터는 이탈리아 또는 스페인 국적의 도미니코회 선교사들이 관리하였다. 북경교구 역시 직예 · 산동 · 요동 · 타타르 · 조선만을 관할하게 되었고, 산서 대목구가 설정되어 이탈리아 프란치스코회가 담당하였다. 아울러 사천 대목구가 신설되어 파리 외방전교회의 관할 아래에 놓이게 되었다.

하지만 1696년에 사천 · 산서 · 복건 대목구가 설정된 이후에는 새로운 대목구가 신설되지 않았다. 왜냐하면 교황청이 중국에서 기존 교구의 관할권을 축소하면서, 동시에 포르투갈 보호권의 구애를 받지 않는 교황청 직속의 대목구를 증설해 나가는 방향으로 선교 지역을 재편하기 시작하자, 포르투갈 주교들과 신부들이 격렬하게 저항하였기 때문이다. 포르투갈 선교사들은 교황청의 방침에 대해서 불만을 가졌으며, 대목구 신설에 반대하거나 기존 대목구에 신임 대목구장이 부임하는 것을 방해하는 일까지 서슴지 않았다. 이러한 상황이 최고조에 달한 때는 1831년 조선 대목구 설정 당시였는데, 이들 포르투갈 선교사의 방해 책동으로 말미암아 브뤼기에르 주교는 끝내 조선으로 입국하지 못하고 1835년 10월 20일 만주에서 병사하고 말았다.

이러한 사정을 묵과할 수 없었던 교황청은 여러 선교회들에 위임한 대목구들의 사정을 돕는 차원에서 포르투갈의 보호권을 약화시키는 조치들을 1838년부터 다시 시작하였다. 그런데 교황청은 왜 1838년에 가서야 기존 교구 축소와 대목구 신설 등의 조치를 취하게 되었을까? 그것은 당시 북경 및 남경 교구의 상황과 관련되어 있다. 브뤼기에르 주교의 조선 입국을 방해하고 포교성성이 직접 아시아 선교를 진두지휘하는 것을 저지하던 피레스 페레이라 주교는 남경교구장 겸 북경 교구장 서리였는데, 그가 1838년에 사망하면서 북경과 남경교구의 교구장이 모두 공석으로 남게 되었다. 그래서 교황청은 이 기회를 이용하여 대목구를 신설하는 조치들을 취하였던 것이다.

그리하여 교황청은 1838년에 만주 · 절강 대목구 그리고 호북과 호남을 관할하는 호광(湖廣) 대목구를 신설하였다. 만주 대목구는 파리 외방전교회에 맡겨졌으며, 베롤(Emmanuel Jean François Verrolles, 1805~1878) 주교가 초대 대목구장으로 임명되었다. 절강 대목구는 프랑스 라자로회가 관할하게 되었는데, 초대 대목구장으로는 라모(François Alexis Rameaux, 1802~1845) 주교가 임명되었다. 호광 대목구는 포교성성 직할 지역으로 남겨졌다.

또한 1839년에 산동 대목구, 1840년에 운남 · 몽골 대목구가 설치되었다. 산동 대목구는 포교성성에서 직접 관할하면서 대목구장을 파견하였고,

운남 대목구와 몽골 대목구는 파리 외방전교회에 그 관할권이 맡겨졌다. 그리고 1841년에 가서는 또다시 홍콩 지목구가 설치되었다. 지목구장에는 마카오에 있던 포교성성 대표부의 조세(Théodore Joset) 신부가 임명되었다. 이리하여 북경교구와 남경교구는 직할 서리구에 불과하게 되었으며, 마침내 1856년에 가서는 교구 자체가 폐지되고 몇 개의 대목구가 기존 교구의 관할권을 대체하게 되었다. 그리하여 북경교구는 라자로회가 관할하는 북부 직예와 서부 직예 대목구, 그리고 예수회가 관할하는 동남부 직예 대목구 등으로 분할되었고, 남경교구는 강남 대목구로 변경되었다.

이와 같이 교황청은 중국 천주교회의 교계 제도를 전반적으로 재조정함으로써 포르투갈에 부여했던 보호권을 축소시켰다. 이러한 방침은 궁극적으로 포교성성이 직접 아시아 선교를 관장하여 유럽 국가들의 간섭을 배제하고 오직 신앙적인 관점에 입각한 통일적인 선교 정책을 펼치려는 목적에서 나왔다고 볼 수 있다. 교황청이 취한 일련의 조치에서 그 출발점 역할을 한 것이 바로 1831년 조선 대목구의 설정이었다. 그러므로 이러한 맥락 속에서 조선 대목구의 설정이 지니는 교회사적인 의의를 찾을 수 있다.

지금까지 살펴본 것들을 정리해 보면, 1831년에 조선 대목구가 설정된 데에는 적어도 네 가지의 동력이 모두 한 방향으로 작용하였다는 점을 간과할 수 없다. 우선은 성직자를 보내 달라는 조선인 신자들의 열성적인 청원이 근원적인 동력이었다. 다음으로, 이들의 열성에 감동한 교황과 포교성성 관계자들은 어떤 형태로든지 이들을 도와주어야겠다고 생각하였다. 그리고 포교성성과 파리 외방전교회 사이의 교섭이 무위로 돌아가기 직전에 브뤼기에르 주교가 복음 전파의 근본적인 사명을 자각하고 시암 대목구에서의 기득권을 모두 포기하면서까지 헌신적인 태도로 조선 선교사를 자원하였다. 이 두 가지 일들이 조선 대목구 설정의 주된 동력으로 작용하였다. 여기에 덧붙여서 사태를 좀 더 거시적인 안목으로 본다면, 조선 대목구가 설정되어 조선교회가 보편 교회의 일원이 될 수 있었던 것은 결국 포르투갈의 보호권을 약화시키고 아시아 선교가 순수한 복음 선포의 방향으로 나아가도록 하려는 당시 교황청의 전반적인 선교 정책 때문에 가능하였다.

교황청은 중국 천주교회의 교계 제도를 대폭 재조정함으로써 포르투갈에 부여했던 보호권을 축소시켰다. 이는 포교성성이 직접 아시아 선교를 관할하여 통일된 선교정책을 펴려는 의도를 반영한 것인데 이러한 시기에 교황청의 방침에 충실한 선교 단체였던 파리 외방전교회는 중국에서 그 입지를 넓힐 수 있었다(파리 외방전교회 선교사들이 1703년에 건립한 북경의 동당).

제2절 선교사들의 입국과 활동

1831년 9월 9일 조선 대목구가 설정되고 브뤼기에르 주교가 초대 조선 대목구장에 임명되면서 조선교회의 역사는 새로운 단계로 들어섰다. 북경에서 가져온 서학 관련 서적들을 통하여 천주교 신앙을 받아들였던 조선의 신자들이 자발적으로 교회를 설립한 것이 첫 번째 단계라면, 조선인 신자들의 요청으로 북경 교구장 구베아 주교가 파견한 중국인 선교사 주문모 신부가 조선교회를 돌보던 시기는 두 번째 단계라 할 수 있다. 이제 북경교구에서 독립한 조선 대목구가 선포되었고, 또한 파리 외방전교회 소속의 프랑스 주교가 와서 조선교회를 다스리는 세 번째 단계가 시작된 것이다. 초기 프랑스 선교사들은 조선으로 입국하기 위하여 험난한 여정을 겪어야 했다. 그리고 마침내 조선에서 선교 활동을 시작할 수 있었지만 더 큰 어려움이 그들을 기다리고 있었다. 신생 조선 대목구를 안정화하기 위하여 이들이 펼쳤던 헌신적인 노력들은 많은 결실을 맺기도 하였지만, 미구에 닥치게 되는 1839년 기해년의 박해로 말미암아 조선교회는 또다시 시련을 겪게 된다.

1. 브뤼기에르 주교의 활동

1) 초대 조선 대목구장 취임

페낭 섬에서 시암 대목구를 위하여 선교 활동을 벌이고 있던 브뤼기에르 주교는 1832년 7월 25일 파리 신학교의 지도자 가운데 한 사람이었던 뒤브와(Jean Antoine Dubois, 1766~1848) 신부로부터 편지를 한 통 받았다. 뒤브와 신부는 이 편지에서 1831년 9월 9일에 조선 대목구의 설정이 선포되었고, 또한 브뤼기에르 주교가 초대 대목구장으로 임명되었다는 사실을 알려 주었다. 이 소식을 접한 브뤼기에르 주교는 그동안 온갖 소문들이 무성하였던 조선 선교지에 관한 교황청의 결정을 분명하게 알게 되었다. 그리하여 그는 일단 마카오로 가서 조선 입국을 위한 준비 작업에 착수하기로 하였다.

마카오로 가는 도중에 브뤼기에르 주교는 싱가포르를 들러 시암 대목구와 관련된 마지막 임무를 수행하기로 하였다. 그것은 싱가포르 선교지의 관할권을 두고 시암 대목구와 고아(Goa) 교구 사이에 벌어지고 있던 갈등을 해결하는 문제였다. 싱가포르 선교지는 1827년 9월 22일 시암 대목구장의 관할로 지정되었다. 그러나 싱가포르에서 활동하던 포르투갈 선교사 마이아(Maia) 신부와 스페인 선교사 예그로스(Yegros) 신부는 고아 교구에서 파견한 사람들이었으며, 포르투갈 국왕에게 부여된 보호권을 근거로 싱가포르 선교지에 대한 관할권이 자신들에게 있다는 주장을 고수하고 있었다. 그렇기에 시암 대목구의 입장에서는 싱가포르에서 활동하는 선교사들이 플로랑 주교를 장상으로 여기고 그에게 순명할 것을 서약하도록 만드는 일이 필요했던 것이다.

이 일을 해결하기 위하여 브뤼기에르 주교는 시암 대목구의 신임 선교사 클레망소(Pierre Clémenceau, 1806~1864) 신부를 대동하고 페낭을 출발하였다. 이때 페낭 신학교의 교수 신부로 활동하던 샤스탕 신부가 브뤼기에르 주교와 함께 조선으로 가기를 희망하였다. 하지만 브뤼기에르 주교는 현재와 같이 불확실한 상황에서 그를 데리고 길을 떠나는 것이 적절하지 않다고 판단하였다. 그래서 일이 진척되는 것을 보아 가며 샤스탕 신부를 부르겠다고 약속하고 당분간 페낭에서 사태의 추이를 지켜보도록 권고하였다. 샤스

마카오는 극동 지역 선교에 주요 역할을 담당하였으며, 특히 조선에 입국하려는 선교사들의 경유지로서 중요한 역할을 하였다.

탕 신부는 브뤼기에르 주교와 함께 출발하는 것을 포기하는 대신에 페낭 신학교에 재학하다가 병 때문에 학교를 그만둔 왕(王) 요셉이라는 중국인 청년을 소개하였다. 브뤼기에르 주교는 그를 싱가포르에서 클레망소 신부를 보좌하는 역할로만 생각하여 동행할 것을 허락하였다.

브뤼기에르 주교 일행이 탄 배는 1832년 8월 4일 출범하여 8월 17일 싱가포르에 도착하였다. 이어 고아 교구에서 파견한 선교사들과 협상을 벌인 끝에 싱가포르 선교지가 시암 대목구의 관할이라는 사실이 확인되었으며, 양측은 화해하게 되었다. 클레망소 신부를 싱가포르에 체류하도록 조치한 브뤼기에르 주교는 마닐라를 거쳐서 마카오로 가기로 자신의 행선지를 확정하였다. 마카오까지 가는 여비가 부족하여 일단 마닐라로 갔다가 그곳에서 도움을 받아 다시 마카오로 갈 계획이었던 것이다.

브뤼기에르 주교가 싱가포르를 떠나려고 할 때에 왕 요셉은 자신도 함께 데려가 달라고 간청하였다. 브뤼기에르 주교가 자신은 페낭으로 돌아가는 것도 중국으로 가는 것도 아니며, 그보다 더 멀고 더 위험한 선교지로 간다고 말하자 왕 요셉은 이렇게 말하였다. "다 알고 있습니다. 주교님께서는 조선으로 가십니다. 하느님의 은총을 입어 저는 이와 같은 여행에 따르는 위험도 무릅쓰고, 또 이런 선교 임무 중에 생기는 위험에 맞설 마음의 준비가 되어 있습니다. 무엇보다 하느님을 위하여 자신의 생명을 내어놓는 것은 두려워할 것이 아니라 오히려 열망해야 하는 운명입니다."

브뤼기에르 주교의 허락을 얻어 함께 길을 나선 왕 요셉은 그 뒤 주교의 연락원으로서 북경과 남경, 만주 등지를 오가며 주교의 뜻을 전하고 그곳의 상황을 파악하여 주교에게 보고하는 등 조선 대목구를 위하여 참으로 많은 일을 하였다. 두 사람은 1832년 9월 12일 싱가포르를 출발하여 마닐라로 갔다. 마닐라 대교구를 담당하고 있던 스페인 태생의 아우구스티노회 세귀(José Maria Seguí, 1773~1845) 대주교의 환대와 호의를 얻어 브뤼기에르 주교와 왕 요셉 일행은 무사히 마카오까지 갈 수 있었다.

1832년 10월 18일 마카오에 도착한 브뤼기에르 주교는 먼저 포교성성 대표부를 찾아갔다. 그는 움피에레스 신부를 만나 불길한 소식을 듣게 되었는데, 파리 외방전교회 본부에서 마카오의 극동 대표부로 서한을 보내어 브뤼기에르 주교를 받아들이지 말도록 명령하였다는 것이다. 조선 대목구와 관련된 일들은 모두 포교성성이 관할하는 사안이지 파리 외방전교회가 나설 문제가 아니라는 이유였다. 그러면서 움피에레스 신부는 자신이 마련한 집에 브뤼기에르 주교 일행이 묵을 수 있도록 배려하였다. 이에 대한 자세한 사정은 10월 21일 파리 외방전교회 마카오 극동 대표부를 방문한 자리에서 밝혀졌다. 먼저 브뤼기에르 주교는 자신과 관련된 소칙서들을 건네받았다. 그리고 바루델 신부의 후임으로 대표직을 맡고 있었던 르그레즈와(P.L. Legrégeois, 1801~1866) 신부가 1832년 3월 12일 파리 신학교에서 보낸 공동 서한을 그에게 보여 주었다.

파리 신학교 지도자들이 보낸 서한의 내용은 브뤼기에르 주교가 오해를 풀고 또 자신의 진심을 전달하기 위하여 다시 그들에게 보낸 1832년 11월 10일 서한에 대략적으로 실려 있다. 파리 신학교의 판단은 다음과 같았다. 첫째, 교황청이 조선 대목구를 설정하고 브뤼기에르 주교를 초대 대목구장으로 임명하였지만, 파리 외방전교회에 조선 선교지를 맡길 의향은 이제 없는 것으로 보이며, 이 일은 브뤼기에르 주교 개인에게 적용되는 것일 뿐이다. 둘째, 조선 선교지 문제는 포교성성 마카오 대표부가 알아서 할 일이며, 파리 외방전교회와는 무관하다. 셋째, 통킹과 코친차이나 그리고 사천 대목구의 주교들이 조선 문제에 관하여 부정적인 입장을 여전히 견지하고 있다. 넷째, 포르투갈 선교사들도 파리 외방전교회가 나서는 것에 불만을 가질 것이다.

브뤼기에르 주교는 파리 신학교의 지도자들에게 보낸 11월 10일 서한에서 오해에서 빚어진 일들을 차례차례 해명하였다. 그리고는 자신이 독단적으로 포교성성에 청원서를 낸 일과 주변의 주교들과 제대로 상의하지 않은 일들을 사과하였다. 하지만 결코 자신은 파리 외방전교회를 탈퇴하려는 생각을 품은 적이 없으며, 자신이 속한 단체와 무관하게 개인적으로 조선 선교사가 되려는 의향을 가지고 있지 않다는 점을 누누이 강조하였다. 아울러 이제라도 파리 외방전교회가 나서서 조선 선교지를 맡겠다는 의사를 포교성성에 밝혀 주기를 간청하였다. 또한 브뤼기에르 주교는 포교성성으로도 편지를 보내어 조선 선교지를 파리 외방전교회에 위임하도록 다시 청원하였다. 그리하여 포교성성은 파리 외방전교회에 조선 선교지를 맡아 줄 것을 다시 요청하였다. 이처럼 로마와 파리의 양측을 향하여 브뤼기에르 주교가 간곡한 요청을 보낸 결과 파리 외방전교회는 1833년에 "이제는 주저할 이유가 없고, 모든 회원이 조선 선교지를 맡는 것을 간절히 원한다"라는 말로 조선 선교지를 파리 외방전교회 관할 지역으로 받아들였다. 그리고 브뤼기에르 주교는 이 반가운 소식을 1835년 초 만주 지역에서 들었다.

한편 마카오에 있던 브뤼기에르 주교는 1832년 11월 23일에 왕 요셉을 북경으로 파견하였다. 남경 교구장 겸 북경 교구장 서리였던 피레스 페레이라 주교와 조선으로 파견할 선교사로 선발된 유 파치피코 신부, 그리고 조선 조정의 사신 행차를 따라서 북경으로 와 있으리라 짐작되는 조선 교우들에게 편지를 전달하기 위해서였다. 이 편지들에는 교황청에 의해 새로 설정된 조선 대목구의 책임자로 브뤼기에르 주교 자신이 부임하게 되었다는 사실을 통보하는 내용이 실려 있었다. 여기서는 조선 교우들에게 보낸 브뤼기에르 주교의 사목 서한을 소개하도록 하겠다. 1832년 11월 18일에 작성된 이 서한에는 다음과 같은 내용이 실렸다.

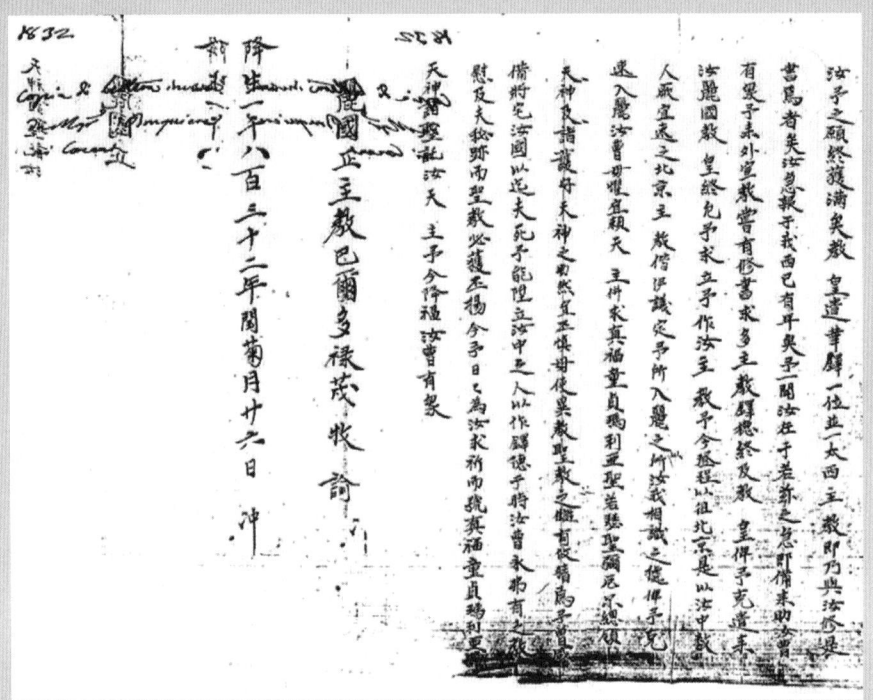

브뤼기에르 주교가 조선 교우들에게 보낸 1832년 11월 18일 서한. 마카오 포교성성 대표부에서 조선 대목구장 임명 칙서를 받은 후 브뤼기에르 주교는 조선 신자들에게 자신이 교황청에 의해 조선 대목구장에 임명된 사실을 알렸다. 그는 왕 요셉 편에 이 서한을 보내면서 피레스 페레이라 주교와 유 파치피코 신부에게도 서한을 보냈는데, 이는 공식적으로 조선 대목구장의 자리에 취임하기 위한 관례적인 법적 조치였다.

사랑하는 자녀들이여,

여러분의 소원이 이루어졌습니다. 왜냐하면 교황님께서 여러분이 서한을 통해 청한 유럽인 주교를 어떤 중국인과 함께 파견하셨기 때문입니다. 조선에 있는 양들에게 목자가 없다는 소식이 여러분들로부터 우리에게 전해졌을 때, 우리는 조국을 떠나 다른 대목구를 맡고 있었으나, 교황님께 서한을 올려 빵을 청하는 이들에게 그것을 쪼개어 나누어 줄 사명을 지닌 주교들과 사제들을 파견해 주실 것을 줄곧 청해 왔습니다.

그러니 빨리 우리에게 오기 바랍니다. 우리는 이미 출발하였고, 여행길에서 여러분이 우리를 쉽게 알아볼 수 있도록 여러분에게 확실한 신호를 보냅니다. 두려워하지 말고 하느님의 도움을 믿고 복되신 동정녀와 성 요셉의 전구와 성 미카엘 대천사의 보호를 청하십시오. 그러나 길에서 원수들에게 간파당하지 않도록 거듭 주의하십시오.

조선 왕국에 도착하면 그곳에서 우리는 죽음에 이르기까지 온 삶을 바칠 것입니다. 그리고 여러분의 위로를 위하여 성사를 거행하고 성교회의 경계를 넓혀 나갈 조선인들을 사제로 서품할 것입니다. 이제 우리는 매일 기도 중에 복되신 동정녀와 모든 천사들의 보호에 여러분을 맡깁니다. 하느님께서 여러분에게 축복하시기를.

구원의 해 1832년 윤 9월 26일
조선의 교황 대리 감목
바르톨로메오 주교*

* 원문의 출처는 다음과 같다. 《파리 외방전교회 고문서고 소장 한국 관계 문서철 제578권》, f. 91.

법적인 조치

교회법에 따르면 대목구장 임명장을 받은 것만으로는 권리를 행사할 수가 없고, 먼저 법적으로 취임하는 절차를 거쳐야 한다. 이 절차는 대목구장이 자신의 임명장을 직접 또는 대리인을 통하여 그 지역을 통할하는 자에게 제시하는 행위로 구성된다.

당시까지 조선교회를 관리하는 일을 맡았던 것은 북경교구였으므로, 남경 교구장 겸 북경 교구장 서리였던 피레스 페레이라 주교가 법적 통고의 대상인 셈이었다. 그러므로 브뤼기에르 주교가 피레스 페레이라 주교에게 자신의 임명장과 친서를 전달하고, 또 피레스 페레이라 주교가 이를 인정하면 브뤼기에르 주교는 법적으로 조선 대목구장에 정식 취임한 것이 되는 것이다. 이러한 법적인 조치를 통해 또한 일단 취임하게 되면 즉 각 대목구장으로서의 전권을 행사할 수 있다.

브뤼기에르 주교가 피레스 페레이라 주교, 유 파치피코 신부 그리고 조선인 신자들에게 서한을 보낸 것은 공식적으로 조선 대목구장의 자리에 취임하기 위한 법적인 조치였다고 볼 수 있다.

브뤼기에르 주교가 조선 대목구장으로 정식 취임하기 위해 북경으로 보내는 서한을 가지고 1832년 11월 29일에 마카오를 출발한 왕 요셉은 1833년 2월 17일 북경에 도착하여 피레스 페레이라 주교와 유 파치피코 신부, 그리고 북경에 와 있던 조선 신자들을 만나 브뤼기에르 주교의 심부름을 충실히 이행하였다. 1833년 5월 18일 당시 남경 부근에 있던 브뤼기에르 주교는 북경에서 보내온 편지를 받았다. 피레스 페레이라 주교 혹은 그 대리인이 작성한 것으로 추정되는 그 편지에는 조선 대목구장의 임명 소식에 대해 조선 신자들이 보인 환희에 찬 반응들이 적혀 있었다. 또한 왕 요셉이 1833년 6월 26일 강남 지방으로 내려와서 브뤼기에르 주교와 합류하였을 때 피레스 페레이라 주교의 정식 답장을 전달하였다. 브뤼기에르 주교가 받은 답신에는 교황청이 조선 선교지를 북경 주교의 재치권에서 분리하여 독립된 대목구로 승격시킨 조치에 대해서 아주 만족해한다는 내용이 들어 있었다. 이리하여 브뤼기에르 주교는 조선 대목구장으로서 법적으로 취임하는 절차를 모두 끝낼 수 있었다.

이렇게 법적 취임 절차를 마무리함으로써 브뤼기에르 주교는 조선 대목구장으로서의 모든 권한을 유효하게 행사할 수 있게 되었던 것이다.

2) 브뤼기에르 주교와 피레스 페레이라 주교의 갈등

브뤼기에르 주교가 조선 대목구장에 정식으로 취임함으로써 모든 준비가 본궤도에 오른 것처럼 보였지만, 그 이후에 펼쳐진 상황은 그렇게 순탄하지 않았다. 브뤼기에르 주교가 도착하기 훨씬 전에 마카오를 떠났던 유 파치피코 신부는 1832년 12월 25일 북경에 도착하였다. 왕 요셉이 북경에 오기 약 50일 전의 일이었다. 유 파치피코 신부는 1831년 1월 27일 유럽을 출발하였으며, 1831년 7월 31일 마카오에 도착하였다. 그리고 조선으로 가라는 움피에레스 신부의 명령을 받고 마카오를 떠나 1831년 8월 26일 중국 광동에 상륙하였다. 그 뒤 유 파치피코 신부는 고향인 섬서성과 산서성 일대를 지났으며, 1년 정도 지난 뒤에 북경으로 갔다. 그러므로 유 파치피코 신부는 북경에 도착할 때까지만 해도 북경교구로부터 완전히 독립된 조선 대목구가 설정되었고, 대목구장에 파리 외방전교회 선교사 브뤼기에르 주교가 임명되었으며, 유 파치피코 신부 자신은 브뤼기에르 주교의 입국을 준비하는 임무를 맡았다는 사실을 알지 못했을 것으로 보인다. 그리고 중국 내륙을 여행하는 동안에 1831년 8월 28일, 1831년 9월 7일, 1832년 1월 2일 등 세 차례에 걸쳐서 마카오의 움피에레스 신부에게 보고서를 보낸 것으로 미루어 자기 자신은 포교성성 소속의 조선 선교사라고 생각하였을 가능성이 높다.

그런데 문제는 1833년 2월 17일 왕 요셉이 브뤼기에르 주교의 서한을 가지고 북경에 도착하였다는 사실이다. 이로써 교황청의 결정들이 피레스 페레이라 주교, 유 파치피코 신부 그리고 조선에서 온 정하상 등에게 분명하게 전달되었을 것이다. 그러나 피레스 페레이라 주교와 유 파치피코 신부의 반응에는 무언가 모호한 구석이 있었다. 먼저 피레스 페레이라 주교는 조선 대목구의 설정을 반기고 브뤼기에르 주교의 조선 대목구장 취임을 인정하면서도, 조선인 신자들과 교섭을 벌이는 일은 왕 요셉에게 일임하고 자신은 전혀 나서려 하지 않았다. 말하자면 브뤼기에르 주교의 조선 입국을 적극적으로 돕기보다는 소극적인 방관의 자세를 취했던 것이다.

유 파치피코 신부 역시 일이 진행되는 과정을 껄끄럽게 지켜보면서 불만을 표시하였다고 한다. 아마 유 파치피코 신부로서는 본인의 소속과 역할에 관해서 혼란스러움을 느꼈던 것으로 보인다. 왜냐하면 파리 외방전교회 소속의 주교가 신설된 조선 대목구의 장상이 되었다면, 포교성성의 명령을 받아서 조선으로 가게 된 자신은 완전히 조선 대목구에 소속된 선교사인지, 아니면 임시적인 조치로만 조선에 입국하는 것인지 모호하기 때문이었다. 아직 파리 외방전교회가 조선 선교지를 맡기로 결정된 것이 아니어서 이러한 혼란은 더욱 증폭되었다. 게다가 유 파치피코 신부는 움피에레스 신부의 명령을 받고 있었던 처지였기 때문에, 자신의 활동을 보고하고 명령을 받아야 할 장상이 움피에레스 신부인지 아니면 브뤼기에르 주교인지도 불분명하다고 느꼈을 것이다.

일단 유 파치피코 신부는 북경을 방문한 조선인 신자 정하상을 만나서, 이듬해 초에 국경 근처에서 만나기로 약속하고 조선 입국을 위한 계획을 수립하였다. 이 계획은 피레스 페레이라 주교의 적극적인 지지와 후원 아래 진행되었다. 피레스 페레이라 주교는 유 파치피코 신부의 조선 입국에 필요한 일체의 경비와 선교 활동에 필요한 물품들을 제공하였다. 말하자면 왕 요셉이 정하상 등을 만나서 브뤼기에르 주교의 입국 문제를 상의할 때에는 모른 척하며 관여하지 않다가, 유 파치피코 신부가 조선으로 가는 계획을 수립하자 물질적 지원을 아끼지 않았던 것이다. 유 파치피코 신부는 1833년 3월 28일 마카오의 움피에레스 신부에게 보낸 편지에서 피레스 페레이라 주교의 지원 사실을 밝혔다. 그러면서도 브뤼기에르 주교에게는 서한을 보내어 보고하지 않았다. 아마 피레스 페레이라 주교가 조선 문제에 이중적인 태도를 보이자, 유 파치피코 신부 역시 아직 정식으로 대면하지 못한 브뤼기에르 주교보다는 움피에레스 신부와 피레스 페레이라 주교에게 더 많이 의지하였을 것으로 추측된다.

유 파치피코 신부는 피레스 페레이라 주교의 지시를 받은 왕 요셉을 안내인으로 삼아서 1833년 4월 10일 북경을 출발하여 만주로 향했다. 왕 요셉이 만주로 간 까닭은 장차 브뤼기에르 주교가 조선 입국을 위하여 요동 지역에 도착할 때 임시로 머물 거처를 미리 알아보려는 목적 때문이었다. 왕 요셉이 다시 북경으로 돌아간 뒤 유 파치피코 신부는 그해 연말에 조선과 중국의 국경 지대에서 정하상 및 남이관(南履灌, 세바스티아노, 1780~1839) 등을 만나서 그들의 안내로 1834년 1월 3일 조선으로 들어가는 데 성공하였으며, 1월 16일 한양에 도착하였다. 한양에는 남이관과 정하상의 가족들이 함께 거처하는 집이 있었다. 유 파치피코 신부는 이 집에 은신하며 극소수의 신자들에게만 성사를 베풀면서 조선에서의 활동을 시작하였다.

한편 왕 요셉을 북경으로 파견한 브뤼기에르 주교는 곧이어 조선으로 가는 험난한 여정을 시작하기 위하여 1832년 12월 19일 마카오를 출발하였다. 행선지는 복건 대목구장의 주교관이 있는 복건성 복안현(福安縣)이었다. 당시 복건 대목구는 마닐라에서 중국으로 진출한 스페인 도미니코회가 관할하고 있었으며, 디아스(José Carpena Díaz, 1760~1849) 주교가 대목구장으로 재임하고 있었다. 아무래도 포르투갈 선교사들보다는 포교성성과 프랑스 선교사들에게 우호적이었기 때문에, 브뤼기에르 주교는 일단 복안으로 가서 복건 대목구장의 도움을 받아 중국 대륙을 북상할 계획이었다.

마카오를 떠나 복건으로 가는 배 안에는 브뤼기에르 주교 외에도 6명의 선교사들이 타고 있었다. 파리 외방전교회 회원으로 사천 대목구에 배속된 신임 선교사 모방(P.P. Maubant, 羅伯多祿, 1803~1839) 신부가 있었고, 강서 대목구로 가는 프랑스 라자로회 선교사 라리브 신부도 있었다. 그러므로 프랑스 선교사들은 3명이었다. 그 외에는 남경교구 관할지인 강남 지방으로 파견된 포르투갈 라자로회원 2명, 포교성성 선교사로서 산서 대목구로 가는 이탈리아 프란치스코회원 도나토(Alphonso di Donato, 1783~1848) 신부 등이 있었다. 도나토 신부는 훗날 브뤼기에르 주교가 산서 지역에 체류할 당시에 많은 도움을 주었고, 브뤼기에르 주교가 선종한 다음에 이 소식을 유럽에 알리는 부고 서한을 보냈던 인물이다.

브뤼기에르 주교 일행이 복건성 해안 지방에 위치한 항구 도시 복안현에 도착한 것은 1833년 3월 1일이었다. 복건 대목구장 디아스 주교는 일행을 환대하였고, 각자가 임지로 출발할 수 있도록 많은 배려를 아끼지 않았다. 일주일 정도 휴식을 취한 뒤인 3월 9일에 모방 신부가 브뤼기에르 주교에게 사천 선교지로 가는 대신에 주교를 따라서 조선으로 가고 싶다는 의향을 밝혔다. 한 명의 선교사도 아쉬운 브뤼기에르 주교로서는 크게 환영할 만한 일이었으나, 모방 신부의 배속지를 변경하려면 우선 사천 대목구장의 허락을 받아야 했다. 그래서 사천 대목구로 편지를 보내는 한편, 일단 모방 신부는 복건 대목구에 남아서 사천 대목구장 폰타나(Louis Fontana, 1780~1838) 주교의 허락을 얻은 다음에 북쪽으로 와서 브뤼기에르 주교와 합류하기로 하였다.

그 다음 브뤼기에르 주교는 조선인 신자들과 접촉할 수 있는 유일한 곳인 북경으로 가는 여정을 계획하였다. 일단 남경으로 가서 남경 교구장 피레스 페레이라 주교의 총대리인 카스트로 에 무라(J. França-Castro e Moura, 趙) 신부를 만나 도움을 요청할 생각이었다. 그에게서 중국인 안내인을 소개받아 중국 대륙을 종단하여 북경까지 가려는 것이었다. 1833년 4월 23일 브뤼기에르 주교는 배를 타고 복안을 떠나서 5월 12일 절강성 북부 지역에 상륙하였다. 그런 다음에는 내륙 운하를 이용하여 남경 부근에 위치한 어느 교우촌까지 갔다. 연락을 받은 남경교구의 총대리 신부가 브뤼기에르 주교를 만나러 5월 18일에 방문하였다. 브뤼기에르 주교는 자신을 북경까지 안내할 안내인을 소개해 달라고 부탁하였다. 하지만 카스트로 에 무라 신부는 피레스 페레이라 주교의 명령에 따라 산동 지방으로 떠나야 하는데, 자신도 안내인을 구할 수 없어서 직예 지방에서 안내인을 불러야 할 형편이라며 난색을 표하였다. 하는 수 없이 브뤼기에르 주교는 북경으로 보낸 왕 요셉이 자신에게 돌아올 때까지 기다리기로 하였다.

1833년 6월 26일 드디어 기다리던 왕 요셉이 브뤼기에르 주교가 머물고 있던 곳으로 찾아왔다. 왕 요셉은 북경에서 있었던 일과 요동까지 가서 브뤼기에르 주교의 임시 거처를 물색한 일 등에 관해서 자세히 보고하였고, 피레스 페레이라 주교의 편지도 전달하였다. 이에 용기를 얻은 브뤼기에르 주교는 조선을 향해서 출발하기로 결심하였다. 왕 요셉 외에도 2명의 안내인을 더 고용하여 모두 4명이 길을 떠나기로 한 것이다. 1833년 7월 20일

1833년 연말에 북경(사진)으로 오던 조선교회 신자들은 브뤼기에르 주교의 편지를 전달하려는 왕 요셉을 만나지 못했다. 도중에 유 파치피코 신부를 만나 그를 입국시키고자 다시 조선으로 돌아갔기 때문이다.

남경 부근을 출발한 브뤼기에르 주교 일행은 운하를 거쳐서 양자강을 건넜으며, 그 뒤로는 육로로 북상하였다. 한여름의 푹푹 찌는 무더위와 허기, 갈증으로 고통을 겪었지만, 브뤼기에르 주교가 서양인이라는 사실이 알려질까 두려워한 안내인들 때문에 주막에서도 제대로 쉴 수가 없었다. 이렇게 해서 절강성 북쪽에서 시작하여 산서성의 경계 지역까지 약 3천 리가량 이어지는 평야 지대를 가로질렀으며, 1833년 8월 13일에는 황하를 건넜다. 브뤼기에르 주교는 고된 여행으로 병까지 난 몸을 이끌고 북경과 가까운 직예 지방의 어느 마을에 도착하였다. 때는 1833년 8월 26일의 일이었다. 결국 약 한 달 동안 중국 내륙을 종단하였던 것이다.

탈진한데다 병까지 난 브뤼기에르 주교는 어느 교우의 집에서 3주 동안 휴식을 취해야 했다. 휴식하는 동안 북경으로 파견한 연락원은 1833년 9월 22일 피레스 페레이라 주교의 편지와 약간의 돈을 가지고 돌아왔다. 그 편지에서 피레스 페레이라 주교는 브뤼기에르 주교더러 산서 대목구로 가라고 하였다. 북경으로 받아들일 마음이 없었는지, 아니면 북경도 박해 상황이니 서양인이 들어오기에는 너무나 위험하다는 것이었는지 그 정확한 의도는 알 수 없다. 아무튼 피레스 페레이라 주교의 지시대로 브뤼기에르 주교 일행은 다시 방향을 서쪽으로 바꾸어 산서 대목구로 향하였고, 1833년 10월 10일에야 산서 대목구장의 주교관이 있는 곳에 도착하였다.

당시 산서 대목구를 책임지고 있던 인물은 이탈리아 프란치스코회의 살베티(Joachim Salvetti, 1769~1843) 주교였다. 그런데 살베티 주교의 주교관이 있던 곳, 즉 브뤼기에르 주교 일행이 도착한 곳이 어디인지는 분명하지 않다. 하지만 당시 산서 대목구의 주교좌가 산서성 태원부(太原府)에 있었다고 하며, 또 살베티 주교가 10년 뒤인 1843년에 태원부에서 사망하였다는 기록을 볼 때, 브뤼기에르 주교가 도착한 곳이 태원부였을 것으로 추정된다. 브뤼기에르 주교는 1834년 9월 22일 조선인 신자들과 연락하기에 더 용이한 만리장성 너머의 서만자(西灣子)로 떠날 때까지 이곳에서 1년 동안 체류하였다.

브뤼기에르 주교가 산서 지방에 머물고 있는 동안에 다시 한 번 북경에 다녀온 왕 요셉이 가지고 온 피레스 페레이라 주교의 편지에는 주교 자신은 브뤼기에르 주교를 도와주고 싶지만 요동의 신자들이 브뤼기에르 주교를 받아들이려 하지 않는다는 것, 그래서 브뤼기에르 주교가 시기를 잘못 선택했다는 것 등의 내용이 적혀 있었다. 하지만 왕 요셉의 말로는 요동의 신자들이 거절한 것이 아니라 피레스 페레이라 주교가 요동의 신자들에게 서한을 보내어 브뤼기에르 주교를 받아들이지 못하도록 하였다는 것이다. 게다가 1833년 11월 18일에 브뤼기에르 주교가 조선 신자들에게 보내는 서한을 왕 요셉에게 주어 북경으로 보냈는데, 그는 조선 교우들을 만나지 못한 채 돌아오고 말았다. 그 이유는 1833년 연말에 조선 신자들이 북경으로 오다가 유 파치피코 신부를 만나자 그를 입국시키기 위해서 조선으로 돌아갔다는 것이었다. 이러한 일들은 브뤼기에르 주교로 하여금 북경에 있는 피레스 페레이라 주교와 그의 영향을 받고 있는 유 파치피코 신부 등이 자신의 조선 입국을 가로막고 있으며, 궁극적으로는 조선 대목구의 설정 자체를 무산시키려는 책동을 벌이고 있는 것으로 인식하도록 만들었다.

3) 브뤼기에르 주교의 입국 좌절과 선종

브뤼기에르 주교는 산서 지방에 체류하던 1834년 8월 29일 조선 교우들이 보낸 편지 두 통을 받았다. 이 편지들은 1833년 10월 25일(양력 12월 6일)에 작성된 것으로, 유진길(아우구스티노)이 서명하였다. 조선 신자들은 이 서한에서 1833년 초에 북경으로 갔던 신자들이 브뤼기에르 주교의 사목 서한을 받았노라고 말하며, 그 답장의 형식으로 보낸다고 하였다. 하지만 브뤼기에르 주교의 입국에 관해서는 여전히 미온적인 태도를 보였다. 즉 교황의 친서를 지닌 사절단이 큰 배를 마련해 공개적으로 조선으로 와서 국왕의 허락을 받는 것이 가장 좋은 방법이라는 주장이었다. 브뤼기에르 주교가 보기에 이것은 거의 실현 가능성이 없는 계책이며, 오히려 그의 입국을 거절하는 완곡한 표현으로 여겨질 정도였다.

브뤼기에르 주교가 조선 신자들의 서한을 받고 크게 좌절해 있을 무렵,

1834년 9월 8일에 왕 요셉이 산서로 돌아왔다. 왕 요셉은 4개월 동안 만리장성 북쪽의 서부 타타르 지역 일대를 돌아보며 브뤼기에르 주교의 입국로를 탐색하고 오는 길이었다. 특히 만리장성 북쪽의 서만자 지역에서 활동하던 프랑스 라자로회 선교사들이 브뤼기에르 주교를 환영한다는 뜻을 왕 요셉을 통해서 보내왔다. 원래 프랑스 라자로회는 북경의 북당을 근거지로 하여 활동하고 있었다. 그러다가 1818년 무렵에 박해를 받아 선교 책임자였던 라미오 신부가 마카오로 추방되었다. 그때 라미오 신부는 라자로회원이면서 중국인 사제였던 설(薛, Sué, 마태오) 신부를 자신의 후임자로 지명하였다. 설 신부는 박해를 피하기 위하여 북경에 있던 라자로회 소신학교를 서만자로 옮기고 이곳을 활동의 근거지로 삼았다. 그리고 왕 요셉이 방문하던 당시에는 브뤼기에르 주교와 함께 마카오를 출발하였던 도나토 신부가 설 신부와 함께 활동하고 있었다. 이들은 모두 피레스 페레이라 주교의 횡포에 분노하면서 브뤼기에르 주교를 동정하는 입장이었다.

그리하여 브뤼기에르 주교는 북경에서 더욱 가깝고, 또한 조선 사람들과 접촉할 가능성이 더 많은 서만자로 거처를 옮기기로 결심하고는 1834년 9월 22일 산서 대목구장 살베티 주교에게 작별을 고하였다. 1834년 10월 7일에 만리장성을 넘은 브뤼기에르 주교 일행은 이튿날 서만자에 도착하였다. 그곳에는 복안현에서 헤어졌던 모방 신부가 미리 와서 브뤼기에르 주교를 기다리고 있었다. 모방 신부는 사천 대목구장의 허락이 떨어지자 복건 대목구를 떠나서 단신으로 북경에 도착하였다가 서만자로 옮겨온 것이었다.

1835년 1월 9일 브뤼기에르 주교는 왕 요셉을 다시 북경으로 보냈다. 조선 사신들에 섞여서 북경으로 올 예정인 조선 신자들과 교섭을 벌이도록 명령하였던 것이다. 피레스 페레이라 주교의 방해, 유 파치피코 신부의 의심

서만자(西灣子)는 북경의 북서쪽에 위치해 있으며, '시방'(Sivang)이라 불렸던 중국 내몽골의 작은 마을이다. 이곳에서 브뤼기에르 주교는 1년 동안 머물렀는데 박해의 위협을 피해 두 번씩이나 인근 산속 토굴로 피신해야 했다.

스러운 태도, 그리고 조선 신자들의 미온적 태도 등을 잘 알고 있었던 브뤼기에르 주교는 이번에야말로 조선 입국을 위한 최종적인 담판을 지어야 한다고 보았다. 1월 26일에 북경에서 돌아온 왕 요셉은 조선 신자들과의 회담 결과를 보고하였다. 먼저 조선 신자들의 동향을 보고하였는데, 주요 지도자들 가운데 6명이 브뤼기에르 주교의 존재를 알고 있으며, 그 가운데 4명은 주교의 입국을 지지하지만, 나머지 2명은 반대 의견을 가지고 있다는 것이었다. 그러면서 왕 요셉은 조선 교우들이 브뤼기에르 주교에게 보낸 편지를 전달하였다. 남이관과 조선 신자들 일동의 이름으로 보낸 그 편지들은 1834년 가을 무렵 북경으로 가는 사신들이 떠나기 전에 한양에서 작성된 것으로 보인다. 이 편지들에 담긴 주장의 요지는 현재 조선의 사정이 좋지 않기 때문에 브뤼기에르 주교가 입국할 수 없다는 것이었다.

브뤼기에르 주교는 1835년 10월 19일 마가자(馬架子)라고 불리던 어느 교우촌에 도착하였다. 이곳에서 머물며 요동으로 떠날 준비를 하려던 그는 조선 입국을 눈앞에 두고 갑자기 쓰러져 일어나지 못하고 그의 나이 43세인 1835년 10월 20일 선종하였다.

그런데 조선 신자들이 북경으로 가지고 온 편지는 브뤼기에르 주교에게 보내는 서한만 있는 게 아니었다. 조선 교우들이 피레스 페레이라 주교에게 보내는 서한, 유 파치피코 신부가 피레스 페레이라 주교와 움피에레스 신부, 그리고 브뤼기에르 주교 각각에게 보내는 3통의 서한도 함께 전달되었던 것이다. 그런데 피레스 페레이라 주교는 유 파치피코 신부가 자신에게 보낸 서한의 사본을 브뤼기에르 주교에게도 보냈다. 조선 대목구와 관련하여 현재 어떤 상황인지를 잘 파악하라는 뜻으로 보낸 것이다. 그래서 브뤼기에르 주교는 조선 신자들이 자신에게 보낸 서한과 유 파치피코 신부가 피레스 페레이라 주교에게 보낸 서한, 그리고 유 파치피코 신부가 자신에게 보낸 서한 모두를 읽고 사태를 판단할 수 있었다.

유 파치피코 신부가 보낸 3통의 서한은 조선에 입국하던 해 연말인 1834

년 11월 18일에 작성되었다. 그런데 유 파치피코 신부는 피레스 페레이라 주교와 움피에레스 신부에게는 최대의 경칭을 사용하면서 자신의 사목 활동과 관련된 내용들을 상세하게 보고하였다. 특히 피레스 페레이라 주교에게는 조선인 청년들을 신학생으로 선발하여 해외로 파견하겠다는 계획까지 의논하였다. 하지만 정작 자신의 임무와 관련하여 절대적으로 존중해야 할 장상인 브뤼기에르 주교에게 보내는 편지에서는 주교에 대한 경칭도 생략하고, 브뤼기에르 주교와 왕 요셉을 수신인으로 하여 편지의 격을 낮추었다. 그뿐만 아니라 자신의 사목 활동과 주교 입국을 위한 준비 상황에 대해서 보고하기는커녕, 오히려 유럽인 선교사는 조선에 들어올 수 없을뿐더러 설혹 들어온다고 하더라도 할 수 있는 일이 거의 없다면서 원래 있던 곳으로 돌아가라는 식으로 말하였다.

유 파치피코 신부의 의중이 무엇이었는지는 불분명하다. 그러나 움피에레스 신부와 피레스 페레이라 주교에게 보낸 다른 편지의 내용을 참고하자면, 조선 선교의 문제는 중국인 선교사나 유럽인 선교사가 들어온다고 해서 해결될 수 없으며, 오직 조선인 청년들을 선발하여 외국에서 신학 교육을 마친 후 사제 서품을 받게 하여 다시 조선으로 입국시키는 것이 가장 현명한 선교 방법이라고 생각하였던 것 같다. 게다가 당시 빈번한 박해로 인하여 교우들이 뿔뿔이 흩어져 있었기 때문에 브뤼기에르 주교가 입국할 수 있는 방도를 찾기가 매우 어렵다고 보았다. 하지만 브뤼기에르 주교는 북경에 있던 남경 교구장 피레스 페레이라 주교나, 남경교구를 대신 관할하고 있던 카스트로 에 무라 신부가 대단히 비협조적이라고 이미 느끼고 있던 참이었다. 그러니 자연스럽게 유 파치피코 신부의 행동 역시 피레스 페레이라 주교의 사주를 받은 것으로 생각하였다. 그리고 조선 신자들이 브뤼기에르 주교에게 보낸 편지에도 유 파치피코 신부가 상당한 영향력을 행사한 흔적이 엿보였다.

하지만 북경에서 조선 신자들과 담판을 벌인 왕 요셉은 미리 준비해 갔던 브뤼기에르 주교가 조선 신자들에게 보낸 서한을 읽어 주었다. 이 서한에서 브뤼기에르 주교는 매우 강경한 어조로 조선 신자들이 자신을 받아들여야 하는 이유를 설명하였다. 그런 다음에 브뤼기에르 주교는 무슨 일이 있어도 1835년 겨울에 조선 국경으로 가겠으며, 대목구장의 입국을 방해하는 어떤 시도도 파문당할 죄를 범하는 것이라는 교황의 교령도 알려 주었다. 왕 요셉이 대신 읽어 준 브뤼기에르 주교의 서한은 조선 신자들에게 큰 충격을 주었다. 그래서 조선 신자들은 즉석에서 유진길의 이름으로 브뤼기에르 주교에게 보내는 서한을 다시 작성하여 왕 요셉으로 하여금 전달하도록 하였다. 1834년 12월 23일(양력 1835년 1월 21일)을 작성일로 하고 북경을 작성지로 한 이 서한에서는 예전에 보낸 서한에서 브뤼기에르 주교를 맞아들이기 어렵다고 한 까닭이 결코 주교를 거부하고 영접하지 않으려는 뜻에서 나온 것이 아님을 누누이 강조하면서 브뤼기에르 주교의 뜻에 순종하여 1835년 겨울에 신자들을 국경으로 보내어 주교의 입국을 준비하겠다고 밝혔다.

또한 왕 요셉은 브뤼기에르 주교의 지시에 따라 조선 교우들을 피레스 페레이라 주교의 거처로 데리고 가서 회담 결과를 피레스 페레이라 주교 앞에서 공식적으로 밝히도록 하였다. 이것은 조선 신자들이 브뤼기에르 주교를 원하지 않는다는 식으로 피레스 페레이라 주교가 변명거리와 핑계를 대지 못하도록 하려는 의도였다. 피레스 페레이라 주교는 만약 조선 신자들이 브뤼기에르 주교의 입국에 동의한다면, 자신도 요동에 임시 거처를 마련해 주겠노라고 약속하였다. 하지만 그 뒤에도 피레스 페레이라 주교는 여러 가지 이유를 대면서 자신의 약속을 지키지 않았다.

그러나 조선 신자들과의 교섭이 성공적으로 끝남으로써 최종적인 장애는 모두 제거된 셈이었다. 브뤼기에르 주교는 다시 왕 요셉을 북경으로 보내어 조선 신자들을 격려하는 편지와 유 파치피코 신부에게 보내는 돈과 지시 사항을 조선 신자들에게 전달하도록 하였다. 특히 유 파치피코 신부에게 보내는 지시 사항은 그가 선발한 어린 학생들을 당장 보내지 말고 주교가 입국하여 그 학생들을 심사할 수 있도록 대기시키라는 것이었다. 그리고 신학교를 조선 국외에 건립하는 문제도 전적으로 브뤼기에르 주교의 소관 사항인 만큼 경거망동하지 말 것을 주문하였다. 이 서한과 돈은 1835년 2월 7일에 북경에서 조선 신자들에게 전달되었으며, 조선 신자들은 브뤼기에르 주교가 국경에서 갈아입어야 할 조선 의복들을 왕 요셉에게 건네주었다. 그리고 조선 교우들은 3월 1일에 북경을 떠나 귀국하였다.

모든 준비를 완료한 브뤼기에르 주교는 모방 신부를 서만자에 남겨 두고, 1835년 10월 7일에 조선을 향하여 출발하였다. 예정대로 1835년 연말에 만주 봉황성(鳳凰城) 변문에 도착한다면, 주막에 여장을 풀고 기다렸다가 조선 신자들과 약속한 대로 만신(萬信)이라는 글자로 신호를 주고받아 그들과 만날 생각이었다. 당시 그와 동행한 사람들은 라자로회원이었던 중국인 고(高) 신부와 몇몇 안내인들이었다. 10월 19일 마가자(馬架子) 또는 펠리쿠(Pie-li-keou)라고 불리던 어느 교우촌에 도착한 브뤼기에르 주교는 요동으로 떠날 준비를 하면서 보름 정도 그곳에 머물 예정이었다.

브뤼기에르 주교는 이튿날인 1835년 10월 20일 낮 동안에 책을 읽으며 휴식을 취하였다. 저녁이 되어 식사를 마치자, 잠시 누워 있다가 갑자기 일어나 발을 씻겠다고 하였다. 그런 다음에는 면도도 하고 싶다고 말하여 신

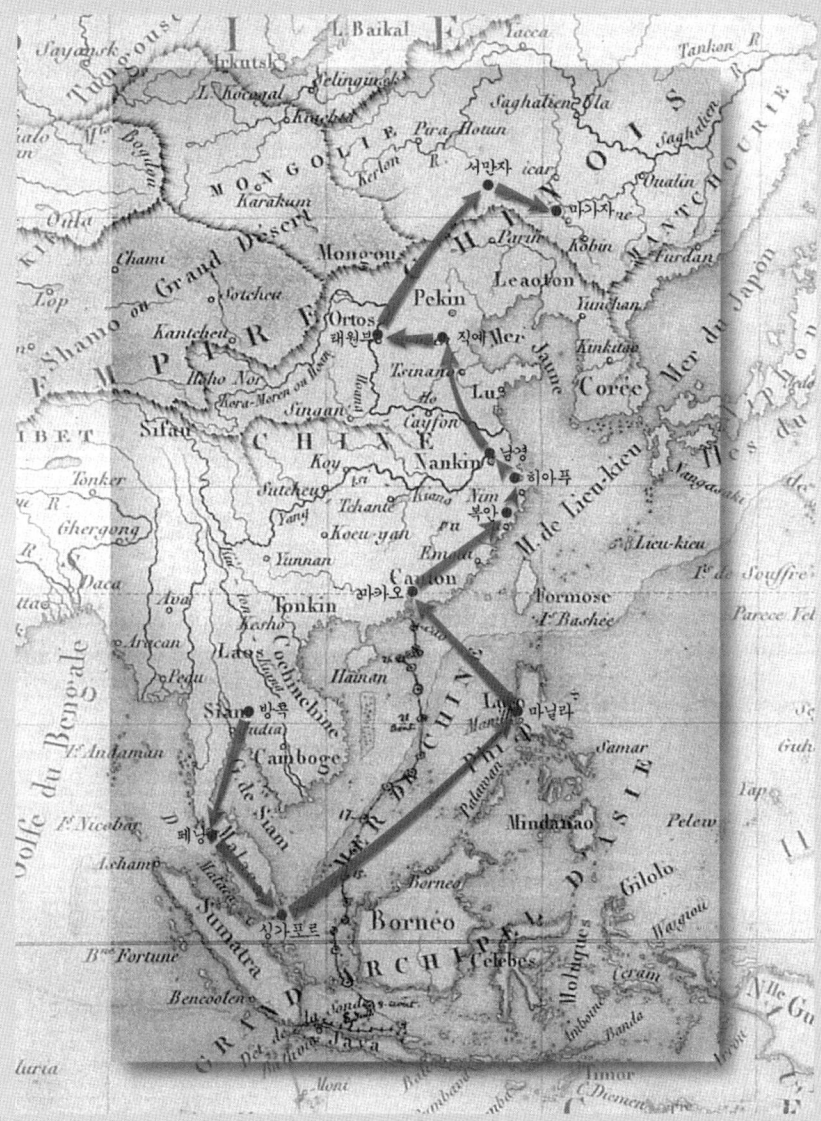

브뤼기에르 주교의 여행 경로를 보여 주는 지도. 그는 1832년 8월 4일 페낭을 떠나 싱가포르→마닐라→마카오→복안→히아푸→남경→직예→태원부→서만자→마가자까지 장장 3년 동안 길고도 힘든 여정을 거쳤지만, 끝내 조선에 입국하지는 못했다.

자 면도사가 와서 면도를 해 주었다. 면도를 끝낸 뒤에 중국식으로 머리카락을 다듬는 조발(調髮)을 마무리하는 순간, 브뤼기에르 주교는 두 손으로 머리를 감싸며 고통스러운 비명을 질렀다. 이어 침상에 쓰러진 브뤼기에르 주교는 프랑스어로 예수, 마리아, 요셉을 부르짖고는 의식을 잃었다. 중국인 고 신부가 급히 종부성사를 베풀었는데, 그리고나서 저녁 8시 15분경에 브뤼기에르 주교는 선종하였다. 향년 43세였다.

2. 모방 신부의 입국과 사목 활동

1) 모방 신부의 생애와 입국 과정

앞서 보았듯이 브뤼기에르 주교는 조선 입국을 목전에 두고 갑자기 병사하였다. 하지만 서만자에서 대기하고 있던 모방 신부가 그의 발자취를 이어서 조선으로 들어오는 데 성공하였다. 피에르 필리베르 모방(Pierre-Philibert Maubant, 羅伯多祿)은 1803년 9월 20일 프랑스 서북부 지역인 노르망디 지방 칼바도스(Calvados)의 바시(Vassy)에서 태어났다. 그의 출생지 바시는 바이외(Bayeux) 교구 소속으로 이 고장에서는 적지 않은 아이들이 훗날 성직자나 선교사로 성장하였다. 선교사가 된 사람으로는 모방 신부 이외에도 트랑샹(P. Trenchant, 1766~1806)이라는 인물이 있는데, 그 역시 파리 외방전교회에 입회하여 중국 사천성의 선교사로 파견되었고, 1802년에 주교 서품을 받았다.

모방 신부가 태어난 집은 바시의 중심가에서 약 2km 떨어져 있는 보티렐(Vautirel)이라는 작은 시골 마을이었다. 모방의 아버지는 샤를 모방(Charles

Maubant)이었으며, 어머니는 카타리나 뒤슈맹(Catherine Duchemin)이었다. 바시 현의 현청에 남아 있는 모방 신부의 출생 증명서에 따르면 아버지 샤를은 농부(laboureur)였다. 이것을 보면 모방이 가난한 농가에서 태어났음을 짐작할 수 있다. 모방의 어머니는 모방이 14세 되던 1817년에 사망하였고, 아버지는 모방이 순교한 3년 뒤인 1842년에 사망하였다.

모방은 태어난 날에 즉시 바시 성당에서 피에르란 이름으로 세례를 받았다. 어린 시절을 보티렐에서 보낸 모방은 교구 성직자의 제안으로 고향을 떠나 비르(Vire)에 가서 중등교육 과정인 콜레쥬(Collège)에 입학하였다. 몇 년 후 중등교육을 이수한 모방은 바이외 교구에서 운영하던 대신학교에 진학하였다. 이곳은 당시에 파리의 생 쉴피스(Saint Sulpice) 신학교 출신의 신부들이 지도하고 있었다. 그런데 이 생 쉴피스 신학교는 파리 외방전교회 신학교와 가까운 곳에 위치하고 있었으며, 역사적으로도 파리 외방전교회의 설립자들과 밀접한 관련을 맺고 있었다. 그렇기에 모방은 바이외 교구의 대신학교를 다니면서, 생 쉴피스 출신의 교수들에게 파리 외방전교회 선교사들의 활동이나 삶에 대해서 많은 이야기를 들었으리라 짐작된다.

1827년 12월 22일에 모방은 삭발례를 받았으며, 이듬해 5월 31일에 차부제품을 받았다. 그리고 1829년 6월 13일에 모방은 사제 서품을 받았고, 곧 비르의 북서쪽에 위치한 인구 103명의 아주 작은 시골 마을 데제르(Dert)의 보좌 신부로 파견되었다. 이듬해에는 비르의 남동쪽에 있는 샹-뒤-불(Champs-du-Boult)의 보좌 신부로 자리를 옮겼다. 이곳은 전임지에 비해서 조금 더 큰 마을로 6백 명의 사람들이 모여 사는 곳이었다. 하지만 모방 신부는 이곳에 1년밖에 머무르지 않았다. 왜냐하면 선교의 소명을 느끼기 시작하였기 때문이다.

조선에 입국한 첫 서양인 선교사인 모방 신부는 사천 대목구에 파견되어 가던 중 마카오에 있던 파리 외방전교회 극동 대표부에서 초대 대목구장으로서 조선으로 가는 브뤼기에르 주교를 만났다.

주교의 허락을 받은 모방 신부는 파리 외방전교회에 입회를 요청하였으며, 1831년 11월 18일 신학교에 도착하였다. 이미 신학 교육을 이수한 재속 사제였기 때문에, 그가 파리 외방전교회 신학교에서 보낸 시간은 3개월 남짓에 불과하였다. 모방 신부가 3개월 만에 선교사로 파송된 것은, 아마도 당시 선교사의 수가 매우 부족하였다는 점이 크게 작용하였을 것이다. 그 짧은 기간 동안 모방 신부는 파리 외방전교회의 회칙과 선교 지침서를 학습하는 데 힘을 기울였을 것이다. 그리고 마침내 1832년 3월 5일에 모방 신부는 파리를 출발하였다. 함께 출발한 동료 샤리에(Pierre Charrier, 1803~1871) 신부와 함께 르 아브르(Le Havre) 항구에 도착한 그는 3월 27일 배를 타고 마카오로 떠났다. 최초의 목적지는 베트남의 통킹이었으며, 그 후에 중국의 사천 지방으로 갈 예정이었다. 순조로운 항해 끝에 마닐라에 도착하여 몇 주일을 머무른 뒤 다시 출발하여 프랑스를 떠난 지 6개월이 지난 1832년 9월 11일에 모방은 무사히 마카오에 내릴 수 있었다.

모방 신부는 마카오에 있던 파리 외방전교회 극동 대표부에서 12월 20일까지 머물렀다. 그리고 도착한 날부터 중국어를 배우기 시작하였다. 왜냐하면 선교 활동을 하도록 발령을 받은 최종 목적지가 중국의 사천 대목구였기 때문이다. 그런데 그가 마카오에 머무는 동안에 브뤼기에르 주교가 도착하였다. 브뤼기에르 주교는 이제 막 설립된 조선교회의 교구장으로 임명되어 자신의 양 떼를 돌보러 조선으로 가는 길이었다. 1832년 12월 20일에 모방 신부와 브뤼기에르 주교는 각자 자신들이 배속된 곳으로 가기 위해 함께 길을 떠났다. 그들은 중국 대륙을 가로지르는 긴 여행의 동반자로 가게 된 것이었다. 고생 끝에 복건성의 주교관에 도착한 그들은 그곳에서 8일간 머물렀다. 그때에 모방 신부는 브뤼기에르 주교에게 자신을 조선으로 데려가 달라고 요청하였다. 이때의 상황에 대해서 브뤼기에르 주교는 자신의 편지에서 다음과 같이 묘사하였다.

(1833년) 3월 9일에 모방 신부가 사천 선교지를 포기하고 조선에 가겠다고 내게 알리러 왔습니다. 그는 나에게 말했습니다. "제게는 오래전부터 이 성소가 있었습니다. 저는 그런 의사를 표명하기 전에 신중히 검토하려고 했습니다." 나는 그와 같은 고백에 매우 놀랐습니다. 나는 그에게 어떤 시도도 한 적이 없었습니다. 왜냐하면 그가 이 선교지에 대해서 말하는 태도로 보아 소용이 없을 것이라고 여겨지는 교섭에 내가 나설 필요는 없었기 때문입니다. 나는 그에게 대답했습니다. "그런 성소를 가졌다니 나는 매우 기쁩니다만, 신부님은 하느님과 상의를 해야지, 내 소망을 문의할 일은 아닙니다. 이 중요한 문

제를 결정하는 일을 내가 책임질 수는 없습니다." 하지만 허비할 시간이 없었습니다. 그는 이튿날 홍화(興化)로 떠나야 했으며, 나도 곧 남경으로 길을 떠날 예정이었습니다. 우리는 함께 복건 주교에게 의논하러 가기로 했습니다. 찬반의 이유를 듣고 난 복건 주교는, 모방 신부가 조선으로 가는 것은 좋은 일일 뿐만 아니라 말하자면 필요하기까지 하다고 생각하였습니다. 우리는 즉시 사천 주교에게 편지를 썼습니다(《브뤼기에르 주교 여행기》, 한국교회사연구소, 2008, 99~101쪽).

브뤼기에르 주교는 15개월 뒤에 사천 대목구의 폰타나 주교로부터 긍정적인 답신을 받았다. 즉 사천의 선교사들은 모방 신부가 선교지에 와서 자신의 성의를 다하기를 바라고 있지만, 조선이야말로 훨씬 더 선교사가 필요한 곳이라고 생각하기 때문에, 그가 브뤼기에르 주교를 따라가는 것을 인정한다는 것이었다. 또한 사천 대목구의 부주교였던 페로쇼(Jacques Pérocheau, 1787~1861) 주교 역시 마카오의 파리 외방전교회 극동 대표부에 편지를 보내어, 모방 신부가 브뤼기에르 주교와 동행하여 조선으로 가는 것을 찬성한다고 말하였다. 이로써 모방 신부의 배속지는 사천에서 조선으로 변경되었으며, 모방 신부는 브뤼기에르 주교와 함께 조선으로 입국할 계획을 세우게 되었다.

브뤼기에르 주교의 허락을 받은 모방은 복건 대목구의 홍화 사목구역에 머물다가 1833년 12월 4일 북경으로 출발하여 4개월 만인 1834년 4월 1일에 도착하였다. 당시 북경에는 천주교에 대한 탄압이 몰아닥치고 있었기 때문에 유럽인으로서 북경에 들어온 이는 모방 신부가 유일하였다. 게다가 모방 신부는 여권이나 여행 증명서도 없이 북경에 도착하였다. 깜짝 놀란 북경 주교는 그를 계속 보호할 수가 없었기 때문에 모방 신부가 타타르 지역, 즉 서만자로 가기를 원하였다. 한편 남경에 도착한 브뤼기에르 주교는 북경으로 편지를 보내 모방 신부로 하여금 북경에서 조선인 신자들의 편지를 기다리든가, 아니면 서만자로 출발하든가 둘 중의 하나를 선택하라고 말하였다. 서만자에서는 중국인 라자로회원 설 신부가 그를 받아줄 것이었다.

 모방 신부는 두 번째 방안을 선택하여, 1834년 6월 8일에 길을 떠나 서만자로 갔다. 그가 서만자에 도착한 것은 다음달인 7월 초순 무렵이었다. 브뤼기에르 주교도 8월 8일에 도착하여 모방 신부와 합류하였다. 그들은 약 1년 동안 이 지역의 교우촌에서 머물러 생활하면서 조선으로 입국할 기회를 기다리고 있었다. 드디어 브뤼기에르 주교는 1835년 10월 7일에 교우촌을 떠나 조선으로 잠입하려고 시도하였다. 하지만 브뤼기에르 주교는 조선 입국을 눈앞에 두고 갑작스러운 병으로 사망하고 말았다. 이 소식을 전해 들은 모방 신부는 즉시 출발하여 브뤼기에르 주교가 마지막으로 머물렀던 마가자라는 교우촌으로 갔다. 그곳에서 그는 라자로회 소속의 중국인 신부인 고 신부와 함께 주교의 장례식을 치렀다. 그리고 모방 신부는 뒤늦게 도착한 5명의 조선인 신자들과 함께 조선 국경으로 갔다. 1836년 1월 12일 자성에 중국측 국경 지대인 이른바 '변문(邊門)'을 출발한 그는 사흘 뒤인 1월 15일 조선의 수도 한양에 무사히 도착하였다.

 모방 신부가 조선에 들어왔다는 사실이 의미하는 바는 무엇일까? 주지하다시피 조선 대목구가 설정되던 당시에 교황청 포교성성의 결정 사항은 조선 선교지를 북경교구로부터 분리하여 독립된 대목구로 만든다는 것과 그 대목구장으로 파리 외방전교회 회원이자 시암 대목구의 부주교인 브뤼기에르 주교를 임명한다는 것이었다. 아울러 포교성성은 이 모든 결정들이 교회

법적인 효력을 지니기 위해서는 브뤼기에르 주교가 안전하게 조선으로 입국하는 것을 전제로 한다고 못 박았었다. 이처럼 포교성성이 관할하는 선교지역의 대목구 상황은 대목구장이라는 재치권자의 생존 여부가 지대한 영향을 미치게 된다. 따라서 아시아 지역의 대목구장들은 재치권자의 유고라는 사태를 막기 위해 상당한 노력을 기울일 수밖에 없었다.

브뤼기에르 주교는 앞서 마카오에서 조선 대목구장 임명 칙서를 수령하면서 〈조선 대목구장 권한집〉도 받은 바 있었다. 교황 그레고리오 16세에 의해서 1831년 7월 17일에 수여된 조선 대목구장의 권한 가운데에는 15개조의 특별 권한이 있었다. 특히 제15번 특별 권한은 '대목구장 유고 시 대목구장직 위임에 관한 특별 권한'이었다. 그 내용을 구체적으로 나열하면 다음과 같다.

> 대목구장은 자신이 죽는 경우에 선교사들이 없을 위험이 있고, 자기의 특별 권한을 위임할 수 있는 유럽인 사제가 한 명도 없을 때, 선배 선교사들 중 또는 인접한 타 대목구에서 근무하는 유럽인 사제들 중 한 사제에게 자신의 특별 권한을 위임할 수 있다. 그리고 이렇게 위임받은 그 사제가 특별 권한을 행사할 수 있고, 위에 언급한 대목구장으로부터 위임받은 것을 전반적으로나 부분적으로 행사할 수 있다. 그리하여 사도좌가 통고를 받고 달리 조처할 때까지 그 위임자가 임시로 보충할 수 있다(《1831년 7월 17일 교황 성하 알현 때 브뤼기에르 주교에게 베푸신 특별 권한〉, 《파리 외방전교회 고문서고 소장 한국 관계 문서철 제579권》, f. 83).

브뤼기에르 주교는 자신이 조선으로 입국하지 못하게 되면 북경교구로부터 독립된 조선 대목구 설정이라는 사건은 무효화된다는 사실을 잘 알고 있었다. 그러므로 이를 사전에 방지하기 위한 방안들을 강구할 필요가 있었다. 브뤼기에르 주교는 조선 대목구장에게 부여된 위의 특별 권한을 이용하여 자신의 대리자 또는 후임자를 미리 정해 둔다면 대비책이 될 수 있으리라고 생각하였다. 그래서 그는 먼저 모방 신부를 대목구장 직무대행(Pro-Vicarius)으로 임명하여 조선 대목구장에게 부여된 모든 권한을 행사할 수 있도록 위임한 바 있었다. 이 때문에 브뤼기에르 주교가 사망한 이후에라도 모방 신부가 조선으로 입국하면 교황 그레고리오 16세가 반포한 조선 대목구 설정은 결정적인 유효성을 획득하게 되는 것이었다. 그리고 실제로 이 일은 모방 신부가 성공적으로 조선에 들어오면서 해결되었다.

2) 조선 대목구의 현황 보고

1836년 1월 15일 한양에 당도한 모방 신부는 정하상 등이 마련하여, 유 파치피코 신부가 거처하던 집에서 조선 선교사로서의 생활을 시작하였다. 대개 선교사들은 자신의 부임지에 처음 도착하였을 때 선교 지역의 전반적인 상황과 신자 현황을 파악하여 보고하게 된다. 모방 신부 역시 조선에 도착한 뒤 처음 보내는 서한에 당시 조선 사회를 소개하는 몇 가지 글을 덧붙여 보냈다. 아래의 글은 1836년 4월 4일에 모방 신부가 파리 외방전교회 신학교 지도자들에게 보낸 편지에서 조선에 대해서 소개하는 내용들이다.

조선은 중국이나 타타르에 비해서 약간 더 단조롭습니다. 이곳의 산들은 중국의 남부나 북부 지역만큼 그렇게 깎아지른 듯 가파르지 않습니다. 이곳의 평야 지대도 중국 중앙부나 혹은 몽골, 만주의 중앙부처럼 그렇게 넓지 않습니다. 조선에는 사람들이 경작할 수 있는 미개간지가 그렇게 많지 않습니다. 일반적으로 산들은 푸른 숲으로 덮여 있거나, 아니면 평야처럼 잘 개간되어 있습니다.

조선은 5개의 도로 이루어져 있으며, 5명의 대신들이 통치하고 있습니다. 도의 이름과 중심 도시의 이름을 나열하면 다음과 같습니다. 함경도는 가장 북쪽에 있는 지방이며, 함흥이 중심지입니다. 중부 지방으로 내려오면 동쪽에 강원도가 있으며, 중심지는 원주입니다. 그 다음에 경상도가 있고, 대구가 중심지입니다. 그리고는 전라도가 있으며, 중심지는 전주입니다. 이어서 충청도가 있고, 공주가 중심지입니다. 한편 경기도에는 한양이 있는데, 이곳은 조선 왕국의 수도로서 왕실이 있습니다. 한양은 거대하지만 또한 상상할 수 있듯이 매우 서투르게 건축되어 있습니다. 도로가 포장되어 있지 않다는 점은 자명한 일입니다. 경기도의 동쪽에 황해도가 있으며, 중심지는 해주입니다. 그리고 평안도의 중심지는 평양입니다(〈모방 신부가 파리 외방전교회 신학교 지도자들에게 보낸 1836년 4월 4일 서한〉,《파리 외방전교회 고문서고 소장 한국 관계 문서철 제1260권》, f. 82).

이러한 서술 다음에 모방 신부가 그린 조선의 지도가 첨부되어 있다. 모방 신부의 한양 도착 시점이 1836년 1월 15일이었다는 점을 고려한다면, 불과 세 달 후에 이런 구체적인 정보를 보고할 수 있다는 것이 약간 의아스럽기는 하다. 이는 아마 유 파치피코 신부나 정하상, 조신철과 같은 지식인 신자들이 제공한 정보였을 가능성이 높다. 또한 모방 신부는 같은 편지에서 당시 조선의 종교적 상황에 관해서도 소개하였다.

조선에는 다섯 개의 주요한 우상 숭배가 있습니다. ① 부처 우상 숭배, ② 공자 우상 숭배, ③ 노자 우상 숭배, ④ 야황(yahoang) 우상 숭배, 그리고 ⑤ 조상 숭배가 그것입니다. 천주교인들에게 처음의 네 가지를 금지하는 것은 쉬운 일입니다. 그러나 조상 숭배의 경우에는 그렇지 않습니다. 각 집안의 장자들은 신주(神主) 위에 부모의 이름을 적어서 보관하고 이를 숭배해야 합니다. 한 해 중 15회 정도 차남들은 장자의 집으로 가서 신주에 경배를 드려야 합니다. 신주는 집안의 장자 집에 보관되며, 장자에서 장자에게 이어집니다. 방계 혈통들도 장자의 신주와 비슷한 특별한 신주를 보관해야 합니다. 공자를 존숭하여 건립한 사당들도 몇 개 있습니다(〈모방 신부가 파리 외방전교회 신학교 지도자들에게 보낸 1836년 4월 4일 서한〉, 《파리 외방전교회 고문서고 소장 한국 관계 문서철 제1260권》, f. 90).

위의 인용문에서 모방 신부가 지적한 조선의 다섯 가지 우상 숭배는 원래 한자를 중국식 발음으로 적어 놓았다. 그래서 첫째의 불교, 둘째의 유교, 셋째의 도교, 그리고 다섯째의 조상 숭배는 분명하게 알 수 있지만, 넷째는 확실히 알 수가 없다. 아마 무속, 산신제 등과 같은 종류의 민간신앙을 지적한 것이라 추측할 뿐이다. 모방 신부가 가장 주목한 것은 역시 조상 제사 문제였다. 이것은 이미 몇 세기 동안 '중국 의례 논쟁'이라는 이름으로 천주교 선교 단체들 사이에서 격렬하게 진행된 바가 있기 때문에, 모방 신부로서도 조선 선교의 최대 장애물을 조상 제사라고 보았을 것이다.

모방 신부는 당시 조선의 전 지역에 산재한 교우촌과 교우들의 숫자에 대한 보고도 받았다. 이에 대해서 보고한 것은 아마도 유 파치피코 신부와 교회의 유력한 지도자들이었을 것으로 추정된다. 모방 신부는 그들이 함경도 · 평안도 · 황해도의 교우촌과 교우에 대해서는 알지 못하며, 나머지 지역들에 관해서는 각 도별로 상세하게 교우촌 현황과 교우들의 숫자를 보고하였다고 하였다. 하지만 그의 서한에 기록된 각 도별 교우촌 지명은 부정확한 면이 많다. 조선어에 익숙하지 않은 모방 신부가 조선인 신자들이 말하는 지명을 들리는 대로 로마자로 옮겨 적었기 때문이다. 그래서 당시의 기록이나 전승에 토대를 두어 많은 지명들의 원래 발음을 복원할 수 있었지만, 일부의 지명들은 아직 정확하게 밝혀지지 않았다.

조선인 신자들의 보고를 토대로 정리한 자료에서 모방 신부는 경상도의 마을 가운데 풍기라는 곳과 순흥이라는 곳이 있는데, 넓은 지역의 비신자들 속에 5백 명 혹은 530명가량의 신자들과 예비신자들이 흩어져 살고 있다고 하였다. 사실 경상북도의 소백산 일대는 초창기 교우촌들이 형성되는 주요한 무대 가운데 하나였다. 그래서 청송이나 영양, 순흥 일대에 교우촌들이 산재하였을 가능성이 많다. 또한 모방 신부는 경상도 남쪽에 위치한 해안 지방, 즉 부산포 일대에는 약 3백 명의 일본인들이 정착해서 살고 있다고 말하였다. 하지만 이 3백 명의 일본인들이 천주교 신자라는 명시적인 언급은 들어 있지 않다. 다만 모방 신부는 이 지역의 일본인들과 접촉하면 일본 천주교회의 현재 상태에 관한 정보를 얻을 수 있는 기회가 될 것이라고 말하였다.

한편 입국 직후 조선교회의 상황을 보고받은 모방 신부는 무엇보다도 자신이 활동할 조선의 언어를 배우는 데 온 힘을 기울이고자 하였다. 하지만 그에게는 그럴 만한 여유가 없었다. 새로 서양인 신부가 조선으로 들어왔다는 사실을 아는 신자들이 모두 성사를 받기 원했던 것이다. 왜냐하면 고해성사를 하고 성체를 영하기 전에 자기들이 죽거나 혹은 선교사가 세상을 떠

〈표 1〉 모방 신부가 보고받은 1836년 무렵의 교우촌 현황

지역	교우촌	신자수	현재의 지명
경기도	수리산(souriyan)	50~60	다시 모인 구교우들, 비신자 없음
	guin tsien	40~50	신구교우, 비신자 있음
	guin tsien(同名異村)	60~65	구교우, 예비 신자, 비신자 있음
	굴암(kouram)	130~140	신구교우, 예비 신자, 비신자 있음
	포천(pouotchen)	90~95	구교우, 예비 신자, 비신자 있음
	지평(guien piang)	100~1,010	교우, 예비 신자, 비신자 있음
	수원(souan)	130~140	구교우, 예비 신자, 비신자 있음
	양근(yang keung)	140~150	구교우, 예비 신자, 비신자 없음
	이름 없음	130~140	구교우, 예비 신자, 비신자 없음
	양지(yang gin)	140~150	구교우, 예비 신자, 비신자 있음
	죽산(tchoksang)	100~1,010	교우, 예비 신자
	마재(matke)	70~80	교우, 예비 신자
	건업이(konêpi)	130~140	교우, 예비 신자
	이천(itcheun)	140~150	신구교우, 예비 신자
	고양(koyang)	40~50	교우, 예비 신자
	용머리(yongmeri)	30~40	
강원도	김천(kim tsang)	300~320	구교우, 예비 신자, 산재(散在)
	원주(ouen ku)	260~270	교우, 예비 신자, 산재
	hien sang	350~360	교우, 예비 신자, 산재
	강릉(kang nen)	550~560	교우, 예비 신자, 산재
경상도	풍기(pong kei)	500~530	교우, 예비 신자, 비신자 속에 산재
	순흥(soun hen)		
	남부 해안 지역	300	일본인
전라도	교우촌 미상	1,300~1,400	
충청도	내포(nêpo) 지역	300~320	구교우, 예비 신자
	kin lanen	220~230	구교우, 예비 신자
	온양(ogñang)	300~320	교우, 예비 신자
	목천(moktchen)	270~280	구교우, 예비 신자
	yen pong	340~350	구교우, 예비 신자
	guintsen, piguin, hempe	300~330	교우, 예비 신자
	kie tson	300~340	교우, 예비 신자
계		총 신자수 최소 6,810명, 최대 9,080명	

나는 사태가 벌어질까 두려워하였기 때문이다. 모방 신부는 아직 조선어를 이해하지 못하는 형편이었으나, 그래도 중국어와 한문은 어느 정도 알고 있었다. 아래의 인용문을 보면 모방 신부가 입국 초기에 어떤 식으로 성사를 집행하였는지 알 수 있다.

> 아직 저는 조선말을 제대로 알지 못합니다. 그럼에도 12군데의 마을에서 교우들이 저더러 자기네를 방문하여 고해를 들어 달라고 재촉하였습니다. 중국 글자를 아는 사람들은 자신들의 고해 내용을 중국 글자로 적었고, 중국 글자를 모르는 사람들은 통역을 통해서 고해 내용을 중국말이나 중국 글자로 전달하고자 하였습니다. 이는 유 파치피코 신부가 고해를 들은 방식이었습니다. 되도록 신속하게 일을 처리하기 위해서 저는 도착한 직후부터 고해성사를 받기 위한 성찰규식을 조선어로 번역하고자 하였습니다. 그것은 필요한 일이었습니다. 만약 유 파치피코 신부가 라틴어를 말하거나 이해할 수 있다면 저에게 도움이 되었을 것입니다. 하지만 저는 유 파치피코 신부와 중국어로 대화를 나누어야만 하였습니다.
>
> 제가 보기에 그는 더 이상 라틴어를 이해하지 못하는 것 같습니다. 그는 라틴어를 잊어버린 것이 분명합니다. 저는 이 성찰규식을 중국어로 작성하려고 애쓰고 있으며, 부활절 후에는 그것을 완성할 것입니다. 우리 신자들은 내가 이런 수단을 사용하여 자기네들의 고해를 알아들을 수 있고, 중국 글자로 된 글을 받거나 또 필담으로 대화를 나눌 수 있다는 사실을 알고는 몹시 기뻐하였습니다. 저는 그들에게 통역을 사용하는 것을 좋아하지 않는다는 사실을 보여주었습니다. 하지만 제가 처리하지 않을 수 없는 일들이 너무나 많아서 저는 언어 공부에 거의 시간을 내지 못하고 있습니다(〈모방 신부가 파리 외방전교

회 신학교 지도자들에게 보낸 1836년 4월 4일 서한〉,《파리 외방전교회 고문 서고 소장 한국 관계 문서철 제1260권》, ff. 85~86).

모방 신부는 조선어에 익숙하지 않았기 때문에, 조선인 신자들의 고해 내용을 알아듣고 조선어로 보속을 주는 일이 힘들었을 것이다. 그럼에도 그는 유 파치피코 신부가 한 것과 같이 통역을 통하여 고해성사를 주는 것에 대해서 매우 부정적으로 판단하였다. 그래서 중국어나 한문을 전혀 이해하지 못하는 신자들의 경우에는 어쩔 수 없이 통역을 통하기도 하였지만, 자신이 한시라도 빨리 조선어를 습득하여 신자들에게 직접 고해성사를 베풀고자 노력하였던 것이다.

그가 도착한 지 채 3개월이 못 되었을 무렵, 부활 대축일(1836년 4월 3일)을 맞이하여 미사를 봉헌하였다. 사제가 집전하는 천주교회의 큰 미사에 참례할 기회가 없었던 조선의 신자들은 모방 신부의 부활절 미사 광경에 감동하였던 모양이다. 이에 관해서 모방 신부는 다음과 같은 기록을 남겼다.

성토요일이었던 지난 2일 아침에 우리 교우들은 몹시 기뻐하였습니다. 그들은 성토요일 예식을 행하는 것을 일찍이 본 일이 없었습니다. 그들은 단 한 명의 사제가 예식을 거행하는 것을 보았습니다. 만일 주교님이 거행하는 미사에 참례하였더라면 어떠하였을지요. 예식은 약 다섯 시 반부터 정오 무렵까지 계속되었습니다. 저희들은 회중시계나 벽시계, 혹은 어떤 종류의 시계도 가지고 있지 않습니다. 성직자의 부족 다음으로 예식을 거행하는 데 가장 큰 장애는 장소에서 오는 것이었습니다. 저희들은 갈대 끝에 십자가를 매달았지만, 십자가도 부활초도 갈대도 머리 위로 쳐들 수가 없었습니다. 보통 몸을 굽히지 않고는 조선식 집에 들어갈 수가 없고 키가 다섯 자를 조금이라도 넘는 사람이면 방 안에서 불편합니다(〈모방 신부가 파리 외방전교회 신학교 지도자들에게 보낸 1836년 4월 4일 서한〉,《파리 외방전교회 고문서고 소장 한국 관계 문서철 제1260권》, f. 91).

부활절을 지낸 후 모방 신부는 신자들을 둘러보는 사목 순시에 나섰다. 먼저 서울의 여러 교우들을 방문하였고, 그 다음에는 경기도와 충청도를 돌아보았다. 그리하여 1836년 12월까지 모방 신부는 대략 16곳 내지 17곳의 교우촌을 방문하였다. 이 순시 중에 그는 어른 213명과 아이 150명에게 세례를 주고, 어른 110명과 아이 22명에게 보례를 베풀었으며, 적어도 630명 이상의 신자들에게 고해성사를 주었다. 그리고 85건의 혼인성사를 집전하였고, 8명 내지 9명에게 종부성사를 주었다. 또 그는 가능한 곳에는 회장을 세워 주일과 축일에 신자들을 모으게 하였다. 이 모임에서는 공동으로 기도를 바치고, 교리문답과 복음 성경과 성인 전기 등을 몇 대목 읽은 다음, 대개는 마을에서 가장 능력 있고 학식 있는 신자인 회장이 낭독한 대목을 풀이하였다.

그런데 모방 신부는 입국 초기부터 유 파치피코 신부와 갈등을 빚었다. 애초에 브뤼기에르 주교와 마찬가지로 모방 신부 역시 북경에 있던 남경 교구장 피레스 페레이라 주교가 프랑스 선교사들의 조선 입국을 방해하려는 의도를 가지고 있다고 판단하였다. 그리고 피레스 페레이라 주교의 방해 책동에는 유 파치피코 신부도 어느 정도 연루되어 있다고 보았다. 그래서 유 파치피코 신부가 브뤼기에르 주교에게 조선으로 들어오기 어려우니 원래 있던 곳으로 돌아가라는 뜻을 담은 편지를 보냈으며, 조선인 신자들을 선동하여 브뤼기에르 주교의 입국을 거절하도록 만들었다고 여겼다. 결국 포교성성 직할의 선교 단체인 파리 외방전교회와 동양 선교에서 우선권을 행사하던 포르투갈 선교사들 사이의 반목이 모방 신부와 유 파치피코 신부를 통해 재현된 것이다. 마침내 모방 신부는 유 파치피코 신부의 선교 방식과 조선에서의 행실을 문제 삼아 포교성성에 제소하였고, 브뤼기에르 주교로부터 위임받은 총대리 자격으로 유 파치피코 신부를 중국으로 돌려보냈다. 그리하여 유 파치피코 신부는 1836년 연말에 조선을 떠나 중국으로 돌아갔으며, 중국에서는 자신의 고향인 섬서와 산서 등지에서 선교사로 활동하였다.

3) 신학생 선발과 해외 파견

모방 신부가 조선에 입국한 첫해에 이룬 가장 중요한 공헌은 바로 장차 조선교회를 이끌어 갈 성직자를 양성하기 위해 신학생들을 선발하여 마카오로 파견한 것이다. 모방 신부는 중국의 마카오로 보낼 조선 신학생을 1836년에 선발하였다. 한양에 있던 모방 신부의 거처에 각 신학생들이 도착한 시점은 이러하다. 먼저 2월 6일에 최양업이 도착하였고, 3월 말에는 최방제(崔方濟, 프란치스코 사베리오, 1820?~1837)가, 그리고 7월 11일에는 김대건이 도착하였다. 그중 최양업과 최방제는 정하상과 남이관이 추천한 소년이었기에 선발 결정 소식을 듣고 상경하였다. 하지만 김대건의 경우는 약간 달랐다. 김대건은 현재 경기도 용인시에 소재한 골배마실에 살면서 1836년 4월 인근 은이 공소에서 모방 신부에게 세례를 받고 신학생 후보로 선발되었다. 이 사실을 신뢰한다면 1836년 4월, 즉 앞서 말한 부활절 이후 사목 순시 여행 기간 중에 모방 신부는 은이 공소까지 방문하였음을 알 수 있다. 한양에서 은이 공소로 가기 위해서는 아마 한강 상류로 거슬러 올라가는 뱃길을 이용한 다음, 산길로 이동하였을 것으로 추정된다.

모방 신부는 이렇게 최양업·최방제·김대건을 차례로 선발하여 한양에서 몇 달 동안 간단한 라틴어를 가르치는 등 기초적인 교육을 시켰다. 그런 다음 1836년 연말에 중국으로 돌아가는 유 파치피코 신부와 4명의 조선인 신자들과 함께 북경으로 보냈다. 다음의 인용문은 모방 신부가 파리 외방전교회 마카오 극동 대표부의 르그레즈와 신부에게 보낸 1836년 12월 3일 서한의 일부이다.

> 저는 2명의 조선인 소년을 보내겠다고 약속드렸습니다. 그런데 장차 또다시 신학생을 보낼 수 있는 기회가 없을까 염려되어 그들에 1명을 더 추가하였습니다. 세 번째 소년은 저와 4~5개월밖에 함께 지내지 못하였습니다. 다음은 그들의 이름을 저에게 도착한 날짜 순서대로 적은 것입니다. 최 토마스(2월 6일), 최 프란치스코(3월 말), 김 안드레아(7월 11일). 그들의 부모는 조선에서 가장 훌륭한 신자들입니다. 그리고 이 소년들은 매우 온순한 성격입니다. 저는 주님의 은총으로 신부님께서 이 소년들에게 만족하시길 바랍니다. 그들은 성심을 다해 공부에 전념할 것과 주님의 섭리가 명하는 대로 교회의 어른들께 완전히 순명할 것을 서약하였습니다. 저는 내년이나 혹은 그 이듬해에 또 다른 학생들을 신부님께 보낼 수 있기를 희망하고 있습니다(〈모방 신부가 르그레즈와 신부에게 보낸 1836년 12월 3일 서한〉,《파리 외방전교회 고문서고 소장 한국 관계 문서철 제1260권》, f. 105).

모방 신부의 명을 받고 중국으로 간 정하상과 조신철 등은 유 파치피코 신부를 배웅하고 신학생들을 맡긴 후에 조선으로 돌아오다가 국경 지대인 책문에서 또 한 명의 선교사를 맞이하여 조선으로 안내하였다. 그가 바로 프랑스 선교사로서는 두 번째로 조선 입국에 성공한 쟈크 오노레 샤스탕 신부였다. 샤스탕 신부와 조선인 신자 일행은 1836년 12월 31일 길을 떠나 봉황성 책문과 의주 관문을 통과하여 조선으로 입국하였다. 그리고 1837년 1월 15일에 한양에 도착한 샤스탕 신부는 모방 신부와 반가운 재회를 할 수 있었다.

3. 샤스탕 신부의 입국과 사목 활동

1) 샤스탕 신부의 생애와 입국 과정

샤스탕은 1803년 10월 7일 디뉴(Digne) 근처에 있는 작은 마을 마르쿠(Marcoux)에서 태어났다. 아버지는 앙드레 세바스티앙(André Sébastien)이었고, 어머니는 마리 안느 루공(Marie-Anne Rougon)이었다. 그들은 점잖은 농부들로서 자그마한 땅을 경작하여 얻은 수확으로 살아가는 가난한 사람들이있다.

어린 샤스탕은 아버지의 양 떼를 지키는 일을 했는데, 그가 공부를 하고 싶은 마음을 보이자 10세 무렵에 부모는 그를 학교에 보내 주었다. 4년 후에는 초급 라틴어를 배우러 이웃 마을로 갔다. 그리고 15세에 중등교육을 위해 디뉴로 보내졌다. 1820년에는 다시 디뉴를 떠나 앙브룅(d'Embrun) 중학교로 가서 공부를 계속하였으며, 거기서 고등과와 수사학을 이수하였다. 이 시기부터 샤스탕은 성 프란치스코 사베리오의 전기를 읽거나, 예수회 선교사들의 서한집인《교훈적이며 흥미로운 서한집》등을 탐독하며 선교사가 되려는 소망을 가지게 되었다.

1822년 말에 샤스탕은 디뉴로 돌아와 그곳 고등학교에서 철학 강의를 들었다. 그리고 그 이듬해에 신학교에 입학하였다. 사제직에 가까이 올라갔을 때에 그는 교구장에게 파리 외방전교회 신학교로 갈 수 있게 허락해 달라고 요청하였다. 그리하여 1826년 12월 11일 사제 서품을 받고 다음 해인 1827년 1월 6일 선교사로 떠나기 위해 가족들과 작별하였다. 샤스탕 신부가 부모와 작별하던 장면은 대단히 감동적인 것이었기에 자주 교회사 기록에 등장한다.

고향 마을인 마르쿠에서 디뉴로 돌아온 샤스탕 신부는 곧 짐을 꾸려 파리 외방전교회 신학교를 찾아갔다. 1827년 1월 13일 파리 신학교에 도착한 그는 몇 달 동안의 수련 기간을 거친 뒤, 4월 22일 출발 명령을 받았다. 함께 아시아로 떠나는 동료 선교사 4명과 함께 샤스탕 신부는 보르도 항구로 가서 배를 탔다. 그 가운데 3명은 코친차이나로 가는 파리 외방전교회 선교사였고, 다른 1명은 포교성성의 명령을 받고 섬서성으로 파견되는 이탈리아 프란치스코회 선교사였다. 대단히 길고 험난한 항해를 마치고 일행은 1828년 7월 10일 코친차이나 해안에 도착하였으며, 다시 포르투갈 배로 갈아타고 7월 19일에 마카오에 당도하였다.

샤스탕 신부는 시암 대목구에 속한 페낭 신학교로 파견되어 중국인 및 베트남인 신학생들을 가르치게 되었다. 한편 1830년 무렵 시암 대목구 부주교가 된 브뤼기에르 주교가 페낭으로 왔을 때 샤스탕 신부는 브뤼기에르 주교에게 자신도 조선으로 가고 싶다는 열망을 표시하였다. 브뤼기에르 주교는 당분간 페낭에서 자신의 연락을 기다리라고 말하였다. 1832년 8월 4일

샤스탕 신부가 교수 신부로 신학생들을 가르치던 시암 대목구의 페낭 신학교 전경. 이곳에서 샤스탕 신부는 브뤼기에르 주교의 부름을 기다리며 조선에 선교사로 가기를 열망하고 있었다. 교황청에 등재된 공식 명칭은 성 요셉 가톨릭 대신학교로 아시아 지역 사제 양성의 중심 역할을 하였다.

브뤼기에르 주교가 페낭을 떠난 뒤 샤스탕 신부는 주교의 소식을 기다리며 페낭에 머물고 있었다. 그런데 마카오에 있던 포교성성 대표부의 움피에레스 신부가 브뤼기에르 주교의 성공을 확신하면서 샤스탕 신부를 마카오로 불렀다. 이에 샤스탕 신부는 1833년 5월에 페낭을 떠나 마카오로 갔다.

브뤼기에르 주교는 중국 대륙을 종단하는 고통스러운 여행을 끝내고 직예 지방에 도착하였을 때 샤스탕 신부에게 편지를 보냈다. 대체로 1833년 8월과 9월 사이의 일이었을 것이다. 샤스탕 신부가 페낭에 있다면 그냥 그곳에 남아 있고, 만약 마카오로 왔다면 새로운 명령이 있을 때까지 머물러 있으라는 내용의 서한이었다. 하지만 이 서한은 샤스탕 신부에게 전달되지 못

샤스탕 신부는 페낭 신학교에서 교수로 재직 중 페낭에서 사목하던 브뤼기에르 주교에게 요청하여 조선 선교사로 자원하였다.

했으며, 대신에 북경을 거쳐서 요동까지 갔던 왕 요셉의 서한이 마카오에 전달되었다. 조선 신자들과 접촉하는 데 성공하였으며, 1833년 연말에 브뤼기에르 주교가 조선으로 입국할 수 있을 것이라는 내용이었다.

왕 요셉의 서한은 마카오에 큰 반향을 불러일으켰다. 움피에레스 신부는 이내 조선의 젊은이들이 오리라 예상하면서 신학교 건물을 마련하였고, 샤스탕 신부에게 신학교 교장 신부를 맡아 줄 것을 요청하였다. 하지만 그는 온갖 험난한 어려움이 가득한 선교지로 가서 활동하고 싶어 하였다. 그래서 1833년 9월 마카오를 떠난 샤스탕 신부는 브뤼기에르 주교가 지나간 행로를 그대로 밟아서 복건 대목구의 주교관을 찾아갔다. 11월에 도착한 주교관에는 모방 신부가 브뤼기에르 주교의 명령을 기다리고 있었다. 그곳에서 2개월을 머문 뒤에 두 사람은 각자의 길로 조선을 향하였다.

모방 신부는 육로를 이용하여 강서를 거쳐서 북경으로 향했다. 샤스탕 신

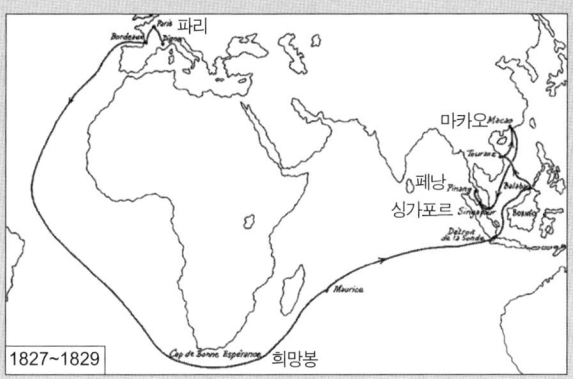

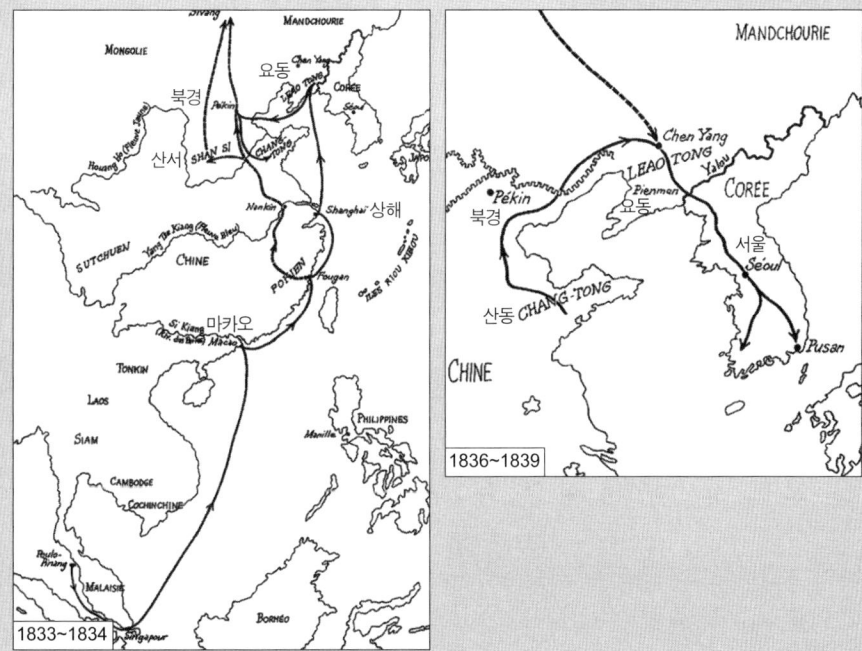

〈샤스탕 신부의 여행 경로〉
조선으로 들어가고자 여러 길을 모색했던 샤스탕 신부는 유 파치피코 신부와 신학생으로 선발된 세 학생을 데려가는 정하상 등 조선 신자들을 만나 1936년 12월 31일 길을 떠났다. 그리고 이듬해 1월 15일 한양에 도착하여 서양인 선교사로는 두 번째로 조선 땅을 밟았다.

부는 강남 지방을 거쳐서 해로를 선택하였다. 그리고 배를 타고 황해로 나가서 곧장 북상하여 요동 지방에 상륙하였다. 그러나 낯설고 거의 황무지인 지역을 보자 샤스탕 신부를 안내하던 중국인 연락원 2명이 겁에 질려 도망치고 말았다. 그래서 홀로 남은 복건 사람 한 명을 데리고 샤스탕 신부는 한 달 동안 헤맨 끝에 조선과 중국의 국경 지대에 도착하였다. 조선 신자들과 만날 수도 없고, 조선 입국을 준비할 집도 마련하지 못한 상태에서 계속 그곳에 머물 수는 없었다. 그리하여 다시 배를 타고 남하하여 북경 근처로 왔다.

중국인 신자들의 도움으로 몰래 북경으로 잠입한 샤스탕 신부는 피레스 페레이라 주교를 만나서 도움을 요청하였다. 하지만 주교는 마카오로 다시 돌아가든지, 아니면 산동 지방으로 가서 성무 활동을 하든지, 둘 중의 하나를 선택하라고 하였다. 샤스탕 신부는 후자를 받아들여, 1834년 8월 말경 산동 선교지로 갔다. 그리고 2년 동안 산동 지방에서 중국인 신자들을 대상으로 사목 활동을 벌이면서 샤스탕 신부는 조선교회로부터 소식이 오기를 기다렸다.

샤스탕 신부가 모방 신부의 편지를 받은 것은 1836년 9월 말이었다. 모방 신부가 포교성성 장관과 파리 신학교의 지도자들에게 보내는 서한이 산동에 도착한 것이었다. 이 편지를 읽고 샤스탕 신부는 1837년 1월에는 조선으로 입국할 수 있으리라는 기대를 가지게 되었다. 마카오 대표부의 르그레즈와 신부에게 보낸 1836년 10월 26일 서한에서 샤스탕 신부는 1837년 1월 2일(음력 1836년 11월 21일)에 조선과 중국의 국경 지대에서 조선인 신자들과 만나기로 약속하였음을 보고하였다. 애초에 샤스탕 신부는 산동에서 배를 이용하여 조선으로 가고자 하였으나, 모방 신부는 이 계획을 조사한 결과 육로로 입국하는 것보다 더 어렵다고 판단하였다. 그래서 연말에 조선과 중국의 국경 지대에서 조선인 신자들을 만나 압록강이 얼어붙은 기회를 이용하여 육로로 입국할 것을 권고하였다.

　1836년 11월 9일 샤스탕 신부는 산동을 떠나서 12월 13일 만주의 심양(瀋陽)에 도착하였다. 그리고 12월 19일 다시 심양을 출발하여 12월 25일 조선으로 가는 관문에 당도하였다. 나흘 뒤인 12월 29일에는 유 파치피코 신부와 3명의 신학생, 그리고 조선인 신자 4명이 이곳에 도착하였다. 샤스탕 신부는 이 신자들을 회장들이라고 불렀는데 이들이 샤스탕 신부를 조선으로 안내할 예정이었다. 김대건·최양업·최방제 등 3명의 신학생이 마카오로 갈 수 있도록 조치를 취한 샤스탕 신부는 본격적으로 조선으로 입국할 계획을 수립하였다.

　12월 30일 밤에 샤스탕 신부와 4명의 조선인 신자들은 조선으로 출발하였다. 봉황성 책문과 압록강 사이에 펼쳐진 약 50km의 평야와 황무지를 가로질러 압록강에 도착한 일행은 12월 31일 밤 얼어붙은 압록강을 걸어서 건넜다. 그리고 중간에 배치되어 있는 감시 초소들을 피해 가며 간신히 조선 땅을 밟을 수 있었다. 이리하여 샤스탕 신부는 조선 땅에 발을 들여놓은 두 번째 프랑스 선교사가 되었다. 한양까지 오는 동안 샤스탕 신부는 사람들의 눈을 피하기 위하여 상복으로 변장하였다.

2) 교우촌 순방과 조선 대목구 현황 조사

　모방 신부는 샤스탕 신부가 한양에 도착하자 그가 한양의 회장 집에 머물면서 조선어를 익히도록 주선하였다. 그리고 모방 신부 자신은 경기도 양평군에 있는 양근의 교우촌으로 갔다. 그곳에서 모방 신부는 4주 동안 조선어 공부를 하였고, 그 후에는 인근의 교우촌을 돌보았다. 그동안 샤스탕 신부는 약 2개월 동안 성사 집전에 필요한 핵심적인 조선어를 배우고, 또 조선어로 번역된 성찰규식을 외웠다. 3월부터는 한양에 거주하던 1백 명가량의 신자들에게 고해성사를 베풀기 시작하였다. 그런 후에 샤스탕 신부는 양근으로 가서 모방 신부와 함께 부활절(1837년 4월 23일)을 보내고 각자 성사 집전을 위한 여행을 떠났다. 샤스탕 신부는 북부 지방으로 갔으며, 모방 신부는 동부 지방으로 갔다. 약 3개월 동안 진행된 이 여행에 대해서 샤스탕 신부는 대단히 힘들었다고 회고하였다. 거리가 멀고 길이 험했으며, 성사를 달라고 떼를 지어 모여드는 신자들의 열의에도 불구하고 그들은 20년에서 30년, 혹은 40년 동안 보지 못했던 고해성사를 준비하는 데 경험이 전혀 없었기 때문이었다.

 그들은 7월 16일에 한양에서 재회하였고, 샤스탕 신부가 한양에 머무는 동안 모방 신부는 미처 돌아보지 못한 교우촌을 방문하기 위하여 다시 길을 떠났다. 그런데 모방 신부는 7월 18~20일경에 심한 피로감을 느끼면서 열이 오르는 병에 걸렸다. 1836년부터 지속적으로 쌓인 피로가 한꺼번에 몰려온 것이었다. 하지만 모방 신부는 무리하면서까지 그 여행을 계속하다가, 결국 7월 20일과 21일 사이에 극도로 병세가 위중해졌다. 하는 수 없이 모방 신부는 샤스탕 신부를 부르는 한편, 가까스로 한양으로 돌아왔다. 뒤늦게 한양으로 돌아온 샤스탕 신부로부터 종부성사를 받은 모방 신부는 기적적으로 병세가 회복되기 시작하였다. 그 후 샤스탕 신부는 다시 성사 집전을 위한 여행을 떠나 모든 성인 대축일인 11월 1일까지 사목 순시를 계속하였다. 하지만 모방 신부는 10월 말까지 조선어 공부도 성사 여행도 하지 못한 채 휴식을 취해야만 하였다.

모방 신부와 샤스탕 신부는 신자들이 모여 사는 곳을 방문하여 회장을 새로 임명하거나 기존에 활동하던 회장을 승인하였다. 그리고 어린이 대세·혼인·장례·주일·대축일에 관한 예절들을 가르쳤다. 그뿐만 아니라 신자들 사이에서 벌어지는 싸움이나 소송에 대해서도 판단하고 처리하였다. 또한 당시 조선교회에서 긴급한 일들에 관하여 규칙들을 제정하고 신자들의 조직을 새로 만들거나 보충하는 일 등을 하였다.

　이러한 여행을 한 해 동안 거치면서 두 선교사는 조선 신자들의 전체 숫자에 관해서 지금까지의 보고들이 매우 과장되어 있음을 깨달았다. 사실상 신자수에 대한 정기적인 조사도 당시까지는 존재하지 않았으며, 교회의 지도자들도 각자가 어림짐작으로 아는 수치만을 말하였던 것이다. 게다가 여러 번의 박해를 겪으면서 조선교회는 오랫동안 버려진 상태로 있었기 때문에 새로 들어오는 신자수가 많이 줄어들어 있었다. 그런데도 유 파치피코 신부는 조선인 신자들의 말만 믿고 마카오와 북경에 보냈던 보고서에 조선의 신자수를 2만 명이라고 적었던 것이다.

　모방 신부와 샤스탕 신부는 실제로 성사 집전을 위한 여행을 다니면서 각 교우촌들의 실태를 조사하고, 과거에 보고된 수치들을 재확인하였다. 그래서 조선 대목구의 현황을 상당히 정확하게 파악할 수 있었다. 그 결과 2만 명 내지 3만 명이라던 신자들은 온데간데없고, 선교사들이 만난 신자들은 대략 6천 명 정도에 불과한 것으로 집계되었다. 또한 모방 신부와 샤스탕 신부는 1837년 한 해 동안 성사 집전 여행을 다닌 결과도 보고하였다. 이 보고에 따르면 두 선교사가 한 해 동안 베푼 성사는 다음과 같았다. 즉 비신자 어른 및 어린이를 포함한 세례자 1,237명, 고해자 2,078명, 영성체자 1,950명, 그리고 보례자 1,117명, 혼인성사 195건, 종부성사 42건이었다.

또한 모방 신부의 1837년 연말 보고에는 조선 대목구 신자들의 상황을 묘사하는 다음과 같은 내용이 들어 있었다.

> 샤스탕 신부와 나는 남쪽 지방들을 이리저리 돌아다녔고 지금도 돌아다닙니다만, 아무 지장도 느끼지 않습니다. 흔히 박해의 주동자가 되는 거짓 형제들의 배신을 예방하기 위하여 계명을 지키는 신자들에게만 신부가 왔다는 말을 하라고 부탁했었습니다. 왜냐하면 어디나 그렇듯이 여기도 계명을 지키지 않는 신자들이 있기 때문입니다. 그러나 이 부탁은 별 효과를 나타내지 못하였습니다. 그 쉬는 신자들뿐만 아니라 많은 비신자들까지도 우리가 온 것을 알고 우리를 보러 오기까지 하였습니다. 그래서 하느님의 섭리가 우리를 특별히 보호해 주지 않으셨더라면 벌써 여러 달 전에 우리는 천국에 가 있든가 그렇지 않으면 적어도 옥에 갇혀 있었을 것입니다.
> 우리가 이 나라에 들어와 지금까지 무사히 지낼 수 있는 것은 여러 신부님들과 친애하는 동료들의 기도 덕택입니다. 그러므로 이런 기도를 계속하시고 감사 기도의 제물을 하느님께 바쳐 하느님께서 그 보호를 계속 내려주시도록 하여 주시기 바랍니다(〈모방 신부가 파리 외방전교회 신학교 지도자들에게 보낸 1837년 서한〉, 《파리 외방전교회 고문서고 소장 한국 관계 문서철 제1260권》, f. 143).

이 보고를 보면 모방 신부와 샤스탕 신부가 성사 집전 여행을 하는 동안에 상당히 조심하였고, 비신자들이나 조선의 관헌들에게 발각당하지 않도록 세심한 주의를 기울인 까닭도 있겠지만, 어쨌든 운신하는 데 크게 지장을 받지 않았던 것으로 보인다. 하지만 신자였다가 배교자로 변한 사람들의 귀에까지 당시 선교사들의 입국 소식이 알려져 있었다고 한다. 심지어 비신자들 가운데서 프랑스 선교사를 보러 찾아오는 사람도 있다고 할 정도였다. 그러나 당시 조선의 정치 정세가 위급한 상황으로 바뀌지 않았기 때문에 공식적인 박해는 발발하지 않았던 것 같다. 모방 신부의 서한에는 당시 조선의 정치적인 상황에 대해서도 다음과 같은 보고가 실려 있다.

> 이 나라의 정승들과 대신들, 고관들과 그 밖의 관리들이 천주교와 관련된 사건들에는 전혀 관심을 두지 않습니다. 왕이 미성년으로 있는 동안에는 그저 현상유지만 하려고 합니다. 임금은 열 살에 불과합니다. 그런데도 저들은 지난봄에 왕을 결혼시켰습니다.
> 이 나라의 제일 중요한 섭정의 친근한 벗인 어느 대관, 즉 갑사의 주교를 조선에 모셔 들이는 일을 돕기 위하여 추천장을 써 주었던 바로 그 사람이 우리들에게 보호해 주겠다는 뜻을 계속 보내옵니다. 지난해 가을 남쪽 지방에 어린 왕에 대하여 음모를 꾸미려고 한 반란분자들이 있었습니다. 조정에서는 곧 그들을 수색하게 하여 많은 반란분자를 체포하였습니다. 하느님의 섭리가 우리들을 위하여 아껴 오신 이 보호자 김씨는 우리들이 반란분자들과 혼동될까 하여 곧 제1 섭정을 찾아갔습니다. 이야기는 이 반란의 원인으로 추측되는 것이 무엇이며, 그것을 꾸민 주모자로 의심할 만한 사람들이 어떤 계급에 속하는가 하는 데로 돌아갔습니다.
> 김씨는 천주교 신자들로 말하면 조금도 두려워할 필요가 없다고 하였습니다. 일찍이 반란을 일으킨 것은 분명히 그들이 아니라는 것이었습니다. 그러자 섭정은 잘 안다고 대답하였습니다. 그리하여 1837년 1월에 있었던 김 선사 아가타라는 여성 신자의 순교 이후로는 조선 신자들 가운데 새로운 시련을 받은

사람은 아무도 없었습니다(〈모방 신부가 파리 외방전교회 신학교 지도자들에게 보낸 1837년 서한〉, 《파리 외방전교회 고문서고 소장 한국 관계 문서철 제1260권》, f. 142).

당시 왕위에 있었던 사람은 헌종(憲宗, 1834~1849)이었다. 순조의 손자이자 효명세자의 아들이었던 그는 1834년에 8세의 나이로 즉위하였다. 위에서 보호자라고 말하는 김씨는 천주교 신자에 대해서 호의적인 것으로 알려졌고, 또한 유진길과 친분이 두터웠던 대왕대비 김씨의 오라버니 김유근(金逌根, 1785~1840)을 말한다. 그리고 제1 섭정이란 관직이 아니라 대왕대비 김씨의 섭정을 보필하던 사람 중에서 가장 실력이 있던 자를 지칭하는 듯하다.

반란사건과 관련해서 보자면, 실제로 1836년 충청도에서 남응중(南膺中)이라는 인물이 정조의 이복동생인 은언군(恩彦君)의 손자를 임금으로 추대하고자 모반을 일으킨 적이 있었다. 은언군의 부인 송씨와 며느리 신씨는 천주교 신자였으며 신유박해 때 순교하였다. 그리고 은언군 역시 그 와중에 사약을 받고 죽었다. 그랬기 때문에 은언군의 손자를 임금으로 추대하는 모반 사건이 발생하자, 천주교에 우호적인 인사들 가운데서는 천주교가 이 사건에 연루될까 걱정하는 인물들이 있었던 것 같다. 다행히 이 사건은 천주교와 상관없는 일로 종결되었다.

3) 선교 지역의 확대

이처럼 조선 정부의 공식적인 박해가 잠잠해지고, 조선 신자들의 신앙생활을 안정적으로 돌볼 수 있는 기회가 주어지자, 선교사들은 점차 활동 지역을 넓혀 나갔다. 1836년에는 모방 신부가 혼자서 교우촌을 순방하였는데, 조선의 여덟 지방 가운데 두 개 지방만을 몰래 다녔다. 아마 경기도와 충청 북부 지역을 방문하였을 것으로 추측된다. 하지만 1837년에 샤스탕 신부가 조선에 입국하자, 두 선교사는 회장들이 제공한 정보를 토대로 전국에 흩어져 있는 교우촌의 지도를 간단하게 작성하였다. 그리고 이에 입각하여 좀 더 체계적으로 지역을 나누어 교우촌을 순방하였으며, 그 덕분에 미처 돌아보지 못했던 곳의 신자들에게도 영적인 구원의 손길을 뻗을 수 있게 되었다.

샤스탕 신부가 고향의 부모에게 보낸 1837년 9월 12일 서한을 보면 그의 활동 범위가 어떻게 확대되었는지를 짐작할 수 있다. 처음 조선에 도착하였을 당시 2개월 동안은 수도 한양에 사는 신자들에게 성사를 베풀기 시작하였다. 그리고 부활 대축일을 모방 신부와 함께 보낸 뒤에는 아주 멀리 떨어져 있어서 선교사들을 한 번도 본 적이 없던 두 개의 지방으로 성사 집전 여행을 떠났다고 하였다. 아마도 모방 신부는 한양과 경기도 일원에서 주로 활동을 하였던 것으로 보이며, 샤스탕 신부는 그보다는 더 남쪽 혹은 동쪽 지역을 맡았던 것으로 짐작된다. 그러니까 샤스탕 신부의 활동 무대가 되었던 곳은 한양에서 볼 때 남쪽에 해당하는 충청도와 동쪽에 해당하는 강원도 서부 지역 정도였을 것이다. 샤스탕 신부는 6개월 동안 이 지역을 돌아다니면서 8백 명 이상에게 세례를 주었고, 또 비슷한 수의 신자들에게 보례를 베풀었다. 그리고 약 1천 명의 신자들로부터 고해를 들었으며, 성체를 영해 준 신자들은 9백 명 이상이었다고 한다.

한 해 뒤인 1838년에 앵베르(L.-J.-M. Imbert, 范世亨, 1796~1839) 주교가 조선으로 들어오고 나서, 샤스탕 신부의 활동 지역은 더 남쪽까지 뻗어 나갔다. 앵베르 주교가 모방 신부가 주로 활동하던 한양과 경기도 일대를 맡고, 모방 신부는 충청도와 강원도 지역을 맡았다. 그리고 샤스탕 신부는 그보다 더 남쪽 지방을 다니며 사목 활동을 벌였다. 그러니까 경상도 북부 지역, 즉 1836년 초에 모방 신부가 보고를 받았던 전국의 교우촌 분포로 보자면 경상도 문경 부근의 풍기와 순흥 고을까지 샤스탕 신부의 손길이 미쳤던 것으로 보인다. 그리고 이것은 결국 조선의 남부 지역을 거쳐서 일본까지 복음이 전파될 수 있을지 그 가능성을 진지하게 탐색하는 수준에 이르게 되었다. 이러한 사실은 앵베르 주교가 고향에서 가정교사로 일하던 시절에 친하게 지냈던 볼로(Bolot)라는 사람에게 보낸 1838년 12월 1일 서한에 잘 나타난다.

우리 신자들은 8도(道) 중에 5도에 분산되어 있습니다. 북쪽의 2개 도와 서쪽의 도에는 신자들이 없습니다. 조선과 일본 사이에는 대마(Touy ma)라는 이름의 커다란 섬이 있습니다. 조선의 지리서에 따르면 이 섬은 대륙에서 200리 떨어져 있고, 남북으로 약 300리, 동서로는 약 120리 정도의 크기입니다. 이 섬은 말의 편자 형태를 하고 있는데, 그 중앙에 크고 넓은 만(灣)이 있습니다. 이 섬의 통치자는 조선이 일본에 바치는 공물(貢物)을 징수하는 책임을 맡고 있는데, 이것은 1800년부터 일본인들은 예전에 10년마다 한 번씩 일본으로 갔던 조선 사절을 더 이상 맞이하기를 원치 않았기 때문입니다.

이것은 조공을 바치는 예속 관계에서 벗어날 좋은 기회였습니다. 그러나 그렇게 되기에는 조선이 너무 연약합니다. 조선과 일본 사이의 정치적 관계가 어떠하든, 나는 복음의 전파를 위하여 두 나라의 관계를 이용할 것이며, 신앙이 이 문을 통해 일본으로 다시 들어갈 수 없는지 알아볼 생각입니다.

나는 남쪽 지방에 사는 신자들을 방문하고 있는 샤스탕 신부더러 이 일을 준비하게 했습니다. 그는 남쪽 지방의 거류지에 사는 일본인들에게 전교회장 한 명을 보냈습니다. 이 일은 그들의 마음속으로 파고 들어가서 그들 중 몇 명을 신앙으로 인도하고, 또 그들 나라에 신자들이 여전히 없는지를 알아보기 위한 것이었습니다. 비록 200년 전에 그 나라에서 신앙이 추방되었다 해도, 불쌍한 신자 가족들이 산과 숲속으로 이주하여 거기에서 박해의 광란 뒤에도 살아남았을 수 있습니다. 인간사의 통상적인 흐름으로 보자면 박해가 언제까지나 지속될 수는 없기 때문입니다(〈앵베르 주교가 고향의 볼로 씨에게 보낸 1838년 12월 1일 서한〉, 《파리 외방전교회 고문서고 소장 한국 관계 문서철 제577권》, ff. 517~518).

위의 서한을 보면 1838년 무렵에 샤스탕 신부는 경상도의 부산포에 소재한 일본인 거주 지역인 왜관으로 조선인 전교회장을 파견하여 그곳에 일본인 신자들이 있는지를 조사하였다. 그리하여 대마도를 거쳐서 일본으로 선교사를 파견하는 방안을 강구하였던 것이다. 이런 시도가 가능하려면 적어도 경상도 북부 지역까지는 샤스탕 신부가 직접 방문하여 그곳의 교우촌들을 상세하게 파악하고 있어야만 했으리라고 본다. 그러므로 앵베르 주교가 입국하기 직전까지 모방 신부와 샤스탕 신부는 상당한 정도로 선교 지역을 확대하고 있었다고 보아야 할 것이다. 실제로 샤스탕 신부는 1837년 12월까지 1천 리 정도의 지역을 돌아다녔다고 말하였다. 이것을 본다면 경상도 일부 지역까지 샤스탕 신부가 방문하였을 공산이 크다. 하지만 샤스탕 신부의 기록에 구체적인 지명이 거론되지 않았기 때문에 실제로 어느 곳을 방문하였는지는 속단하기 어렵다.

4. 앵베르 주교의 입국과 활동

1) 앵베르 주교의 생애와 조선 대목구장 임명

브뤼기에르 주교의 뒤를 이어 조선으로 입국한 모방 신부는 대목구장의 권한을 위임받은 직무대행에 불과하였다. 샤스탕 신부 역시 단지 교황 파견 선교사였을 따름이었다. 따라서 조선 대목구의 안정적인 운영을 위해서는 후임 대목구장의 존재가 필수적인 사안이었다. 이러한 이유로 브뤼기에르 주교는 앞에서 말한 특별 권한에 입각하여, 자신이 조선 입국에 실패하고 사망하였을 경우를 대비하여 여러 차례에 걸쳐서 대목구장직을 계승할 후임자를 추천하였다. 브뤼기에르 주교가 추천한 조선 대목구장 계승자는 바로 사천 대목구에서 활동하고 있으며 조선 선교에 대한 열의를 표명한 바 있었던 앵베르 신부였다. 우선 브뤼기에르 주교는 포교성성 마카오 대표부의 움피에레스 신부에게 보낸 1834년 6월 5일 서한에서 "대목구장에게 부여된 모든 권한을 기록한 서류를 그(앵베르 신부)에게 보내 주십시오"라고 하였으며, 보다 결정적으로는 파리 신학교의 랑글로와 신부에게 보낸 1835년 10월 2일 서한에서 다음과 같이 말하였다.

남경에서 온 연락원에 따르면 앵베르 신부가 조선 선교사로 뽑힌 것이 확실하다고 합니다. 정말 확실한 소식인지는 잘 모르겠습니다. 이런 소식을 접하면 늘 기분이 좋아집니다. 진정 그런 선교사가 저희와 함께한다면 좋겠습니다. 그는 때를 기다리면서 요동에 머물 수 있을 것입니다. 신부님이 저희에게 그를 대목구장 서리(administrateur)나 혹은 보다 더 낫게는 부주교로 삼을 수 있게 해 주시면 좋겠습니다(〈브뤼기에르 주교가 랑글로와 신부에게 보낸 1835년 10월 2일 서한〉, 《파리 외방전교회 고문서고 소장 한국 관계 문서철 제577권》, f. 340).

이에 따라 파리 외방전교회 본부의 랑글로와 신부는 포교성성에 사천 대목구 선교사 중에서 미리 조선 대목구 부주교를 임명할 것을 청하면서, 그 후보로 앵베르 신부를 추천하였다. 그리하여 포교성성은 1836년 4월 26일 교서를 통해 앵베르 신부를 주교로 승품하면서 조선 대목구 부주교로 임명하였다. 그 뒤 1837년 12월 18일 앵베르 주교가 조선 입국에 성공함으로써 조선 대목구 설정 문제와 관련하여 포르투갈의 '선교 보호권'과 갈등을 빚던 문제는 완전히 해결되었으며, 그에 따라서 조선 대목구장의 재치권도 안정화되었던 것이라고 할 수 있다.

브뤼기에르 주교의 뒤를 이어 제2대 조선 대목구장이 된 앵베르 주교 역시 자신의 계승자를 미리 지정해 두고자 하였다. 사실 포교성성에서는 1838년 8월 3일 앵베르 주교에게 조선 대목구장 계승권을 지닌 부주교를 지명할 수 있는 권한을 부여하였다. 그러나 시간상으로 볼 때 당시 조선에 있던 앵베르 주교는 이 사실을 알지 못했을 것이다. 왜냐하면 이듬해인 1839년 초에 기해박해가 발발하였기 때문이다. 그랬기 때문에 앵베르 주교는 몇 차례에 걸쳐서 자신의 후임자에 대한 청원을 파리와 로마로 보냈다.

앵베르 주교는 파리 신학교 지도신부들에게 보낸 1838년 11월 30일 서한에서 부주교가 필요하다고 말하면서, 자신이 이미 포교성성에 사천 대목구에서 활동하고 있던 동료 신부들인 파팽(Pierre Papin, 1810~1880) 신부나 아니면 들라마르(Louis Delamarre, 1810~1863) 신부를 조선 대목구 부주교로

앵베르 주교는 정부나 조선의 비신자들의 눈을 피하여 비밀리에 선교사들을 입국시키는 일이 무엇보다 중요한 상황에서 조선 국내와 외부 세계의 연락망 구축 방안을 처음으로 제시하였다.

임명하는 칙서를 내려줄 것을 청원하였다고 말한다. 마찬가지로 3일 뒤에 마카오의 르그레즈와 신부에게 보낸 1838년 12월 3일 서한에서 부주교가 필요하다고 말하면서, 파팽 신부나 아니면 들라마르 신부를 탐내고 있다고 언급하였다.

 그러나 앵베르 주교의 부주교 선임 문제는 실현되지 못하였다. 먼저 앵베르 주교가 후임자 문제를 해결하지 못한 상태에서 기해박해로 뜻하지 않게 순교하게 된 데에 그 원인이 있을 것이다. 하지만 왜 포교성성은 앵베르 주교가 1838년 12월 1일 서한에서 사천 대목구의 파팽 신부나 들라마르 신부를 자신의 부주교로 삼고 싶다고 한 청원을 허락하지 않았을까? 아마 사천 대목구장 페로쇼 주교가 이를 수락하지 않았던 데에 그 직접적인 이유가 있지 않았을까 추측된다. 그러한 추측은 페로쇼 주교가 1838년에 파팽 신부를 사천 대목구장 직무대행에 임명하여 사천 동부지역과 귀주 지역의 사목 활동을 담당하도록 하였으며, 1839년에 들라마르 신부를 사천 대목구의 모팽 신학교 교장으로 임명하였다는 데에 그 근거를 두고 있다. 즉 페로쇼 주교로서는 사천 대목구에서 핵심적인 역할을 하고 있는 두 신부를 조선 대목구에 빼앗기고 싶지 않았을 것이다. 아마도 이런 이유로 앵베르 주교의 희망이 좌절된 것이라 여겨진다.

2) 선교사 입국로 개척을 위한 모색

최초로 조선 입국에 성공하였던 모방 신부, 그리고 그의 뒤를 이은 샤스탕 신부와 앵베르 주교 등은 모두 조선과 중국의 국경 지대에 위치한 이른바 '변문'을 통해서 육로로 입국하였다. 이것은 주로 조선인 신자들이 준비한 입국로를 이용하여 들어온 것이다. 하지만 앞으로 안정적으로 선교사를 입국시키자면, 선교사들도 독자적으로 입국로를 탐색할 필요가 있었다. 게다가 조선인 신자들이 개척한 입국로는 만주나 중국 상황을 감안하지 않은 것이었기 때문에 선교사들로서는 만족스럽지 않았던 것 같다. 이렇게 조선 정부나 소선의 비신사들의 눈을 피하여 비밀리에 선교사들을 입국시켜야 하는 상황에서 조선 국내와 외부 세계의 연락망 구축 방안을 처음 제시한 것은 앵베르 주교였다. 그는 마카오의 르그레즈와 신부에게 보내는 1838년 12월 3일 서한에서 다음과 같은 방안을 제시한 적이 있었다.

우리가 아직 타타르 지방에 시설을 갖추지 못한 이상, 정말로 우리의 교신은 너무나도 어렵습니다. 설혹 이것이 세워진다 하더라도, 조선인들이 중국인들과 교역할 기회를 매년 세 번밖에 갖지 못하기 때문에, 조선 세관의 가혹한 엄격함을 고려할 때 이들 세 시기마다 연락원들을 보낼 수 있기는 어렵습니다. 만약 우리가 (타타르 지방에) 그것을 세울 수 있다면, 바다는 더욱 쉽고 더욱 빈번한 연락망을 제공해 줄 것입니다. 이것은 타타르 지방에서 우리의 존재 방식에 많이 의존할 것입니다. 만약 초대 갑사 주교님께서 요구하셨던 바에 따라서 이 선교지가 우리에게 주어진다면, 일단 신자들의 신뢰를 얻었을 때에 더 쉽게 그들을 결심시킬 수 있을 것인데, 이런 일은 아마 오래 걸릴 것입니다. 우리가 재치권을 획득하지 못한 상태에서 임시 거처만을 가지고 있을 뿐이라면, 어부 한두 가정이 우리를 따르게 하여 육지에 작은 집 한 채와 작은 배 한두 척을 구입할 자본금을 그들에게 주어 양부(Yâng voù)라는 커다란 읍내 혹은 차라리 항구 도시라고 할 곳에, 조선과 아주 가까운 쪽에 그들을 정착시키는 방법밖에는 없습니다. 여기 조선에서는 마찬가지로 압록강 하구에 있는 만(灣)의 약속된 장소로 고기를 잡으러 갔던 적이 있는 몇몇 어부들로부터 도움을 받을 것입니다. 여기에는 중국인들도 고기를 잡으려고 오는데, 약속된 신호의 도움으로 이들은 바다 가운데서 서로를 알아보고 연락을 취할 수 있을 것입니다. 모방 신부님이 2년 전에 세운 계획이 그렇습니다. 그러나 이 계획은 서류로서는 훌륭하게 보이지만 실행할 수 있는지 의심이 됩니다. 왜냐하면 용감함과 유능함이 요구되는 것으로 보이는데, 그런 것은 어부들에게 그리고 특히 조선의 어부들에게는 쉽지 않기 때문입니다. 어찌하든 타타르 지방에 한 발을 고정시키려면, 그렇게 하는 것이 좋을 것입니다(〈앵베르 주교가 르그레즈와 신부에게 보낸 1838년 12월 3일 서한〉,《파리 외방전교회 고문서고 소장 한국 관계 문서철 제1254권》, f. 120).

앵베르 주교의 생각은 요동 반도 끝의 해안 지대에 교두보를 마련하여 어업에 종사하는 신자 가족을 정주시키고, 압록강 하구에서 고기잡이를 하는 신자들과 연락을 취하게 하여 연락망을 구축한다는 것이었다. 앵베르 주교가 구상한 것은 선교사 입국로라기보다는 조선 국내와 외부 사이의 상시적인 연락망 구축이라고 하겠다. 그것도 먼바다까지 항해하는 것이 아니라 연근해의 어선들을 이용해서 서신을 주고받자는 정도였다.

앵베르 주교의 서한은 마카오의 르그레즈와 신부에게 전달되지 못한 채 서만자 교우촌에 보관되어 있었다. 그러던 중에 페레올 신부가 서만자에 도착하면서 이 서한을 발견하였다. 시간적으로는 나중의 일이기는 하지만 앵베르 주교의 입국로 탐색은 제3대 조선 대목구장인 페레올 주교의 시대에 가서 김대건 신부의 헌신적인 활동으로 결실을 맺게 된다. 여기서는 앵베르 주교의 지시 사항을 페레올 신부가 어떻게 이행하였는지에 관해서만 살펴보자. 페레올 신부는 1840년 8월 1일 서만자에서 르그레즈와 신부에게 보내는 서한을 작성하면서 앵베르 주교의 서한을 발견한 사실과 그가 지시한 내용들을 열거하였다.

> 저는 서만자에서 앵베르 주교님이 1838년에 작성하셨고, 또 칼르리(J. Callery, 1810~1863) 신부님이나 아니면 다른 선교사에게 보낸 편지를 발견하였습니다. 그 편지에는 긴 지시 사항이 들어 있었습니다. 이에 따르면 우선 주교님은 저더러 기다릴 것을 권고하셨습니다. 그런 다음에 주교님은 저에게 조선의 국경에서 멀지 않고 배가 매우 자주 드나드는 바닷가 항구인 양부에 집을 한 채 사서, 직업이 어부인 신자 가족 둘을 찾아서 이 집에 거주하게 한 다음에, 그들에게 배 한 척의 값을 주라고 명하셨습니다. 이것은 그들이 조선의 근해로

고기를 잡으러 와서 정해 놓은 표식을 한 조선인 어부들과 연락을 주고받을 수 있게 하려는 목적이었습니다. 계획은 매우 훌륭한 것이었으며, 중국과 조선 사이에 훨씬 더 손쉽고, 훨씬 더 신속하고, 훨씬 저렴하게 선교지와의 연락망을 구축할 것이었습니다. 그러나 그것이 단행될까요? 하느님은 아실 것입니다! 주교님께서는 그런 다음에 저에게 만약 언어를 안다면 두 번의 여행을 하도록 강조하셨습니다. 한 번은 만주 북쪽으로 가서 옛적에 이 지역으로 유배형을 받은 사천의 신자들을 방문하라는 것이었습니다. 다른 한 번은 조선의 북쪽으로 가서 변문을 통하는 것보다 더 쉽고, 덜 위험한 연락망이 있는지를 알아보라는 것이었습니다. 하지만 저는 언어를 알지 못하며 그 신자들이 이미 사망하였다는 사실을 알고 있었기 때문에 첫 번째 여행은 면제받았습니다. 두 번째 여행에 관해서는 제가 그것을 할 수 있을지 모르겠습니다(〈페레올 신부가 르그레즈와 신부에게 보낸 1840년 8월 1일 서한〉,《파리 외방전교회 고문서고 소장 한국 관계 문서철 제579권》, f. 158).

6개월 뒤인 1841년 2월 10일 페레올 신부는 만주 소팔가자 교우촌에서 마카오의 르그레즈와 신부에게 보내는 서한을 작성하면서 본인이 나름대로 알아본 내용들을 정리하였다. 페레올 신부에 따르면 앵베르 주교가 말한 '양부'라는 곳은 만주 사람들이 다른 이름으로 부른다고 하였다. 또한 그는 북쪽 국경에 위치한 중국 도시의 구체적인 지명도 제시하였다.

시설을 세우는 문제에 관해서 말씀드리자면, 갑사의 주교님은 저에게 양부를 거론하셨습니다. 그곳은 매우 번화한 바닷가 항구로서, 조선의 국경에서 그다지 멀지 않습니다. 이 항구는 양부(Yang-vou)라고 불리지 않고, 타-쿠-산

(Ta-Kou-xan)이라고 합니다. 주교님의 지시에 따라서 저는 그곳에 집을 한 채 마련하고 어부인 신자 두 가족을 물색한 다음에 그들에게 배 한 척 살 돈과 생활비용을 주어야 했습니다. 하지만 타-쿠-산에는 신자들이 한 명도 없으며, 요동 전역에도 마찬가지입니다. 강남으로 다시 달려가야만 했으니, 결국 조선에서는 어떻게 되었을까요? 알려진 바가 없습니다. 기다려야 합니다. 북쪽으로 조선의 국경과 바로 맞닿은 곳에 홈-히-카이(Houm-hi-Kaïe)라는 중국 도시가 있습니다. 그곳에서는 조선의 마을들이 보입니다. 이 도시에서 두 나라 사이에 상인들의 교역이 이루어집니다. 심지어 중국인들이 조선의 마을에 들어가기도 하는데, 한 달씩 계속 머무를 수 있다고 합니다. 하지만 홈-히-카이에는 신자들이 한 명도 없습니다. 조선의 해안 부근에는 신자들이 있을까요? 저희는 알지 못합니다. 시간이 지나야 사정이 분명해질 것입니다(〈페레올 신부가 르그레즈와 신부에게 보낸 1841년 2월 10일 서한〉, 《파리 외방전교회 고문서고 소장 한국 관계 문서철 제579권》, ff. 162~163).

당시 양부 또는 양보우라고 불리지 않고 타-쿠-산과 유사한 발음을 가진 요동의 해안 지명은 발견되지 않는다. 다만 나중에 메스트르 신부 일행이 1842년 10월 22일에 도착한 요동 지방의 항구, 즉 태장하(太莊河)의 지명 표기에 주목할 필요가 있다. 이 지명을 당시 차부제품을 받기 이전이었던 김대건 신학생은 'Ta-tchouang-he'라고 기록하였는데, 함께 동행하였던 만주 대목구의 브륄리 드 라 브뤼니에르(Maxime Brulley de la Brunière, 1816~1846) 신부는 'Ta-Chuan-Ku'라고 적었다. 이로써 미루어 보면 어쩌면 앵베르 주교가 조선과의 연락망 구축에 유용한 곳으로 추천하였던 곳, 그리고 페레올 신부가 그 가능성을 탐색하였던 곳은 요동 남쪽의 태장하 항구였을 것으로 짐작된다.

　아울러 북쪽으로 조선 국경과 맞닿아 있다는 중국 도시의 이름 역시 불분명하여, 정확하게 확인하는 일이 불가능하다. 다만 조선과 중국의 국경 지대 가운데 북쪽 지역을 답사하였던 김대건 신학생의 보고 내용 가운데 유사한 발음을 가진 지명이 등장한다. 김대건은 "만주어로 훈춘이라 불리는 홍시개(Hong-si-kai) 촌락"을 거명하였다. 즉 조선의 경원(慶源)과 마주하고 있는 중국측 국경 도시인 훈춘을 홍시개라고도 부른다는 것이다. 그런데 훈춘 지역에는 현재도 흑목자(黑木子, 중국 발음으로 허무이즈)라는 지명이 남아 있다. 물론 정확한 지명 확인이라 할 수는 없지만, 김대건의 보고 내용과 현재의 지명들을 고려한다면, 앵베르 주교가 선교사들의 입국로를 개척하기 위하여 조사하도록 지시한 북쪽 국경 지대의 중국 도시는 훈춘 또는 그 인근의 마을이 될 것이다.

3) 앵베르 주교의 입국과 사목 활동

　1837년 12월 18일에 조선교회는 처음으로 주교를 맞이하게 되었다. 바로 브뤼기에르 주교의 뒤를 이어 제2대 조선 교구장에 임명된 앵베르 주교였다. 그는 국경에서 13일 동안을 걸어서 마침내 1837년 12월 31일 한양으로 들어왔다. 당시 한양에는 모방 신부만이 남아 있었고 샤스탕 신부는 지방으로 선교 활동을 떠나 아직 돌아오지 않은 상태였다. 샤스탕 신부는 수도인 한양에서 80km 이상 떨어진 남쪽 지방에 있었는데, 이듬해인 1838년 5월에야 선교지의 장상인 앵베르 주교를 만날 수 있었다.
　3개월 동안 조선어를 배운 앵베르 주교는 곧 고해성사를 줄 수 있게 되었다. 300명 이상의 신자들이 1838년 부활 대축일(4월 15일)을 준비하면서 그에게 고해성사를 받고 성체를 영하였다. 그해 5월에 모방 신부와 샤스탕 신부는 지방의 교우촌들을 순회 방문하고 한양으로 돌아와서 몇 주일 동안 세 선교사들이 함께 보냈다. 당시 한양의 새 신자들은 1천 명을 넘었다고 한다. 그러니까 조선의 교회는 신유박해 이후 약 40년의 고난을 겪고 나서야 재생한 셈이었다. 그리하여 모방 신부가 도착하였을 때 6천 명 미만이었던 신자수는 1838년 말에 가서 9천 명으로 증가하였다.

1837년 12월 18일 밤에 육로를 이용하여 조선으로 들어오는 데 성공한 조선 대목구 제2대 대목구장 앵베르 주교는 1년 뒤인 1838년 12월 1일 포교성성 장관에게 서한을 보내어 자신의 입국 사실을 보고하였다. 이 서한에서 앵베르 주교는 1년 동안 자신이 파악한 조선 선교지의 전반적인 상황을 알리면서, 각종 성무 집전과 관련하여 새로운 규정을 제정해야 할 필요가 있는 어려운 점들에 관해서 문의하였다.

이와 더불어 앵베르 주교는 한 가지 중요한 청원을 올리게 된다. 즉 1831년까지 조선 선교지가 북경교구에 예속되어 있었기에 북경교구의 주보인 성 요셉을 조선의 주보로 모시는 것이 당연하였지만, 이제 조선이 새로운 대목구로 독립한 만큼 새로운 주보로 원죄 없이 잉태되신 동정 마리아를 모시는 것을 허락해 달라고 청하였던 것이다. 이하는 라틴어로 작성된 앵베르 주교 서한의 주보 청원 관련 부분이다.

8. 지금까지 조선의 천주교 신자들은 북경교구와 마찬가지로 주보성인으로 요셉 성인의 축일을 지내 왔고, 그날에는 파공(罷工)을 지키고 기도로 그날을 거룩하게 지내 왔습니다. (새로) 부임한 대목구장은 사천 선교 지방과 중국의 기

타 지역과 같이 북경 주교의 관할권 아래에 있지 않은 곳은 어디에서도 성 요셉 축일에 파공을 지키지 않는 것을 유념하여, 조선을 위하여 새로운 주보성인을 선정할 것을 제안합니다. 대목구 주보성인의 축일로 원죄 없이 잉태되신 동정 마리아 (축일을), 파공을 지키고 미사에 참여할 의무가 있는 날로 명하였습니다. 만일 권한이 주어진다면, 또한 주일과 마찬가지로 미사 때 늘 바치는 기도를 바치도록 하겠습니다. 부디 성성(聖省)이 이러한 주보성인 선정을 기꺼이 인준해 주시기를 청합니다.

9. 뿐만 아니라 복되신 천주의 모친께서 출산을 기다리는 축일인 12월 18일 한밤중에 대목구장은 조선의 국경을 넘어 들어오며, 크나큰 은혜에 감사를 드리는 중에, 자신과 이 선교 지역의 사제들에게 이 축일의 성무일도와 미사를 바칠 수 있도록 허락되기를 겸손히 간구하였습니다. 이 축일은 우리 전교회의 어떤 지역에서는 거행되고 있지만, 다른 곳에서는 그렇지 않습니다(《앵베르 주교가 포교성성 장관에게 보낸 1838년 12월 1일 서한》, 《인도와 중국 관계 특별회의에 보고된 원자료(SOCP) 제77권》, f. 168).

그렇다면 앵베르 주교는 조선교구의 새로운 주보로 어째서 원죄 없이 잉태되신 동정 마리아를 청원하였을까? 유감스럽게도 포교성성에 보낸 1838년 12월 1일 서한 외에는 주보 청원에 관한 기록이 보이지 않는다. 같은 날짜나 그 전후에 작성한 다른 서한들에서도 이에 관한 언급들이 전혀 존재하지 않는다. 그러므로 앵베르 주교의 평소 행적과 신앙을 토대로 그 이유를 추측하는 수밖에 없다.

이런 점에서 보자면 앵베르 주교는 자신의 조선 입국이 성모 마리아의 도움으로 이루어졌다고 굳게 믿었다. 그는 원죄 없이 잉태되신 동정 마리아

축일 다음 날인 12월 9일 조선을 향해서 중국의 봉천(奉天)을 출발하였으며, 성탄 대기 축일인 12월 18일 변문을 출발하여 그날 밤에 국경을 넘어 조선으로 입국하였다. 그리고 12월 31일 새벽 3시 반에 자신의 부임지인 조선의 수도 한양에 도착하였고, 이튿날 새해를 맞이하였다. 이날은 성모의 축일(지금의 천주의 성모 마리아 대축일)이었다. 앵베르 주교는 자신의 입국 과정에서 주요한 고비가 되었던 이날들이 곧 전례력상의 성모 축일이라는 사실을 의미심장하게 받아들였던 것으로 보인다.

앵베르 주교가 조선 대목구를 위하여 새로운 주보를 청원한 사실이 로마에 도착하자, 교황 그레고리오 16세는 1841년 8월 22일에 있었던 교황 알현에서 이를 허락하였다. 하지만 여기에는 조건이 붙어 있었다. 기존에 모셔 오던 성 요셉을 그대로 유지하면서 원죄 없이 잉태되신 동정 마리아를 공동 주보로서 함께 모시라고 명령하였던 것이다. 다음은 이와 관련하여 문서에 나타난 기록이다.

> 1841년 8월 22일에 있었던 성하의 공식 알현 예식 중에서. 갑사의 주교이자 조선의 대목구장인 라우렌시오 앵베르 주교의 겸손한 청원에 대해서, 하느님의 섭리로 우리 장상이신 그레고리오 16세 성하께서는, 포교성성 장관인 본인이 아래와 같이 기록하도록 하시며, 자애로우시게도 선교지의 주보성인으로 복되신 동정 마리아를 원죄 없이 잉태되신 동정 마리아의 호칭 아래 기념하도록 선포하셨다. 그렇지만 요셉 성인의 축일도 마찬가지로 앞서 언급한 선교지의 공동 주보로 유지하도록 하셨다.
>
> J. 베세르 대주교(샤를르 달레 ; 안응렬·최석우 역, 《한국천주교회사》하, 한국교회사연구소, 1980, 136쪽 39번 주석).

그렇지만 1841년에 주보 변경 신청에 대해서 교황청의 허락이 내려졌다는 사실, 그래서 앞으로 조선교회는 원죄 없이 잉태되신 동정 마리아를 주보로 모시게 되었다는 사실은 기해박해로 세 선교사가 모두 사망한 상태에서 조선교회의 담당자들에게 알려졌다. 1841년 당시 조선 대목구에 배치된 선교사는 페레올과 메스트르 등 두 명의 신부였다. 그렇다면 이들 조선 대목구의 성직자들이 교황 그레고리오 16세의 허락을 공식적으로 알게 된 것은 언제일까? 1841년 8월 22일에 교황이 허락하였다면, 빨라야 1841년 겨울이나 1842년 봄 무렵에 교황청의 결정이 파리 외방전교회 마카오 극동 대표부에 알려졌을 것이다. 하지만 그때 페레올 신부는 만주에서 조선 입국을 위한 기회를 찾고 있었다. 그러므로 교황청의 결정이 1842년에 마카오로 통지되었다고 하더라도, 페레올 신부에게 관련 사실이 즉시 전달될 수는 없었을 것으로 보인다.

당시 마카오 극동 대표부의 대표는 1842년까지 르그레즈와 신부였고, 그 뒤를 이어 리부와(N.F. Libois, 1805~1872) 신부가 맡았다. 베르뇌와 메스트르 신부가 마카오에 도착한 것은 1840년 9월 21일이었다. 베르뇌 신부는 곧 통킹으로 발령받아 갔지만, 메스트르 신부는 임지가 정해지지 않은 상태에서 마카오 대표부의 사무를 보조하였다고 한다. 즉 유럽과 선교지 사이의 통신과 선교사들에게 필요한 물건과 희사를 보내는 일, 그리고 박해를 당하고 있는 나라에 새 신부들을 들여보내는 일을 하였던 것이다. 그러므로 조선 주보에 대한 교황청의 허락은 제일 먼저 메스트르 신부에게 전달되었고, 메스트르 신부가 이를 페레올 신부에게 전하지 않았을까 생각된다.

앵베르 주교를 비롯한 세 선교사들 모두 많은 일을 처리하다 보니 자연히 과중한 업무에 시달렸으며, 기후와 생활 방식이 다른 데서 오는 어려움도

적지 않았다. 게다가 선교 자금 역시 넉넉하지 않았기 때문에 생활 상태도 매우 열악하였다. 1839년 3월 30일에 앵베르 주교가 교우촌에서의 사목 활동에 관해 작성한 내용을 보면 당시 선교사들의 상황을 좀 더 자세히 알 수 있다. 모방 신부나 샤스탕 신부의 교우촌 방문 역시 앵베르 주교의 경우와 비슷한 환경 속에서 이루어졌으리라 짐작된다.

나는 몹시 지쳤고 크나큰 위험을 당하고 있습니다. 나는 날마다 새벽 2시 반에 일어납니다. 3시에는 집안 사람들을 불러 기도를 드리고 3시 반에는 예비자가 있는 경우에는 세례를 주고, 혹은 견진을 주는 것으로 성무의 집행이 시작됩니다. 그다음에는 미사가 있고 감사의 기도가 따릅니다. 성사를 받은 신자 15명 내지 20명이 이렇게 해서 해 뜨기 전에 물러갈 수 있습니다. 낮 동안에는 대략 이만한 숫자가 하나씩 들어와서 고해성사를 받고 이튿날 새벽 성체를 영한 다음에야 나갑니다. 나는 한 집에서 이틀밖에 머물지 않으며 그리로 신자들을 집합시킵니다. 그리고는 해가 뜨기 전에 다른 집으로 옮겨 갑니다. 나는 시장기 때문에 고통을 많이 당합니다. 왜냐하면 2시 반에 일어난 다음 정오까지 기다려서야 영양 가치가 별로 없는 맛없고 양도 많지 않은 식사를 하는데, 춥고 건조한 기후인지라 그것이 쉬운 일이 아니기 때문입니다. 점심을 먹은 후 조금 쉬고 나서 두 명의 어른 신학생들에게 신학 강의를 하고, 그런 다음 밤이 될 때까지 또 몇 사람의 고백을 듣습니다. 밤 9시에는 흙바닥에 돗자리와 타타르 양털로 짠 융단을 깔고 잡니다. 조선에는 침대도 매트리스도 없습니다. 나는 항상 허약하고 병든 몸으로 힘들고 매우 바쁜 생활을 해 왔습니다. 그러나 여기서는 최극한, 즉 이 이상은 할 수 없다는 데까지 왔다고 생각합니다. 이렇게 고생스러운 삶을 보내고 있으니 그것을 끝맺어 줄 칼질을 우리가 그리 무서워하지 않는다는 것은 이해가 갈 것입니다. 그런데도 내 건강은 꽤 좋은 편입니다. 건조하고 추운 이 나라가 내 체질에 맞습니다. 저는 지난 12월 20일부터 1월 30일까지 시골의 몇몇 교우촌들을 둘러보았습니다. 그곳의 성사 집전은 수도 한양보다 훨씬 쉬웠습니다. 하지만 그 이웃 지방을 방문한 모방 신부는 많은 곤경과 번거로움을 당하였습니다. 모방 신부가 여행한 곳에는 많은 신자들이 살고 있지만, 비신자들에게 노출되어 있습니다. 그래서 작년에는 수차례나 박해를 받았으며, 많은 신자들이 배교하기도 하였습니다(《앵베르 주교가 르그레즈와 신부에게 보낸 1839년 3월 30일 서한》, 《파리 외방전교회 고문서고 소장 한국 관계 문서철 제577권》, f. 548).

1838년 한 해 동안에는 3명의 선교사들이 조선에서 활동하였다. 이때에는 이미 앵베르 주교의 감독 아래 전국의 교우촌들에 대한 역할 분담이 어느 정도 이루어졌다. 그래서 앵베르 주교는 한양과 인근 지역에서 주로 사목 활동을 벌였으며, 모방 신부는 경기도 일원과 강원도 서부 지역을 활동 지역으로 삼았다. 그리고 샤스탕 신부는 충청도와 경상도 지역을 맡았다.

기존 신자들에 대한 성사 방문을 주로 하면서도 앵베르 주교를 위시한 세 선교사들은 파리 외방전교회의 행동 강령에 따라서 성직자 양성에 주력하고자 하였다. 이미 전술한 바와 같이 모방 신부가 1836년 연말에 김대건 · 최양업 · 최방제 등 3명의 신학생을 마카오로 보낸 적이 있었다. 그리고 1838년 말에 와서 선교사들은 또다시 신학생들을 해외로 파견할 계획을 수립하였다. 특히 앵베르 주교는 사천 대목구에서 활동하던 당시인 1830년에 티벳과 사천의 접경 지대인 모팽(Mopin)이라는 곳에 신학교를 세우고 6년 동안 신학생 교육을 담당한 경험을 가지고 있었다. 그래서 앵베르 주교는 신학생 양성을 위하여 더욱 다양한 노력을 펼쳤다.

그런데 그는 어린 소년들을 외국으로 보내어 신학 교육을 시킨 다음 사제가 되고 다시 조선으로 돌아와 신부로 사목하기에는 세월이 너무 오래 걸린다고 판단하였다. 그래서 앵베르 주교는 독신 신자들 중에서 열의와 능력을 갖춘 사람들을 발견하여 신학 교육을 시키고 사제로 서품하려는 계획도 세웠다. 앵베르 주교가 파리 외방전교회 신학교 지도자들에게 보낸 1838년 11월 30일 서한에는 다음과 같은 내용이 실려 있다.

제가 크게 관심을 갖고 있는 것은 바로 현지인 사제를 만드는 일입니다. 모방 신부가 작년에 마카오로 보냈던 3명의 어린이는 너무 먼 훗날의 희망입니다. 통킹에 계셨던 베리트(Berytte) 명의의 주교님을 비롯하여 초기의 우리 대목구장들께서 행하신 모범을 본받아, 저도 도착하자마자 중년의 대상자들을 물색하도록 하였습니다. 그 결과 주님의 은총으로 다음의 인물들을 발견하였습니다. 첫째로 북경을 왕래하던 우리의 연락원이 있는데, 42세의 나이로 여전히 독신을 지키고 있습니다. 그는 우리 세 사람을 조선으로 인도한 안내자였습니다. 이 사람은 영광스러운 순교자 정약종 아우구스티노의 아들입니다. 정약종 순교자는 1801년 박해 때에 자신을 하늘나라로 보낼 칼날이 떨어지는 것을 지켜보려고 고개를 들어 위를 향해서 바라보고 죽었던 인물입니다. 둘째로 32세의 홀아비 1명과 26세와 20세의 젊은이 2명이 있습니다. 그들은 모두 라틴어를 배우고 있는데, 저는 매일 그들에게 두 차례 강의하는 것을 제 의무로 삼았습니다. 올여름에 그들은 글을 웬만큼 읽을 정도로 배웠고, 모든 성인 대축일부터는 앞의 2명, 즉 42세 독신자와 32세 홀아비에게 아멜(Thomas Hamel, 1745~1812) 신부님이 한문으로 번역한 신학 서적을 가르치기 시작하였습니다. 그래서 저는 3년 후에 한 명이라도 사제품을 줄 수 있기를 희망하고 있습니다(〈앵베르 주교가 파리 외방전교회 신학교 지도자들에게 보낸 1838년 11월 30일 서한〉,《파리 외방전교회 고문서고 소장 한국 관계 문서철 제1254권》, f. 120).

앵베르 주교는 중년의 신자들 가운데 적절한 대상자를 선발하여 그들에게 속성으로 라틴어와 신학을 가르쳐서 사제 서품을 주려는 계획이 베리트 명의의 주교가 행한 모범을 따라서 시도하는 일이라고 말하였다. '베리트 명의의 주교'란 파리 외방전교회의 공동 설립자 가운데 한 명인 랑베르 드 라 모트(Pierre Lambert de la Motte, 1624~1679) 주교로, 그는 실제로 1668년 통킹에서 두 명의 전교회장을 사제로 서품하였다. 이것은 교황 알렉산데르 7세(1655~1667)가 내린 특전에 근거를 둔 일이었다.

그런데 이 교황 특전을 사용하느냐 마느냐의 문제를 둘러싸고 포교성성과 중국 내 각 선교지의 주교들과 선교사들 사이에서 많은 논쟁이 벌어졌다. 박해 때문에 중국 본토에서 신학교를 설립하여 현지인 사제를 양성하는 것이 어려울 경우에, 나이가 좀 있고 라틴어를 잘 모르지만 학식이 있으며 주변에서 존경을 받는 가문 출신의 후보자들에게 서품을 주어 선교 활동을 원활하게 하자는 주장들이 많았던 것이다.

교황 알렉산데르 7세의 특전

교황 알렉산데르 7세는 1659년 9월 9일에 반포된 칙서 〈수페르 카테드람 프린치피스 아포스톨로룸〉(Super Cathedram Principis Apostolorum)을 통해서 중국 선교지에서 현지인 사제 지망생이 라틴어를 능숙하게 이해하지 못하더라도 읽을 수만 있다면 사제로 서품할 수 있다는 특전을 내린 바 있었다. 바로 이 특전에 근거를 두고 랑베르 주교는 정식으로 신학교를 졸업하지 않았더라도 독신 서약을 준수하고 있는 중년의 평신도가 전례를 거행하기에 충분한 라틴어 실력을 갖추고 사제 서품을 받기에 충분한 자질과 열의를 가졌을 경우 서품을 주었던 것이다.

사천 대목구장으로서 사천성 시노드를 소집한 바 있었던 뒤프레스(Gabriel Taurin Dufresse, 1750~1815) 주교 역시 1814년 중국인 신학생에게 교황 알렉산데르 7세의 특전에 의거해서 서품을 주었다. 이것이 중국 천주교회에서는 특전을 사용한 마지막 사례였다. 그러므로 앵베르 주교는 통킹에서 랑베르 드 라 모트 주교가 행한 선례와 사천에서 뒤프레스 주교가 행한 선례를 염두에 두고 정하상 등을 사제로 서품하려는 것이었다. 하지만 안타깝게도 이 계획은 몇 달 뒤에 터진 1839년의 기해박해로 세 명의 선교사 전원과 유력한 신자들이 대거 참수당하면서 물거품이 되고 말았다.

아직 본격적인 박해가 발발하기 이전이었던 1838년 12월 25일 앵베르 주교는 성탄 대축일을 보내기 위하여 경기도에 있는 수리산 교우촌을 방문하였다. 당시 수리산에는 세 개의 교우촌이 각기 다른 곳에 자리 잡고 있었다. 그중 한군데에는 마카오에서 신학 수업을 받고 있던 최양업 신학생의 아버지 최경환이 회장으로 있었다. 그런데 앵베르 주교가 머물고 있던 곳에서 가까운 어느 신자의 집이 포졸들의 습격을 받았다. 포졸은 온 집안을 샅샅이 뒤져서 천주교 서적 몇 권을 압수하고 가족들을 붙잡아 수령에게 끌고 가려고 하였다. 이 소란을 듣고 이웃에 있던 비신자 친구가 달려와서 포졸들과 실랑이를 벌였다. 결국 타협이 이루어져 몸값을 받은 포졸들은 잡았던 사람들을 놓아주고 책을 불태운 다음에 떠났다. 앵베르 주교는 나중에 조선 정부에서 공식적인 박해령을 내리자 이를 피해서 은신하면서 자신이 겪었거나 전해 들은 박해의 진행 과정을 보고서로 작성하였는데, 그 보고서에 1838년 연말 수리산의 교우촌에서 벌어졌던 작은 소란이 박해의 서막을 여는 사건이었다고 기록하였다.

참고 문헌

1. 연구서

Claude Charles Dallet, *Histoire de L'Église de Corée*, 1874 ; 안응렬·최석우,《한국천주교회사》중, 한국교회사연구소, 1980.

Launay, Adrien, *Mémorial de la Société des Missions-Etrangères, Première Partie*, Paris: Séminaire des Missions-Etrangères, 1912.

de Moidrey, Joseph, *La Hiérarchie Catholique en Chine, en Corée et au Japon (1307~1914)*, Chang-Hai: Imprimerie de l'Orphelinat de T'ou-Sé-Wé, 1914.

Launay, Adrien, *Mémorial de la Société des Missions-Etrangères, Deuxième Partie*, Paris: Séminaire des Missions-Etrangères, 1916.

──, *La Société des Missions-Etrangères*, Paris: Letouzey et Ané, 1923.

Choi, Andreas, *L'Erection du Premier Vicariat Apostolique et les Origines du Catholicisme en Corée 1592~1837*, Schöneck-Beckenried/Suisse: Nouvelle Revue de Science Missionnaire, 1961.

김구정,《영남 순교사》, 대건출판사, 1966.

최석우,《한국 교회사의 탐구》, 한국교회사연구소, 1982.

전수홍,〈유 파치피코 신부의 조선선교와 그 문제점〉,《역사와 사회》, 현암사, 1997.

아드리앵 로네, 폴 데통베, 안응렬 역,《한국순교자 103위전》, 가톨릭출판
　　사, 1998.
류한영 · 차기진,《교우촌 배티와 최양업 신부》, 양업교회사연구소, 2000.
한국가톨릭대사전 편찬위원회 편,《한국가톨릭대사전》, 한국교회사연구소,
　　2006.
이영춘,《한국 천주교회의 창설과 조선대목구 설정》, 기쁜소식, 2008.
서양자,《중국 천주교 순교사》, 순교의 맥, 2008.
《브뤼기에르 주교 여행기》, 조선교구 역대 교구장 문서 제1집, 한국교회사
　　연구소, 2008.

2. 논문
최석우,〈조선교구 설정의 교회사적 의미〉,《교회사연구》4, 한국교회사연
　　구소, 1983.
김용지,〈교황 비오 11세와 동양 선교정책〉,《한국 천주교회 창설 200주년
　　기념 한국 교회사 논문집》II, 한국교회사연구소, 1984.
배세영,〈한국에서의 파리 외방전교회의 선교 방침(1831~1942년)〉,《한국
　　천주교회 창설 200주년 기념 한국 교회사 논문집》I, 한국교회사연구
　　소, 1984.
최석우,〈한국천주교와 로마 교황청〉,《한국 천주교회 창설 200주년 기념
　　한국 교회사 논문집》I, 한국교회사연구소, 1984.

──, 〈파리 외방전교회의 한국진출의 의의─한국 진출을 전후한 시기의 국가와 교회의 관계를 중심으로〉, 《교회사연구》 5, 1987.

조현범, 〈모방 신부의 조선 전교〉, 《교회사연구》 22, 2004.

하성래, 〈성 김대건 신부와 굴암 및 은이〉, 《교회사연구》 23, 2004.

조현범, 〈1803년 사천성 시노드 연구〉, 《교회사연구》 24, 2005.

방상근, 〈수리산 공소와 최양업 신부〉, 《한국사회와 천주교─천산 김진소 신부 고희기념논총》, 디자인 흐름, 2007.

차기진, 〈최양업 신부의 사목 중심지에 대한 연구〉, 《최양업 신부의 사목 지역과 선종지 연구》, 한국천주교주교회의 시복시성 주교특별위원회, 2007.

색 인

ㄱ

가경제 158
〈가백서〉 63, 66
가성직제도 24, 159
간월·대재 139
갈라톨라 신부 242
감호책 78, 81
갑사 231, 234~235, 243, 246, 307, 316, 318, 323
갑산 51
강경복 44, 96
강완숙 41, 44, 55~56, 59, 67, 90, 96~97, 99, 150~152
강이천 36, 96
강진 63
강화도 43
개직이 129
개화론 85
거제부 51
거창 51

검은정 127
게브리앙 주교 211
결안 40, 184
경흥 51
고광성 44, 56, 98
고려 90
고산 45, 131, 180, 182, 189, 195
고성대 131
고성운 131
고순이 99
고아 교구 257~258
고유제 88
고음련 51
골배마실 127, 139, 295
곰직이 197
공동 서한 213, 216, 260
공서파 27, 30, 34
공주 40, 44
공화정 85~86
곽만 56
관노비 51

색인 335

광주   64
괴화동의 최가 형제   56
교수형   51
교우촌   111, 119~151, 153, 291, 303
교조적인 주자학   69
교황   24, 68~70, 72
교황 그레고리오 13세   250
교황 그레고리오 15세   206
교황 그레고리오 16세   207, 239, 243~247, 286~287, 323~324
교황 대리 감목   206, 263
교황 레오 12세   207, 234, 239
교황 비오 7세   157, 168, 208
교황 비오 8세   239
교황 알렉산데르 7세   328
교황 인노첸시오 12세   252
교황령   168
교황청   24
교황청 바티칸 민속 박물관   65
교회법   29

《교훈이 되는 새 서한집》   223
《교훈적이며 흥미로운 서한집》   298
구베아 주교   22, 24, 26, 60~61, 65, 67, 120, 152, 159, 176, 256
구산   139
구애   57
국가 전복 음모사건   91
국안   47
국청   62
군문효수   42, 60
굴암   127
굴티   128
궁녀   44
권기인   154, 157, 170
권상문   54, 56, 61, 64, 102
권상술   56, 59
권상연   22, 33, 89, 152
권아기련   100, 105
권엄   38
권일신   26, 93, 97, 101, 103, 105
권철신   20, 38~39, 47, 55, 64, 66,

    89, 92~93, 103, 154
그리스도교   85
그리스도교의 하늘   84
그리스도인   84
근대 사회   84~85
근대적 인간   86
금갑도   40
금교령   20
금등 문자   31
금산   45
기자조선   90
기해박해   79, 128, 137, 185,
    193~194, 197, 313
김갑이   129
김건순   43~44, 89, 93, 96~97
김계완   64, 102
김관주   16
김광옥   98~99, 130
김구주   16, 34
김귀동   56, 59, 62, 64, 104, 127
김근순   39

김난순   191
김달순   46
김대건 신부   127~130, 295
김대권   184~185, 189, 192, 197
김도명   192
김려행   56
김명서   56
김 바르나바   56
김백순   38, 42~43, 56, 89, 94
김백심   56
김범우   33, 44, 99, 103, 186, 192
김사건   185~187, 192
김사집   102
김상로   34
김성단   56
김성집   195
김세귀·김세봉 형제   56
김세박   186~187, 189, 192
김심원   55
김양순   191
김여   36

김여백	56	김천애	46, 98
김여삼	36, 93	김천옥	56
김여중	56	김 토마스	104
김연이	44, 56, 59, 96	김한구	16
김염이	56	김한봉	56
김용운	56	김한빈	55~56, 59~60, 62~63, 67, 100
김운조	129		
김원성	44, 98	김한현	130
김유근	308	김현상	137
김유산	45~46, 60, 100	김현우	44, 96, 99
김의호	53, 56, 59, 64, 102	김화준	192
김이백	36	김홍정	56
김이우	44, 56, 98	김희성	130
김일여	56	깁근골	194
김일주	16		
김일호	56, 61, 64, 102		
김정득	98	**ㄴ**	
김제	45, 46		
김종교	27, 56, 98, 103	나주	34
김지성	184	나폴레옹	167, 204
김창귀	193	남경교구	250

남별궁 뒤에 사는 남가   56
남송로   54, 56, 61
남응중   308
남이관   267, 274, 295
남인   65
남인 공서파   34
남인 시파   32, 38
남제   56
남탁   56
남필용   53, 56, 61
내세지향적 성격   111
내재적 발전론의 관점   80
내포   34, 110, 130~131, 145
내포의 사도   40, 93
넓은바위   139
노길명   81
노랑정동   59
노래산   131, 139
노론   80, 83, 106
노론 벽파   17, 28, 30~32, 72, 78
노론 시파   32
노론 중심의 양반 지배 체제   84
노론의 일당 전제화   78
녹도진   40
높은뫼   194, 196
능지처사   46, 51, 62

ㄷ

다락골   120, 130, 139, 145
다블뤼 주교   65, 79, 154, 170, 181~182
다블뤼 주교의 〈비망기〉   65, 181
단군조선   90
단내   139
단양   33
단천   40
달레 신부   26, 62, 65, 79, 155, 170
당진   53
대군대부   16

대목→교황 대리 감목
대목구　206
대박청래　45~47, 60, 69, 73,
　77~78, 80~81, 84, 87, 163
대박청원→대박청래
대부　16
대성리　139
대역부도　51, 62
대왕대비 김씨(정순왕후)　16~17,
　32, 34~37, 39, 55, 62~63, 87
대재　66, 73
대정현　51
덕실　179
도나토 신부　268, 273
도저동　93
도점촌　59
돌이　51
동골　128
동래　63
《동린록》　65
동정녀　97, 99, 107

동정생활　29
동지사　61, 63
동학　85
되재　129, 139
두섬　191
뒤브와 신부　256
뒤프레스 주교　329
드 라 브뤼니에르 신부　319
들라마르 신부　313
디아스 주교　268

ㄹ

라모 주교　253
라미오 신부　176~177, 234, 273
랑글로와 신부　208, 216, 238, 312
랑베르 드 라 모트 주교　328
롤리비에 신부　214
르그레즈와 신부　260, 296, 314
리베이로 누네스 신부　159, 173

리부와 신부   324
리우빌 신부   129

ㅁ

마가자   278
마르키니 신부   169
마원   139
마이아 신부   257
마재   172
마카오 교구   250
마카오 포교성성 대표부   159, 168, 175, 204, 239, 242, 249, 254, 260, 312
마필세   106
머루산   139
멍애목   195
메스트르 신부   127, 324
명도회   33, 36, 52, 67, 93, 95, 105, 150, 151

명도회장   67
명심이   128
모방 신부   268, 273, 280, 316
목만중   30, 38
무안사   71
무장   45~46
문영인   44, 96
문윤진   44, 98
뮈텔 주교   64, 79
미리내   127, 139
민명혁   37
민족주의의 관점   78, 81
민족주의적 입장→민족주의의 관점

ㅂ

바루델 신부   213, 260
바르브 신부   214
박동   41
박보록   186~187, 194

박사의	194, 195	베르뇌 주교	138, 324
박삼취	51	〈벽위편〉	184
박윤환	97	《벽위편》	65, 66
박장설	37	〈벽이변〉	54
박중환	96	벽파	16, 35, 71
박해령	55	변득중	56, 61, 64, 102
반국가적인 종교	106	병인박해	128, 137
반성직주의	168	병자호란	78
발래기	128	보르도	215, 298
방콕	216	보호권	205~207, 250, 252~255, 257, 313
배관겸	105		
배교자	110	복건 대목구	252, 268~269, 273, 284, 300
배나드리 · 주례	139		
배론	59~60, 101, 105, 127	복건성 복안현	268~269
배 마티아	104	복덕	51
배석골	44	복점	56
배재	128~129, 139	봉산	44
백상옥	95	봉황성	278, 297
백서 사건	48~86, 87, 90	부쇼 신부	214
〈백서〉	101, 106, 121	부활 대축일	36, 93
베롤 주교	253	부활 삼종기도	36

부활 축일→부활 대축일
북경   60~61, 65
북경교구   250
북경교회   68, 69
북경 남당   159
북경 동당   159
북경 주교   69, 77
불무골   128
브뤼기에르 주교   213, 215, 283, 294, 298
비오-베네딕도 교회법전   211

ㅅ

사도세자   30~31, 34
사리티   139
사면령   88
사문난적   20
《사영백서》   65
〈사적사영백서〉   65

사학죄인   38
〈사학죄인사영등추안〉   52, 61, 66, 121
《사학징의》   53, 61
산서 대목구   252, 268, 271
산서성 태원부   271
살베티 주교   271, 273
살티   137, 139
삼박골   128
삼수   51
상계군   95
상주   53
새남터   42
새울   128
새터   130
생 마르탱 주교   22
샤리에 신부   282
샤스탕 신부   186, 238, 257, 297
서만자   271, 273
서소문 밖   39~41, 43~44, 62
서용보   36

서울→한양
〈서학변〉 21
석정동 59
선교사 영입운동 73
선교사의 영입 77
설 신부 273, 285
성모 성심회 130
성 요셉 신학교 127
성실의 도 24
성지동 139
성헌당첨례일 35
세귀 대주교 259
세도정치 106
소재 66, 73
소중화의식 20
소팔가자 318
소학골 139
손경무 56
손경욱 53, 56, 61, 103
손경윤 54, 56, 64, 102, 150, 151
손골 139

손 막달레나 103
손백원 56
손인원 56, 99
솔뫼 129, 139
송 마리아 43, 94~95, 308
송문로 40
송씨→송 마리아
송윤중 56
송익효 88
송재기 37, 56, 59, 64, 102
수난기 67
수리산 139, 149, 329
수리치골 130, 139
수자 사라이바 주교 159, 168, 173
순교사적 가치 80
순교자 78, 80, 82~83, 85
순교자 약전 79
순조 17, 34
순흥 290, 310
숭청리 139
숯막 147

숲정이   197
승법리   139
시복 추천 대상   79
시복식   65
시암   208, 213, 215, 234, 237, 257, 298
시파   16~17, 30
신광서   104
신궁   97
신나무골   131, 137, 139
신대현   37
신라   90
신리   139
신 마리아   43, 94, 308
〈신미년 서한〉   157, 162, 175
신서파   30
신씨→신 마리아
신앙의 자유   75, 77
신약봉   106
신여권   56
신용득   56

신유박해   15, 20, 23, 28, 35, 41, 45, 60, 63, 88, 91, 108, 111, 119, 121, 127~128, 131, 138, 152~153, 155, 180, 192, 197
신임의리   31
신지도   39
신춘득   54, 56
신춘흥   56
신태보   123, 125, 140~141, 145, 153~154, 156, 182~187, 189~190, 192~193
신해박해→진산사건
신후담   21
신홍권   63
신희   64, 104
심낙훈   97
심아기   94
심 아녜스   106
심환지   16

ㅇ

아데오다토 신부　158
아현방　48
안군심　186, 189, 194
안정복　21
안주(安州)　71
알렉시오　52
앵무당　183, 195
앵베르 주교　309, 312
야소(耶蘇)　18
양근　36~37, 40~41, 44, 64, 110
양박청래→대박청래
양제궁　41, 44, 97
양지 고을　170
어두재　139
엄재철　187
여사울　129~130, 139
여우목　139
여주　36, 40, 44, 59, 64, 110

여항덕→유 파치피코 신부
여회장　67
연산　41
연풍　139
영고탑　70~71
영광　40, 45, 107
〈영남 만인소〉　30
영혼불멸설　21
예그로스 신부　257
예수회　178, 207~208, 249, 254, 297
오가작통법　18
오석충　39~40, 42
오현달　36, 55~56
옥천희　56, 60~63, 89, 100
옹기점　147~148, 179, 193
왕림　139
왕 요셉　258~259, 264, 269, 271, 277, 299~300
왕정　83, 85~86
용진골　128

용호영   59
우상 숭배   24
움피에레스 신부   175, 178, 202, 207, 234, 238, 259, 265, 299~300, 312
원경도   36, 40, 92~93
원머리   139
원주   59
위원   51
유관검   22, 45~46, 56, 64, 73, 100~101, 105, 163~164
유교의 하늘   84
유교적 조선인   84
유기주   40
유문철   100
유방제→유 파치피코 신부
유사겸   95
유성태   194
유익검   105
유일신 사상   21
유중덕   191

유중성   64, 104
유중철   100, 105
유진길   79, 174~175, 202, 207, 234, 240, 272, 308
유 체칠리아   171
유 파치피코   107, 119, 241~243, 261, 264, 266, 275~276, 287~288, 294
유한숙   41, 94
유항검   22, 24, 45~47, 56, 60, 64, 87, 90, 100~101, 105, 152, 163
유홍렬   79
육손   51
육회   33, 35, 52, 54, 99, 101
윤관수   95
윤관주   95
윤두서   49
윤 바오로   104
윤사우   137
윤석춘   191
윤선   94

윤수재	56		64~65
윤영득	187	이가환	26, 28, 30, 37~39, 41~42,
윤우열	47		45, 47, 49, 66, 90, 92
윤운혜	41, 94~95, 99, 103	이경도	56, 61, 64, 102, 183, 187,
윤유오	41, 94		194~195
윤유일	24, 33, 41, 44, 46, 73, 90,	이경언	183~184, 187~188
	95, 99, 156, 159	이관기	56, 61, 63
윤익렬	88	이광문	183, 185, 190
윤점혜	44, 95~96	이광헌	44, 99
윤종백	56	이괘몽	44, 98
윤지충	22, 26, 33, 45, 89, 99,	이국부	106
	103, 120, 152	이국승	44, 53, 56, 96
윤지헌	45~46, 56, 60, 100	이기경	30
윤행직	37	이기양	38, 40, 42
은언군	43, 66, 95, 308	이기연	36, 104
은이 공소	295	이단 사설	21
을묘박해	33	이동운	49
을사추조 적발사건	15, 33	이동지	44
을해박해	131, 138, 170	이만수	63, 88
음성	44	이만채	65
의금부	37~38, 41~42, 46, 55, 62,	이명불	106

이명호	94	이아기련	101
이무명	129, 196	이 안드레아	189, 196
이민식	128	이안정	56
이벽	15, 51, 90, 93	이여삼	129, 197
이병모	38	이여진	154, 156, 160, 169, 173, 193
이보현	101		
이복운	53	이용겸	55
이부춘	100~101, 103	이우집	45~46, 100
이서구	37	이원순	81
이석중	100, 103	이유경	37
이석혜	106	이유정	184, 195
이성삼	186, 194	이유진	184, 197
이성지	186, 195~196	이육희	64, 101, 104
이소사	106	이윤하	64, 103, 105, 183
이순명	53, 56	이윤혜	49, 51
이순이	64, 101, 103~104, 194	이의채	37
이승훈	15, 24, 26~28, 30, 37~39, 41, 45, 47, 49, 51, 56, 59, 66, 89~90, 92~93, 150, 159, 228	이익	48
		이익운	38, 95
		이인 → 은언군	
이시임	194	이일언	184~185, 187, 189, 193, 196~197
이 아가타	44, 98		

이자현	56	일장판결	45, 73
이자형	53	임대인	37~38
이재몽	44, 98~99	임오의리	31
이재신	56	임희영	36, 40, 92
이재행	185, 187, 190, 196		
이점손	196		
이존창	28, 40, 56, 90, 92, 95, 99, 101, 105, 130, 152	**ㅈ**	
이종국	40, 94	자리코	202
이중배	36, 40, 92	잣골	193
이취안	56	장기현	39
이치훈	63	장덕유	54, 56, 61, 64, 102
이태권	185, 189, 193, 196	장살	41
이학규	41, 49, 56, 61, 63, 94~95	장용영	33
이학수	187, 189	장주기	127
이합규	41, 56, 94~95	저구리	129, 131
이헌위	191	전교회	202, 221
이현	44, 95~96, 103	《전교회 연보》	202, 216, 219
이화백	98	전라도의 사도	101
이희영	43~44, 56, 94, 97	전주	45~46, 64, 110
인언민	56	전주 감영	45

전지수 131	정인혁 41, 94
절골 128	정정혜 93, 171
절두산 순교성지 65	정조 16~18, 27~35, 42
《정감록》 85	정종호 36, 40, 92
정광수 41, 44, 55~56, 64, 95, 99, 102	정주성 44
정교협약 168, 202	정철상 41, 56, 93~94, 171
정난주 51	정태봉 184~186, 189, 193, 196
정두희 82	정하상 79, 93, 171, 179, 266~267, 287~288, 295~296, 329
정복혜 41, 94	정해박해 123, 178~196
정산필 196	제관득 53~54, 56, 61
정삼이골 128	제천 63
젓섭 56	조광 80
정순매 44, 98	조동섬 36, 38, 55, 101, 157, 173
정약용 26, 28, 30, 37, 39, 41~43, 47, 49, 51, 55~56, 58, 63, 155	조불조약 85
	조상덕 106
정약전 26, 38~39, 42, 47, 63	조상 제사 24, 26, 152
정약종 22~23, 36~42, 45, 52, 54~56, 59, 67, 89, 92, 95, 150, 152, 171, 327	조상 제사 금지령 23, 26
	조선 감호책 69
	조선교회 69, 77, 80
정약현 51	조선교회의 주보 324

색인 351

조선 대목구 설정 소칙서　244
조선 대목구장 임명 소칙서　246
조선 순교 복자 79위 시복식　65
조선 왕조의 정통성　82
조선 왕조의 종말　83
조섭　57
조성규　57
조숙　183
조시종　97
조신철　174, 288, 296
조신행　57, 102
조연　57
조용삼　36, 40, 92
조윤대　63
조제 신부　254
조태영　37
조 토마스　100
조화진　34
종로　54
종묘 영녕전　88
《주교요지》　23

주문모 신부　28, 33~35, 37, 41~47, 52, 59~60, 63, 66~67, 87, 90, 96, 105, 107, 119, 150~152, 156, 165, 193, 195, 216, 226, 256
주재용 신부　80
준론 탕평　30
중국 의례　208, 289
지구머리　128
지도 사건　158
지여울　44
지장골　128
지황　33, 41, 45, 90, 156
진도　40
진목정(옥포)　137, 139
진밭들　139
진산사건　15, 23, 33, 90, 120, 127, 130, 152
진주사　63
〈진주사등본〉→〈가백서〉

ㅊ

참수형   39~40, 44, 46, 63
채제공   30, 32, 34, 36, 38, 42, 47, 88~91
채홍리   30~31
책 궤짝 사건   36~37, 45
척사론   23, 85, 106
척사론자   29, 78
〈척사윤음〉   20, 64, 180
천당지옥론→천당지옥설
천당지옥설   21, 97
천주의 사절   73
천주교 박해령   17, 36
천주교의 평등사상   16
천주성교   73
천주학   18
천지창조설   21
〈천학문답〉   21
천호   139
철종   95

청주   34, 40, 95
총회장   67, 93
최경환   128, 149, 150, 329
최기인   57
최대백   57
최두신   57
최반   106
최방제   295
최봉운   57
최석우 몬시뇰   80
최선정   128
최설애   57, 64, 102
최성재   57
최신덕   145
최양업 신부   120, 128, 130, 293, 329
최여겸   46, 98, 99, 105
최영설   128
최영손   187
최우정   128
최윤신   57

색인 353

최인길   33, 41, 44, 52, 57, 59, 90, 93, 97, 151, 156

최인주   120, 130

최인철   44, 54, 57, 96

최일안   104

최창주   36, 40, 92~93

최창현   36~39, 54, 57, 59~60, 89, 92, 152

최초의 세례자   93

최초의 여회장   97

최춘봉   57

최태산   57, 103

최필공   28, 35, 37, 39, 41, 55, 57, 59, 89, 92, 95, 103

최필제   35~37, 41, 54~55, 57, 66, 93~95

최한봉   57

최한일   130

최해두   57

최해진   187

최현중   37

추국   55

《추안》   52, 61

추자도   51

충주   36, 53, 97, 110

친왕   71

ㅋ

카스트로 신부   269, 276

카펠라리 추기경   207~208, 213, 219, 239

칼르리 신부   317

코친차이나   208, 215

클레망소 신부   257

ㅌ

태극론   21

태장하 항구   319

토르데시야스 조약　205
〈토사교문〉　87
〈토사반교문〉　89~90
토역고유제　91
토역고유제향　89
〈토역반사문〉　89
〈토역진하반사문〉　88
통킹　208, 215
트랑샹 주교　280
특별 권한　286

ㅍ

파드로아도→보호권
파리 신학교　208, 213, 215~217, 219, 234, 238, 249, 260, 298, 302, 312
파리 외방전교회　65, 206, 208
파팽 신부　313
판례　51

팔송점　59
패륜적인 종교　106
페낭 신학교　210, 238, 257
페디치니 추기경　240
페레올 주교　130, 138, 317, 324
페로쇼 주교　284, 314
페코 신부　214
펠리쿠→마가자
평산　44
평양　53, 71
포교성성　157, 168~169, 202, 206, 208, 234
포도대장　37, 39, 55
포도청　44~45, 61~62
포천　40, 64
폰타나 주교　269, 284
퐁디셰리　208
퐁텐블로　168
풍기　290, 310
퓌피에 신부　214
프랑스 대혁명　168

프로테스탄트 교회   85
플로랑 주교   214, 218, 220, 234~235
플로리아노 신부   173
피레스 페레이라 주교   159, 253, 261, 264, 269, 275, 294, 302

ㅎ

하느님의 가르침   82
하느님의 나라   22
하느님의 자녀   29, 54
하성래   80
하우현   139
한국 사회의 근대의식   86
한국 최초의 천주교 순교 전기   67
한국천주교순교자박물관   65
《한국천주교회사》(달레 신부의)   65, 110, 121, 123~126, 144~145, 155, 170, 182, 187, 198, 323

《한국천주교회사》1   27
한글   57
한대익   56
한덕운   64, 102
한덕원   104
한백겸   179~180
한백록   57
한설애   57
한성부   37
한신애   44, 96~97
한양   35~36, 48, 92~105, 153, 156~157, 267, 274, 185, 287~288, 288, 295, 297, 303, 320
한역서학서   20, 24, 140
한재렴   39
한정흠   46, 98
한 토마스   104, 157, 179
한티   137, 139
해미   34
허속   57
헌종   308

현경련　101
현계흠　55, 57, 63, 90, 100, 121
현석문　101
호교론의 관점　78~81
호교론의 입장→호교론의 관점
호교론적 입장→호교론의 관점
홍계송　57
홍계희　34
홍교만　38~40, 57, 59, 64, 66, 92, 103
홍낙민　26, 37~39, 42, 45, 51~52, 57, 59, 66, 89, 92, 154
홍낙성　28
홍낙안　30, 34
홍낙영　51, 53, 61
홍낙임　39~40, 90
홍문갑　57
홍백영　57
홍봉주　93
홍봉한　16
홍수보　31~32

홍양현　40
홍영관　51
홍우송　154, 157
홍익만　57, 64, 97, 102
홍인　40, 57, 64, 93, 102
홍인호　31
홍재영　93
홍정호　44, 96
홍주　64
홍콩　64
홍탁보　97
홍필주　44, 57, 97~98, 103
황경환　51
황돌이　57
황사영　23, 37, 48~86, 87~88, 90, 100~101, 103, 105, 106, 121, 127, 150, 151, 164
──── 백서 사건→백서 사건
────의 추안　65
황석범　48~49
황석필　51, 53, 61

황심	46, 57, 60~63, 67, 73, 100~101, 121	황태복	54, 57
황일광	64, 104, 120~121	황 포수	44
황재정	48	회장	36, 149~151
황재중	48	효명세자	308
황주	41	흑산도	34, 63
황준	48~49	홍양	51
황침	48	홍화	284